权威·前沿·原创

皮书系列为
"十二五""十三五"国家重点图书出版规划项目

修武蓝皮书

BLUE BOOK OF
XIUWU

修武经济社会发展报告
（2017）

ANNUAL REPORT ON ECONOMIC AND SOCIAL
DEVELOPMENT OF XIUWU (2017)

主　编／张占仓　袁凯声　郭　鹏

社会科学文献出版社
SOCIAL SCIENCES ACADEMIC PRESS（CHINA）

图书在版编目（CIP）数据

修武经济社会发展报告.2017／张占仓，袁凯声，
郭鹏主编.--北京：社会科学文献出版社，2017.10
（修武蓝皮书）
ISBN 978-7-5201-1387-8

Ⅰ.①修… Ⅱ.①张… ②袁… ③郭… Ⅲ.①区域经
济发展-研究报告-修武县-2017 ②社会发展-研究报告
-修武县-2017 Ⅳ.①F127.614

中国版本图书馆 CIP 数据核字（2017）第 226384 号

修武蓝皮书
修武经济社会发展报告（2017）

主　　编／张占仓　袁凯声　郭　鹏

出 版 人／谢寿光
项目统筹／任文武
责任编辑／连凌云

出　　版／社会科学文献出版社·区域与发展出版中心（010）59367143
　　　　　地址：北京市北三环中路甲29号院华龙大厦　邮编：100029
　　　　　网址：www.ssap.com.cn
发　　行／市场营销中心（010）59367081　59367018
印　　装／北京季蜂印刷有限公司

规　　格／开本：787mm×1092mm　1/16
　　　　　印张：21　字数：315千字
版　　次／2017年10月第1版　2017年10月第1次印刷
书　　号／ISBN 978-7-5201-1387-8
定　　价／88.00元

皮书序列号／PSN B-2017-651-1/1

本书如有印装质量问题，请与读者服务中心（010-59367028）联系

修武蓝皮书编委会

主编简介

张占仓 河南省社会科学院院长、研究员，博士生导师，河南省优秀专家、河南省学术（技术）带头人、国家有突出贡献中青年专家、享受国务院特殊津贴专家，中国区域经济学会副会长。主要从事经济地理学研究，主攻方向为区域规划与发展战略，主持完成国家和省部级重大重点项目36项，先后荣获省部级科技进步成果二等奖14项、三等奖5项，河南省优秀社会科学成果特等奖1项，发表学术论文140多篇，主编、副主编学术专著29部。

袁凯声 河南省社会科学院副院长、研究员，河南大学、河南师范大学硕士研究生导师，中国近代文学研究会理事，河南省文学学会秘书长。主持或参与国家社科基金项目等各类项目6项，发表学术文章70余篇，出版学术著作7部。近年来从事区域发展宏观战略研究等，参加多项河南省委、省政府重大决策课题专项研究，多次参加省重要文件起草工作并担任起草组组长，获得省社科优秀成果奖多项。

郭　鹏 中共焦作市委常委、修武县委书记，美国波士顿大学比较政治经济学博士。著有《制度之争与制度认同：信息制度论·话语优势·制度绩效》一书，被清华大学研究生网"博学网"列为向青年马克思主义者推荐的首批七本经典著作之一。

摘　要

　　本书由河南省社会科学院主持编撰，深入系统分析了修武县"十二五"和"十三五"时期，尤其是2016～2017年经济社会发展的基本情况和发展趋势，全方位、多角度、深层次地研究了修武县深化改革、创新发展的举措和成效，并对加快"山水修武、富裕修武、宜居修武、绿色修武、幸福修武"建设提出对策建议。

　　本书总报告反映了2016～2017年修武县经济社会发展整体情况分析和预测的基本观点。报告认为，2016年，修武县面对世界经济复苏弱于预期和国内经济下行压力加大的双重困难局面，主动适应经济新常态，大力推进供给侧结构性改革，经济运行稳中向好，结构调整成效凸显，文化旅游亮点纷呈，城乡建设加快推进，人民生活持续改善，呈现出"总体平稳、稳中向好"的发展态势。2017年是修武县实施"十三五"规划的重要一年，也是供给侧结构性改革的深化之年，更是修武县全面完成脱贫攻坚任务的收官之年，总报告立足对当前修武经济社会重点领域重点行业发展态势及形势的分析，提出2017年修武县应进一步突出转型提质，实现产业强县新突破；突出旅游健康，打造修武发展新名片；突出新型城镇化引领，促进城市品质新提升；突出改革创新，增强经济发展新动能；突出开放合作，融入区域发展新格局；突出民心导向，着力增进民生福祉。

　　本书分报告分为转型发展篇、旅游引领篇、产业升级篇、景城融合篇、民心导向篇，主要关注当前修武县在改革创新、产业升级、景城融合、民生改善、基层党建等重要领域和关键环节的实践探索，并从经济、社会、文化、党建等不同领域提出推进修武县转型发展的思路与对策。

　　现阶段，修武县抢抓机遇高位谋划以民心导向统领党的建设和经济社会发展，以景城融合支撑全面发展，以建设"中国超级旅游目的地、中原养生地核心区、中原三产融合示范县"为核心，以大健康为统领，抢占先进制造业和高成长服务业制高点和主动权，全面融入郑州国际商都建设，努力实现跨越发展，争当焦作转型发展的排头兵。在全面深化改革背景下，修武县的转型发展在河南县域经济发展中具有很强的代表性和典型性，准确分析、深入研究修武县的经济社会发展情况，将为河南乃至全国同类地区转型发展提供经验借鉴。

关键词： 修武县　经济社会　民心导向　产业强县

目　录

Ⅰ　总报告

Ⅱ　转型发展篇

Ⅲ　旅游引领篇

IV 产业升级篇

V 景城融合篇

VI 民心导向篇

皮书数据库阅读**使用指南**

总　报　告

General Report

B.1

坚持民心导向　建设产业强县

——2016～2017年修武县经济社会发展分析与展望

河南省社会科学院课题组*

摘　要： 2016年，修武县经济社会发展呈现出"总体平稳、稳中向好"的良好态势。全县生产总值完成124.7亿元，同比增长9.2%，高于全省同期平均水平1.1个百分点；结构指标、质量效益指标、民生指标、环境生态指标等总体更趋协调，经济社会发展后劲持续增强，在区域发展中的战略地位明显提升。2017年，修武县将持续推进"转型提升、融合发展"发展战略，以民心导向推动产业强县建设，预计全县生产总值增长8.5%左右，在强化发展支撑、推动产业攻坚、提升城区品质、旅游二次创

---

* 课题组组长：张占仓、袁凯声、郭鹏；课题组主要成员：毛兵、王玲杰、徐学智、申琳、聂潮等；执笔：王玲杰、赵执、王元亮。

业、产业集群发展、发展特色农业、增强发展动能和增进群众福祉等方面将实现新突破。

关键词： 经济　社会　民心导向　产业强县　修武县

2016 年，面对复杂多变的国际国内环境，修武县认真贯彻落实中央、省委省政府、市委市政府各项决策部署，全面推进供给侧结构性改革，经济社会运行呈现"总体平稳、稳中向好"的发展态势，实现了"十三五"的良好开局。2017 年，修武县牢固树立和贯彻落实新发展理念，积极深化供给侧结构性改革，促进经济平稳健康发展和社会和谐稳定，以优异成绩迎接党的十九大的胜利召开。

一　2016年修武县经济社会运行分析

2016 年，面对世界经济复苏弱于预期和国内经济下行压力加大的双重困难局面，修武县主动适应经济发展新常态，大力推进供给侧结构性改革，经济运行稳中向好，结构调整成效凸显，文化旅游亮点纷呈，城乡建设加快推进，人民生活持续改善，呈现出"总体平稳、稳中向好"的良好发展态势。

（一）经济运行稳中向好

2016 年，修武县生产总值达到 124.7 亿元（不含市直工业），增速达到 9.2%，高于焦作市 8.3% 的平均水平，地区生产总值增速跃居全市各县区第 1 位（见图 1、图 2、图 3）。

1. 固定资产投资稳中有进

2015 年以来，修武县固定资产投资分月增速除 2016 年 7 ~ 8 月外均保持在 14% 以上，最高月份达到 22.5%。2016 全年固定资产投资增速达到 17.1%（见图 4）。

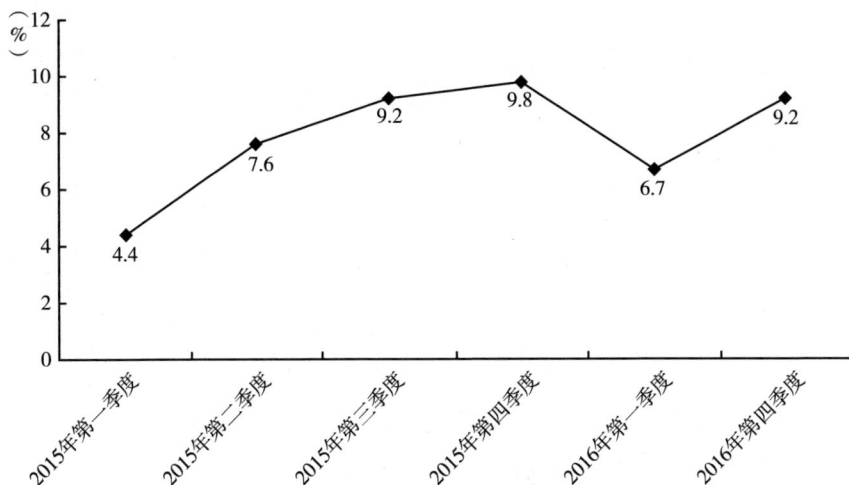

图1　2015年以来修武县生产总值逐季累计增速

数据来源：2015～2016年修武县统计月报。

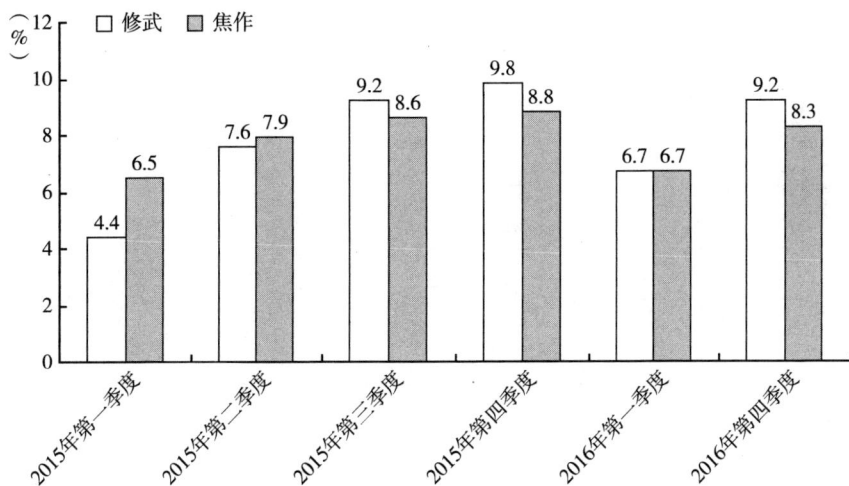

图2　2015年以来修武县与焦作市生产总值逐季累计增速比较

数据来源：2015～2016年修武县统计月报。

2. 工业发展稳中有进

"十二五"以来，修武县规模以上工业增加值保持了高速增长趋势。进入新

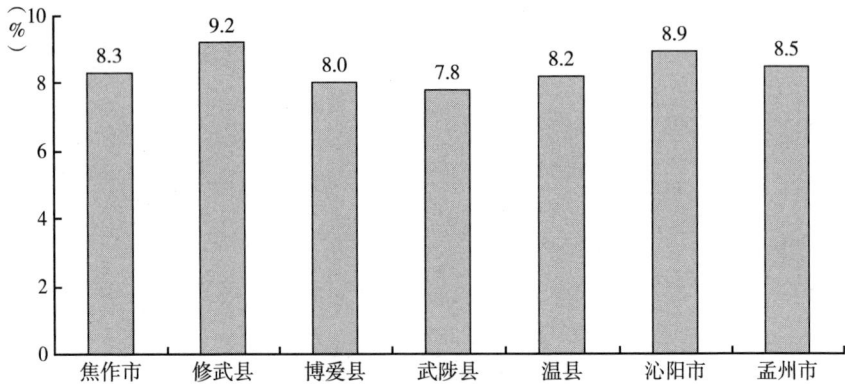

图3　2016年焦作六县（市）生产总值增速比较

数据来源：2016年修武县统计月报。

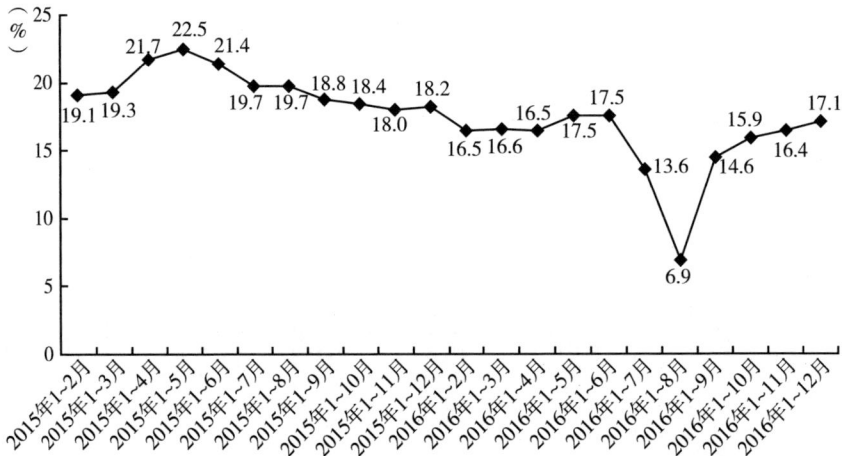

图4　2015年以来修武县固定资产投资分月累计增速

数据来源：2015～2016年修武县统计月报。

常态增速换挡期后，虽然经济下行压力不断增大，但修武县工业发展依然保持了"稳中有进"态势，尤其是2016年3月以来，规模以上工业增加值增速均保持在8%以上。2017年6月，规模以上工业增加值增速达到9.3%（见图5）。

3. 发展效益稳中有进

2015年以来，修武县规模以上利润总额和规模以上利税总额呈稳定增

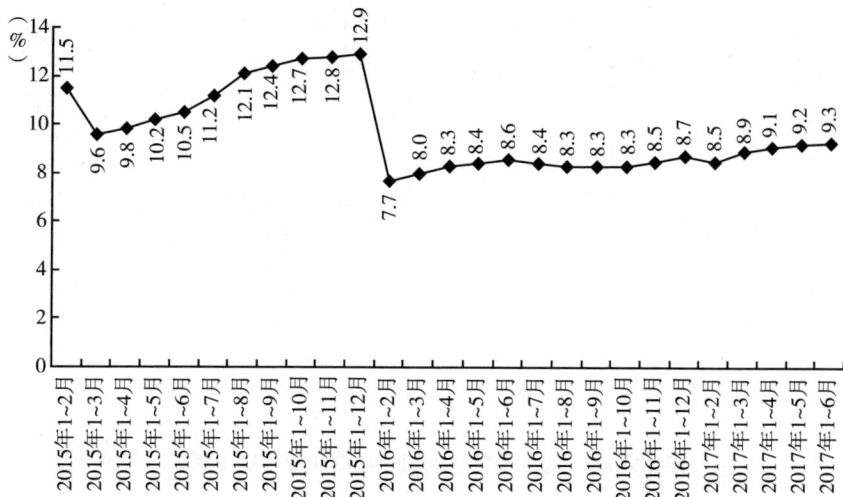

图5　2015年以来修武县规模以上工业增加值分月累计增速

数据来源：2015～2017年修武县统计月报。

长趋势，分别由2015年的11.8%、9.9%提高到2016年的14.8%、14.7%。2016年，修武县规模以上利润总额增速和规模以上利税总额增速均居焦作六县（市）第1位（见图6、图7）。

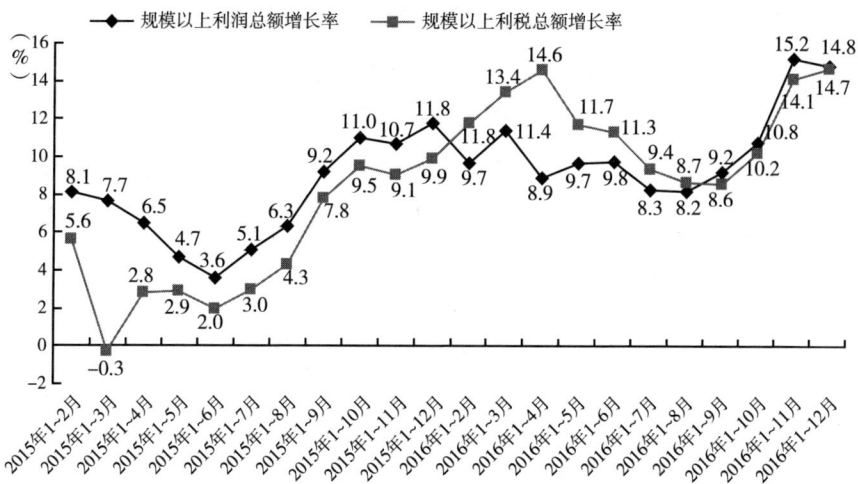

图6　2015年以来修武县规模以上利润总额和规模以上利税总额分月累计增速

数据来源：2015～2016年修武县统计月报。

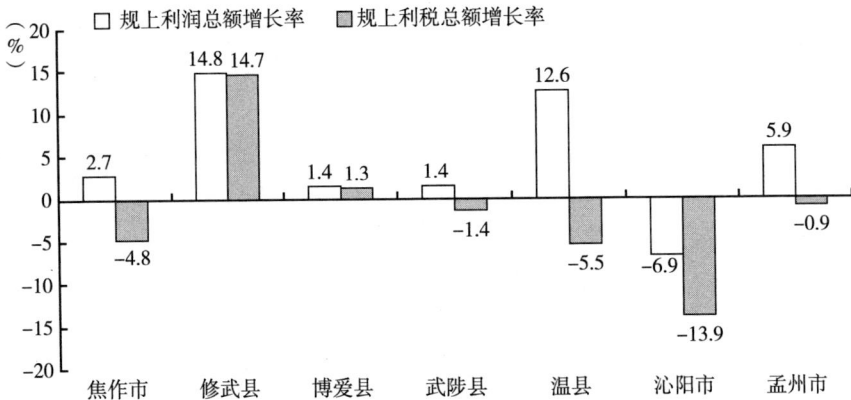

图7 2016年焦作六县（市）规模以上利润总额和规模以上利税总额增速比较

数据来源：2016年修武县统计月报。

（二）结构调整成效凸显

1. 产业结构进一步优化

2015年以来，修武县高新技术产业增加值占规模以上工业增加值的比重不断上升，增速也明显高于规模以上工业增加值增速；2016年，高新技术产业增加值增速为29.4%，高于规模以上工业增加值增速20.7个百分点（见图8）。

2. 以装备制造业等为代表的四大支柱产业发展稳中有升

2016年，修武县四大支柱产业增加值增速为13.8%，高于规模以上工业增加值5.1个百分点；占规模以上工业增加值的比重由2015年的86%上升到2016年的90.3%，呈现稳步上升态势。其中，装备制造业发展迅速，占规模以上工业增加值的比重由2015年的24.3%上升到2016年的35.7%，拉动全县工业增长百分点由2015年的6.2个百分点上升到2016年的14.3个百分点（见图9、图10）。

3. 现代服务业加快成长

随着修武县大旅游、大文化、大健康发展战略持续深入推进，现代服务业发展随之加快。2016年，修武县第三产业增加值达到47.5亿元，增速为

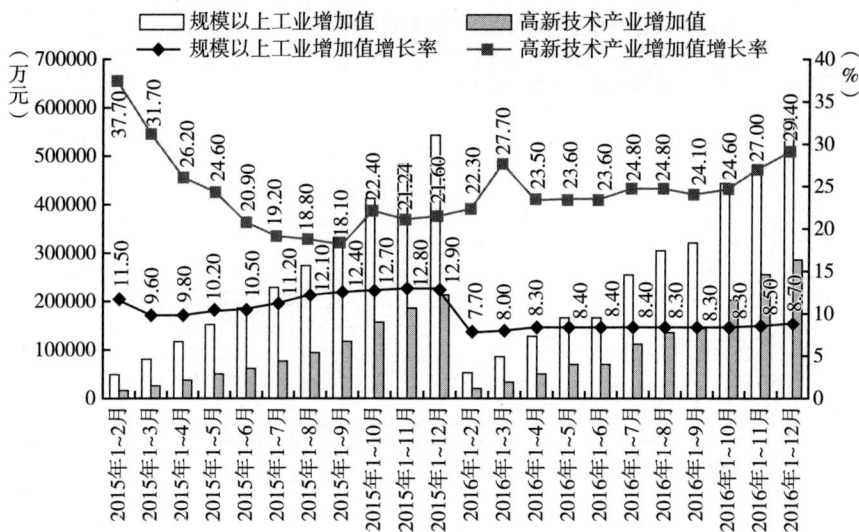

图8　2015年以来修武县规模以上工业增加值、高新技术产业增加值及其分月累计增速

数据来源：2015～2016年修武县统计月报。

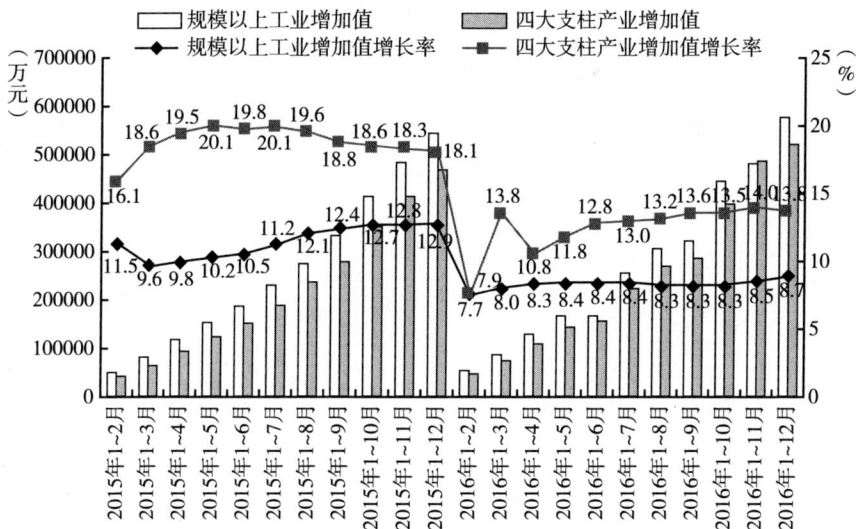

图9　2015年以来修武县规模以上工业增加值、四大支柱产业增加值及其分月累计增速

数据来源：2015～2016年修武县统计月报。

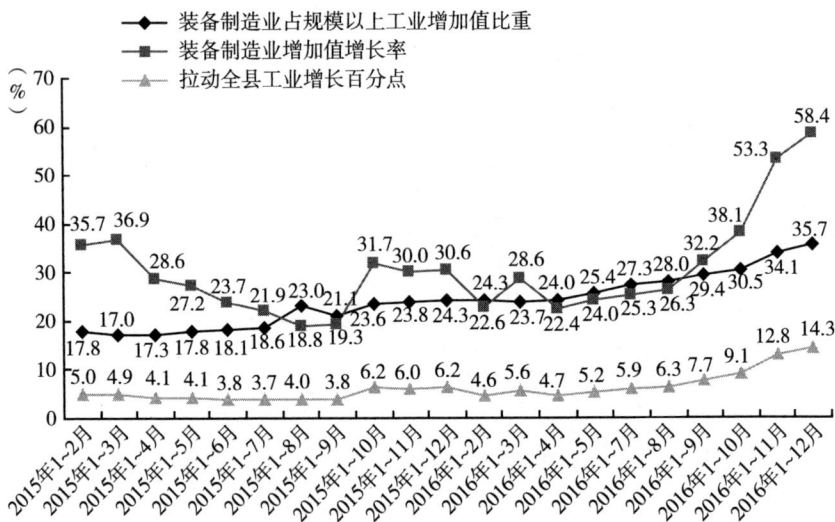

图 10　2015 年以来修武县装备制造业发展情况

数据来源：2015～2016 年修武县统计月报。

11.6%，分别高于地区生产总值、规模以上工业增加值增速 2.4 个、2.9 个
百分点（图 11）。

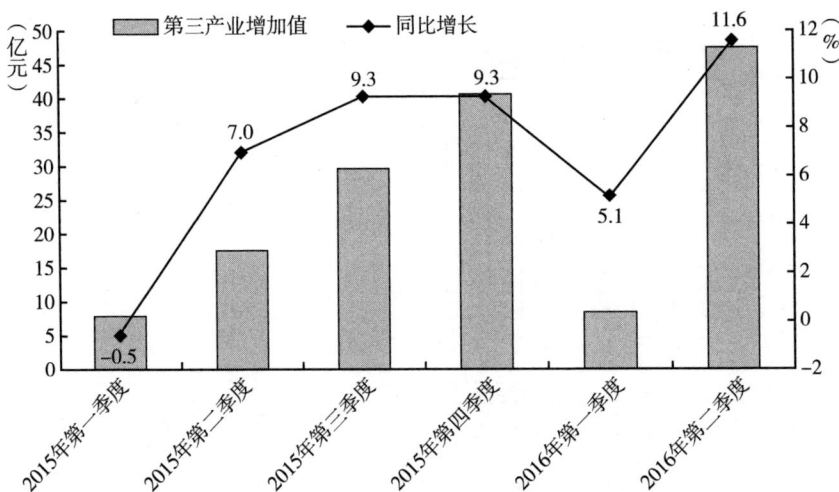

图 11　2015 年以来修武县第三产业增加值及逐季累计增速

数据来源：2015～2016 年修武县统计月报。

4. 资源能耗明显下降

修武县规模以上工业增加值能耗降低率由 2015 年 2 月的 -16.4% 略微提高到 2017 年 6 月的 -13.9%，但总体呈现出波动中稳定下降趋势（见图 12）。

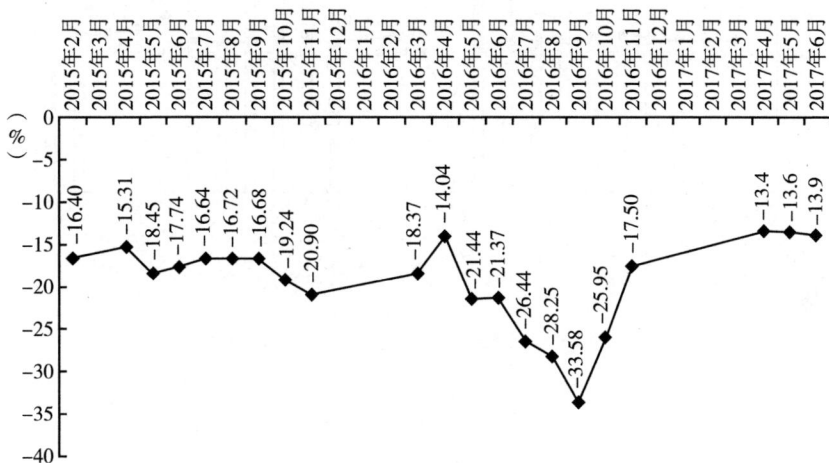

图 12　2015 年 4 月以来修武县规模以上工业增加值能耗降低率逐月累计增速

数据来源：2015～2017 年修武县统计月报。

（三）文化旅游亮点纷呈

1. 旅游发展实力持续提升

修武县编制了《修武县全域旅游发展规划》，在全省率先建立"1+3"旅游综合执法体系，设立全国旅游景区首个境外办事处，成为中国旅行口碑榜"最佳国内旅游景点"之一，《旅游景区数字化应用规范》上升为国家标准。2012～2016 年，全县累计接待游客 3593.5 万人次，旅游综合收入累计 155.9 亿元。2016 年，旅游人数达到 886.7 万人，同比增长 11.09%；旅游综合收入达到 39.75 亿元，同比增长 13.05%（见图 13、图 14）。

2. 云台山品牌效应持续放大

2016 年，修武县紧紧围绕"景城融合""全域旅游"等工作部署，全力实施体验旅游发展战略，持续推进项目建设，创新营销模式，强化内部管理，

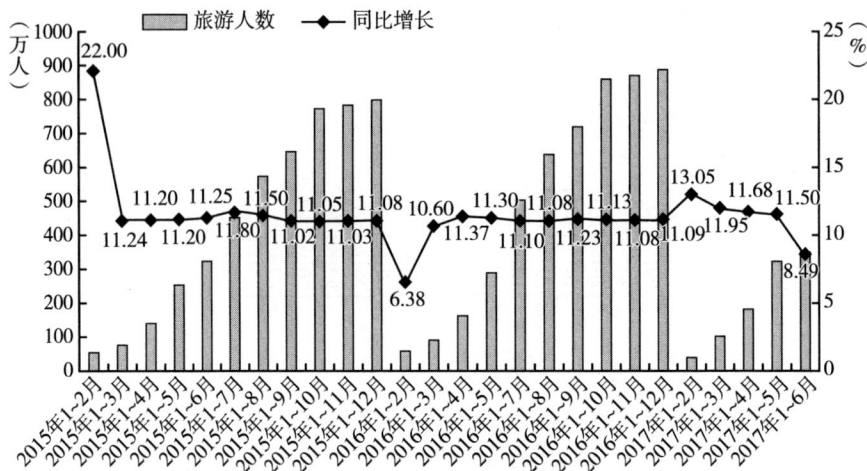

图 13　2015 年以来修武县旅游人数及逐月累计增速

数据来源：2015～2017 年修武县统计月报。

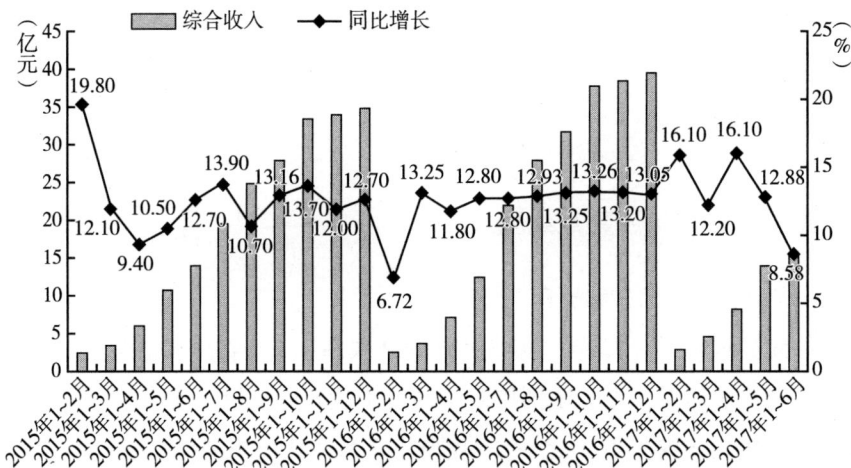

图 14　2015 年以来修武县旅游综合收入及逐月累计增速

数据来源：2015～2017 年修武县统计月报。

提升服务水平。全年接待游客 538 万人次，实现收入 4.8 亿元，完成税收 1.21 亿元，同比增长 23.5%；荣获中国森林养生基地、中国森林氧吧、河南省旅游度假区等各级荣誉 24 项。

（四）城乡建设加快推进

1. 城乡建设不断提速

修武县大力推进景城融合发展，老城改造遗留老大难问题得到根本解决，亿祥世纪城邦等商住项目顺利推进，新增住宅面积 93.4 万平方米。城区公交开通运行，汽车客运总站投入使用，幸福水厂二期、第二污水处理厂完工，天然气管道向农村延伸。2012～2016 年，建成保障性住房 2769 套，改造农村危房 2480 套。建成区面积由 9 平方公里发展到 13 平方公里，城区道路密度由 4.3 公里/平方公里达到 5.3 公里/平方公里，人均道路面积由 14.76 平方米达到 18.76 平方米。公共用水普及率由 85% 增长到 90%，燃气普及率由 31% 增长到 66%，污水处理率由 80% 增长到 90%。

2. 城乡环境持续优化

2012～2016 年，建成区人均公园绿地面积由 13.4 平方米发展到 15.2 平方米，绿地率由 36.1% 增长到 38.1%，绿化覆盖率由 42.8% 增长到 43.4%。2016 年，完成森林培育 29.5 万亩，北山治理、大气污染防治、"污染围城"整治、绿色廊道建设取得阶段性重大成效。

（五）社会事业全面发展

修武县围绕民心导向，高度重视社会事业发展，先后获得市政府"2016 年度全市人民调解工作先进单位"、县委"2015 年度信访工作先进集体"、市人社局"2015 年度优秀集体""焦作市扶持创业先进单位""2015 年度全市社会医疗工伤生育保险经办工作先进单位""2015 年度人才服务工作先进单位"等荣誉。

1. 养老保险

及时完善落实城乡居民基本养老保险制度。截至 2016 年 12 月底，全县城乡居民社会养老保险参保人数为 119851 人，参保率达 99.3%。其中 60 岁以上老人参保率达到 100%，为全县 60 岁以上城乡老人累计发放养老金 3569.98 万元，发放率达到 100%。落实企业退休人员基本养老金政策。已按时足额调整了企业退休人员基本养老金。推进落实被征地农民社会保障制度。推进机关事业单位养老保险参保工作。在全市率先完成了机关事业单位养老保险信息录入工作，共录入信息 339 家 8964 人。

2. 医疗保险

积极配合市局做好省内异地就医暨全省统一软件上线工作，实现了全市参保居民异地就医即时结算。试点城镇职工医疗保险总额预付付费制度，初步确定在县人民医院、中医院、为民社区卫生服务中心三家定点医疗机构先行实施城镇职工医疗保险总额预付付费制度。进一步完善大病救助政策，目前共有 2000 余名城镇困难居民加入大病补充医疗保险。做好城镇职工医保系统升级工作，参保职工在市区定点医院看病将不受地域限制。

3. 失业保险

加大征缴扩面，摸底排查全县各参保单位，特别是大型参保企业及机关企事业单位，彻底摸清参保单位基本情况，确保参保单位如实申报、如实缴纳失业保险费。截至 2016 年 12 月底，失业保险基金征收 488.6 万元，支出 142.7 万元，参保人数 20868 人，失业金滚存结余 1199.69 万元。

4. 工伤保险

严格按照程序开展工伤认定工作，截至 2016 年 12 月，共登记工伤认定申请案 38 件，已做出受理决定的 31 件，做出工伤认定决定 29 件。同时，继续落实企业、事业单位老工伤人员纳入工伤保险统筹管理工作，全面解决破产改制企业工伤职工待遇问题。

截至目前，五大类保险累计征收 1.83 亿元，支出 2.55 亿元，滚存结余 1.76 亿元，保险基金运行平稳、安全。

（六）人民生活持续改善

1. 居民生活水平稳定提高

2015 年第二季度以来，修武县城镇居民人均可支配收入增速稳步提高，各个季度均保持在 6% 以上；农民人均现金收入增速虽略呈下降趋势，但明显高于城镇居民人均可支配收入增速。2016 年，全县城镇居民人均可支配收入达到 25950 元，同比增长 7.2%；农民人均现金可支配收入达到 14179 元，同比增长 7.9%。

2. **居民消费价格涨势温和**

2016 年 1～12 月，全县居民消费价格总指数（CPI）呈现温和上涨态势。截至 2016 年 12 月，居民消费价格总指数环比为 100.3%，同月比为 102.3%，同期比为 102.2%，总体涨幅保持在较低水平。

3. **就业总体稳定**

积极推进"大众创业、万众创新"，深入实施就业优先战略和更加积极的就业政策，全面完成就业创业年度目标任务，增强经济转型发展新动力，促进充分就业、公平就业和高质量就业。

总体来看，修武县经济保持在合理区间运行，总体稳中向好，主要经济指标稳中有进，供求关系、企业效益有所改善，应充分把握、顺应这种稳中向好的发展态势，积极作为，不断推进修武县经济社会持续健康稳定发展。

（七）公众安全感、满意度持续提升

围绕影响群众安全感的突出问题，不断完善治安防控体系，深化基层平安创建工作，持续推进县乡村三级矛调平安建设，平安修武、法治修武建设取得新成效，修武被评为"2016 年度全省平安建设先进县""2016 年度全省无非访县"。2016 年上半年，省社情民意调查中心对全省公众安全感和满意度进行随机调查，修武县公众安全感指数达 96.4%，居全省第一位，政法机关满意度指数达 91.65%，居全省第 11 位，进入全省前 30 名行列；下半年，公众安全感指数达 94.05%，居全省第 10 位，政法机关满意度指数达 91.44%，居全省第 12 位，持续位居全省前 30 名行列。

二　2017年修武经济社会形势分析与展望

（一）修武县经济社会发展的有利条件

1. 供给侧结构性改革激发新活力

深入推进供给侧结构性改革是适应和引领经济发展新常态，增强经济增长可持续性，提高经济增长质量和效益的重大举措。修武县主动适应新常态，深入推进供给侧结构性改革，扎实推进"三去一降一补"重点任务。并在发展过程中凸显修武特色，科学谋划产业发展路径，着力构建以旅游业转型升级为突破，以大健康产业为龙头，以先进制造业和休闲观光农业为两翼，融合发展、共赢共生的现代产业体系，积极从投资拉动逐步向消费驱动转型，从经济中高速走向产业中高端，激发县域经济发展活力。

2. 国家战略叠加形成发展新红利

近年来，中央部署及出台了一系列重大战略及政策措施，全力推进中部崛起进程。河南积极把握重大发展机遇，全面融入"一带一路"建设，聚焦"三区一群"发挥国家战略平台的集聚效应，朝着建设经济强省、着力打造"三大高地"、实现"三大提升"的宏伟目标前进。这些都为修武发展创造了良好的外部环境。同时，国家层面出台政策加快推进旅游业发展，鼓励各地结合实际积极培育特色小镇、创建国家级全域旅游示范区，印发《"健康中国2030"规划纲要》支持有条件地区发展大健康产业等，均为修武发挥自身优势，加快景城融合步伐，大力推动全域旅游，促进产业转型升级，实现经济社会可持续发展提供了重要的战略机遇。

3. 融入区域发展大局带来新机遇

修武县位于河南省西北部，介于郑州、焦作两城之间，区位优势非常突出。当前，河南正在积极将中原城市群建设成为全国经济的新增长极，这将带动包括修武县在内的各个大中小城市经济社会的全面升级发展。而且，大郑州都市圈的加快建设及郑焦融合的快速发展，将进一步推动修武全面融入全省、全国发展大格局。一方面，郑云高速、郑焦高铁两条"动脉"将修武直接拉入"一小时中原经济圈"，有助于修武更快地融入大郑州都市圈建设，加速与郑州在要素配置、公共服务、政策环境等领域的同质化发展，加快与郑州的产业对接与融合。另一方面，焦作市积极打造国际旅游目的地，创建国家全域旅游示范市和规划发展"大健康产业"，为修武旅游、文化、健康产业的转型升级和融合发展提供了难得的机遇和政策支持。

4. 新目标新期待凝聚发展新动能

进入"十三五"，修武县以"创新、协调、绿色、开放、共享"发展理念为指导，紧密结合实际、尊重发展规划、顺应群众期盼，抢抓机遇高位谋划实施"转型提升、融合发展"战略，以建设"中国超级旅游目的地、中国养生地核心区、中国产业融合发展示范区"为核心，力争经济总量进入焦作市前列，提前实现地区生产总值、城乡居民人均可支配收入比2010年翻番目标，顺利实现全面建成小康社会目标。在新目标的引领下，修武县将加快体制机制创新，集聚更多优势资源要素，在旅游产业持续提升、工业经济持续壮大、农业基础持续稳固、城乡环境持续优化、人民生活持续改善、政府自身建设持续强化的基础上谋求新的发展。同时，县十三次党代会描绘的宏伟蓝图及干部群众的热切期盼，为修武加快发展提供了强大动力。全县上下的精诚团结，坚定了全社会干事创业的信心；路网交通的改造提升、重点项目的推进，也为修武加快发展增添了新的动能。

（二）修武县经济社会发展的制约因素

1. 综合实力亟须壮大

2016年，修武县生产总值增速达到9.2%，高于焦作市8.3%的平均水平，由多年来六县（市）末位提升到第1位。但总体来说，经济总量依然偏小，且与周边县（市）相比，修武经济总量指标在全市位次还不靠前，综合实力亟须壮大。而且，当前修武解决社会事业、社会保障、公共服务等民生问题和统筹城乡发展的压力较大，实现转型攻坚、争先进位的任务比较艰巨。

2. 产业发展亟待升级

现代服务业发展方面，云台山景区实现游客接待量连续5年高位增长，在引领全县旅游业发展方面显现了突出效应。但相较于其他国内一流的山水景区，存在客流增长潜力有限、收入形式单一、消费水平偏低以及吃、住、行、游、购、娱产业链不完善，综合服务能力和水平偏低等亟须改进的问题。工业发展方面，虽然修武县工业发展持续较快增长，但工业结构亟待优化、传统支柱产业亟待升级，如四大支柱产业中，铝制品加工、纺织和农副产品加工业占比较大，但产品附加值低、税收贡献较小，产业链条延伸困难；同时大中型企业数量少，如何加快引育壮大经济效益好、带动能力强的龙头骨干企业等问题亟待解决。

3. 资源环境约束趋紧

修武县境内山地、丘陵分布较广，地势起伏较大，土地资源比较紧张。而且经过多年的城乡建设和产业发展，目前全县可利用建设用地不足，生态环境瓶颈制约趋紧。要素方面，修武的人才资源尚不能适应经济社会发展需求，具有开阔的视野、丰富的专业知识、熟悉产业发展的高端人才相对缺乏。此外，虽然修武在对外交通上与郑州实现了有效对接，但内部交通则存在南北通道客货混运、东西通道连接时间长、缺乏慢行系统等问题。

4. 思想观念亟待转变

部分中小企业宏观战略思维和现代企业管理理念不足，品牌意识不够强，缺乏资本运营意识，创新活力有待进一步释放。在干部能力提升中面临知识储备不足、开拓创新意识不强等问题，急需提升敢于在迂回中找策略、在变通中寻办法、在创新中求突破的观念意识，进一步增强主动作为、敢于担当、攻坚克难的勇气。

（三）2017年修武县经济社会发展总体判断

2017年，是实施"十三五"规划的重要一年，是供给侧结构性改革的深化之年，也是深入贯彻省十次党代会精神、推动焦作早日跻身全省"第一方阵"和实施修武争先进位三年行动计划的关键之年。当前，修武仍处于机遇大于挑战，应有可为、大有可为、必有所为的重要战略机遇期。必须主动适应新常态、把握新常态、引领新常态，全面建设产业强县，加快经济发展方式转变，提升发展质量和效益，推动经济健康持续发展。2017年，修武县经济社会发展主要目标是地区生产总值增长8.5%，规模以上工业增加值增长9.0%，一般公共财政预算收入增长8%，固定资产投资增长17%，社会消费品零售总额增长12%，城乡居民人均可支配收入增长8.5%

左右，力争在强化发展支撑、推动产业攻坚、提升城区品质、旅游二次创业、产业集群发展、发展特色农业、增强发展动能和增进群众福祉等方面实现新突破。

三　以民心导向推动产业强县建设的对策建议

（一）突出转型提升，实现产业强县新突破

1. 加快培育先进制造新优势

在加快布局以大健康关联制造业为核心的主导产业的基础上，加快培育电子信息、汽车零配件、智能装备等机会型产业。一是整合自身及周边市县的优势资源，加快发展食品饮料、保健品、家用医疗等大健康关联制造业，实现大健康产品的规模化生产和产业链延伸。二是积极承接产业转移。加强与郑州市金水区、航空港经济综合实验区的产业对接，重点发展智能终端、物联网、应用电子等电子信息产业项目，加快建设郑州金水区电子信息的"飞地"园区和郑州航空港经济综合实验区配套产业基地。重点发展传统整车新增产能的关键零部件配套，以及新能源汽车和电池系统制造。三是提升创新研发能力。加大对关键技术和产品研发的投入，构建完整的工业机器人制造产业链，提升矿山装备成套能力，推动制造企业向集成供应商和系统服务商转变。

2. 提速发展高成长性服务业

充分发挥云台山品牌优势，以"旅游+"为引领，推动与文化、健康产业的融合互促，带动全县高成长性服务业快速健康发展。一是加快云台山景区转型升级，着力打造"山水游、文化游、运动游、乡村游、农业游、工业游、民宿游"休闲度假品牌，建立完善旅游服务体系和智慧旅游管理体系。二是依托自然历史人文资源优势，丰富和发展道教文化、佛教文化、魏晋文化、商周古文化，重视挖掘本土名人资源，壮大名人文化。三是以三产融合为着力点，借助优势内外部资源，积极发展文化创意产业，推动组建

修武"设计联盟"。四是构建以健康服务为核心、以健康科技为延伸、以健康生活为支撑的闭环产业生态体系,主攻健康服务养生类产业,积极发展养生经济,争创中医旅游养生示范基地,创建郑州自主创新示范区健康分园,着力打造中原养生地核心区。

3. 着力打造现代休闲观光农业

在提升农业综合生产能力的基础上,依托台创园等龙头企业加快发展新兴农业业态,着力打造农业休闲观光集群。一是以市场为导向优化农业布局,加强高标准粮田建设,积极推广良种及高产高效集成技术,培育壮大新型农业经营主体,完善土地流转体系,推动农业产业化经营,提高农业供给质量。二是充分发挥台创园的龙头带动作用,推动台湾精致农业发展理念和农业技术在园区的广泛推广和应用,大力发展怀药等中药材种植及深加工、林果和蔬菜高效种植,建立完善农产品安全体系,加快推进品牌农业发展。三是积极发展休闲观光、创意农业、农耕体验等新兴农业业态,加快同根园生态度假区、陆台生态农业观光园、牡丹产业园等(台创园)重点项目建设,打造种植、加工、市场一体化循环农业链条,推动农村一、二、三产业融合发展,促进农民增收、农业提质增效。

4. 强化平台建设,促进产业集聚

建立健全服务推动机制,加大精准招商力度,引进一批关联度高、成长性好、附加值高的龙头项目,促进产业集聚区、中铝转型示范园、热电综合利用产业园快速发展,为加快产业集聚、推动工业转型升级提供平台。一是强化基础设施配套,做大做强产业集聚区。一方面要壮大南片区先进制造业和光电子产业规模,另一方面要培育壮大西片区汽车产业和铝深加工产业。二是依托中州铝厂,以铝及铝深加工业为主导,推进中铝产业转型升级,将中铝转型示范园建设成为资源综合利用示范园。三是加快完善交通、排水等基础设施,以发展热电综合利用项目为主导,推动神华电厂产业链条向上下游延伸。同时,积极发展新型建材、超硬合金、生物医药等产业,培育修武新的经济增长点。

（二）突出旅游健康，打造修武发展新名片

1. 全力打造中国超级旅游目的地

树立"全域旅游"发展理念，加快全域旅游示范区创建步伐，推动旅游产品向现代观光休闲度假复合型、旅游市场向生态宜人休闲旅游目的地、城区功能向人文生态休闲旅游综合体城区发展，着力构建全域旅游发展大格局，全力打造全国超级旅游目的地。一是加强顶层设计，编制完成全域旅游发展规划，加强与产业发展、城市建设、土地利用、生态保护、交通发展等相关规划的融合对接，促进区域资源的有机整合，以旅游产业的发展带动区域产业全面发展。二是多举措创新招商引资方式，通过参加推介会、组织专项招商活动等引进一批符合产业发展需求的重大项目，着力打造超百亿特色文化旅游产业集群，支撑全域旅游发展。三是深化体制机制创新，在土地、财政、金融、人力资源等方面出台专项扶持政策，以及对各级政府和经营主体的奖惩措施。

2. 推动云台山引领旅游提质升级

以打造"国内领先、国际一流"景区为目标，加快推动云台山景区转型升级。并以云台山景区的建设发展为引领，推动修武旅游业的提质升级。一是强化项目支撑，重点推进云台山国际旅游度假区、云台山综合改造提升、云台揽胜、云台人家客栈、世贸天阶欧亚风情小镇、航空旅游小镇等项目建设。二是大力培育新业态，推动旅游与健康养生、休闲度假、户外运动等融合发展，提升云台山旅游业的综合实力。三是创新景区运营管理模式，提升景区服务品质，加快云台山上市步伐，促进景区可持续发展。四是扩大景区宣传力度。采取举办旅游节、谋划高品质大型实景演出等丰富的形式强化景区主题营销宣传，提升景区在国内外的影响力和知名度。

3. "大健康"引领抢占产业制高点

突出大健康产业的引领作用，统筹先进制造业、高成长服务业和休闲观光农业融合发展，抢占未来产业竞争制高点。一是发挥院士经济品牌的龙头作用，加强与国内外一流的医疗、保健、养生、中医药科研院校等机构合

作,打造河南大健康产业的科技成果孵化中心和研发人员集聚地,大力发展健康产业相关的科技制造业,构建完善大健康产业框架,全面提升修武健康产业发展的层次及水平。二是加快推进健康硅谷、海航健康小镇、青云旅游综合体、七贤文化古镇、中医中药文化园等项目,以做大健康医疗、打造健康养生基地、大力发展"健康+"为重点,着力培育大健康产业集群。三是充分利用宗教文化、养生文化等方面的优势,突出发展养生经济,争创中医旅游养生示范基地,创建郑州自主创新示范区健康分园,努力把修武建设成为中原养生地核心区。

4. 积极发展旅游新业态新模式

加快业态创新、模式创新,促进旅游业转型升级。在积极发展新业态方面,一是以主题化开发、景区化设计、特色产业培育为着力点,结合实际建设一批特色小镇,培育旅游经济新增长点。重点推动云台山创意文化园、云台冰菊小镇、绞胎瓷小镇等项目的建设,积极发挥台湾农民创业园龙头优势,规划一斗水禅修村落、云台人家客栈等精品民宿项目,加快形成特色各异、优势互补的民宿旅游体系。二是建设一批太极拳文化主题公园、酒店和城市综合体,将太极拳打造成为与旅游、健康、文化、教育、体育等高度融合的新兴产业。三是大力发展动漫、影视、游戏等相关联的文化创意产业,推动旅游业与文化创意产业的融合互促;在探索新模式方面,加强旅游与互联网的融合创新,加快构建智慧旅游体系,提升服务效率、改善游客体验。密切与同城网、携程网、途牛网等网络平台的合作,构建旅游及相关服务产品的电子商务平台,打造以云台山景区为龙头的旅游电商集群。

(三)突出新型城镇化引领,促进城市品质新提升

1. 着力推进百城建设提质工程

以实施百城建设提质工程为契机,以高标准规划设计、重点项目为引领支撑,推动城市基础设施建设全面提速,加快完善城市功能、提升城市综合承载能力,增强城市的集聚力和辐射力。一是紧密结合实际,按照"多规合一"原则,统筹做好城市总体规划、各项市政公用设施和公共服务设施

专项规划的编制。二是结合城市更新、生态修复及其他新型城镇化建设要求，谋划建设一批好的基础设施和公共服务设施建设项目，创新机制加强项目统筹管理。三是强化土地、住建、财政、金融、环保等方面的政策支撑，保障百城建设提质工程重点项目的顺利推进。

2. 促进城区、景区旅游融合发展

推动旅游与城市建设融合发展，实现以云台山旅游带动县城发展、以县城发展提升云台山整体旅游水平。一是加强基础设施对接。加快县城—云台山景区的旅游专用通道建设，连接修武城区、台创园区、云台山景区，加强景城融合各功能板块联系，丰富各类业态，打造旅游产业带，加快互动发展、联动发展。加快城区绿道、云台山景区绿道，特别是城区与云台山景区之间30公里长绿道的建设，提升城市生态系统建设水平。二是大力实施景城融合重点项目，通过旧城改造、新型城市社区建设、特色小镇发展等，打造城景合一的城市旅游产品体系，通过科学规划旅游路线，促进城区旅游和云台山旅游融为一体。三是基于互联互通优势，合理划定城区、景区的职责分工，以旅游服务和公共服务等共享促进景城融合，共同打造修武旅游新品牌。

3. 着力完善交通基础设施体系

坚持交通先行，构建适度超前的现代化基础设施体系。一是完善县城交通体系。铁路建设方面，规划焦作东铁路枢纽站建设，配合新（焦济）洛城际铁路工程建设，推进焦作电厂铁路专用线建设。公路建设方面，加快实现高速公路网络无缝对接。进一步加大国省道路网建设和管理养护力度，重点改善县城东部、南部交通通行能力。二是加强景区内外交通建设。规划建设县城至云台山旅游专用通道、沿太行旅游通道，提升景区内部道路交通通行能力和发展空间，加快重要旅游节点公路、美丽乡村、古村落等交通设施建设。并根据旅游业和小城镇发展需求，进一步提高农村公路的通行能力和通达深度。实施智慧公交工程，合理规划旅游公交线路，实现旅游公交通达县域全部景区。

4. 全面提升城市综合承载能力

优化城市空间布局，持续完善城市功能，提升城市综合承载能力和功能品质。一是加快城乡电网改造，建设坚强智能电网，大幅提升供电能力和可靠性。大力发展太阳能光伏产业、风能等新能源和可再生能源，加快城区燃气管网建设，提升天然气利用率和覆盖率。二是大力建设城区绿道和景区绿道，形成功能齐全、特色鲜明的绿道体系。实施蓝天雷霆工程、碧水工程、乡村清洁工程，大力改善城乡环境质量，提高环境综合承载能力。三是实施"智慧修武"战略，建设高效信息网络。加快实施信息基础设施提升工程，推进无线城市建设，促进移动多媒体、互联网电视等融合发展，加快推进物联网先导应用示范。四是提升土地、水、矿产等资源节约集约利用水平，提高能源资源利用效率和效益，保障经济社会发展的能源资源需求。

5. 积极打造修武特色美丽乡村

实施改善农村人居环境五年行动计划、美丽乡村三年行动计划，梯次推进"宜居乡村、美好乡村、特色小镇"建设。一方面，合理规划居住、产业、生态和公共服务设施布局，实施乡村清洁、基础设施提升、农民安居、村庄美化亮化四大工程，积极整治农村人居环境，推动全县所有村庄达到美丽乡村标准。另一方面，加大一斗水、双庙、东岭后、平顶窑、长岭等中国传统村落和古民居保护性开发力度，积极推动龙门村、东岭后村、片马老村等发展民宿文化。

6. 着力推动山水绿色城市建设

按照"产城融合、人城融合、景城融合"的思路，着力推动山水绿色城市建设。发挥"旅游+"引领带动作用，推动旅游与城市建设、新型工业、休闲农业、文化资源融合发展，加快构建城乡生态产业体系。优化城乡建设布局，统筹推进山水林园湖生态保护，实现生产、生活、生态融合发展，巧借山水营造生态型人居环境，提升生产方式及生活方式的绿色、低碳水平，将修武打造成为郑州"后花园"、河南"会客厅"。

（四）突出改革创新，增强经济发展新动能

1. 深化供给侧结构性改革

深入推进供给侧结构性改革，提高经济发展质量与效益。一是充分利用

内外优势资源，增大高成长性服务业、先进制造业和现代农业优质产品服务的有效供给，不断优化消费服务环境。二是认真落实去产能、去库存、去杠杆、降成本、补短板五大任务，研究制定完善的配套政策体系，推动困难企业兼并重组，积极稳妥化解产能过剩，努力实现由低水平供需平衡向高水平供需平衡跃升。三是通过简政放权、市场化改革，降低企业制度性交易成本、税费负担、社会保险费、财务成本、电价和物流成本，优化劳动力、资本、土地、技术、管理等要素配置，做好供给侧结构性改革的制度与要素保障。

2. 提升企业自主创新能力

支持以企业为主导组织产业技术研发创新，引导企业成为技术创新的主体。一是鼓励企业持续提高研发经费投入，提升研发经费在总利润中的比重，从而不断提升企业的技术含量、提高发展效益。二是支持企业加强技术研发能力建设，提升对内外部科技资源合理利用和优化配置的能力，加强院士工作站、博士后科研工作站、重点实验室、工程实验室、工程技术研究中心、工程研究中心、企业技术中心等研发机构建设。三是以三大百亿主导产业集群为重点，持续提升高新技术骨干企业的自主创新能力和高科技水平。实施科技"小巨人"培育计划，鼓励和引导科技型中小企业加强技术改造与升级，提升科技型中小企业创新能力。

3. 强化创新创业人才支撑

坚持人才优先发展战略，强化创新创业人才支撑。一是强化服务效能，营造有利于"大众创业、万众创新"蓬勃发展的良好环境。重点加强云台山创新创业孵化园，市场化、专业化、集成化、网络化的众创空间和"互联网＋创业"的众创空间平台建设。二是围绕高成长性服务业重点领域实施高层次人才引进计划，大力引进集聚高层次复合创新型人才和创新管理团队。开展"院士经济"行动计划，为先进装备、电子信息、大健康、大旅游、大文化等产业转型升级提供智力支持。加快筹建3~5家高水平、高标准的应用型院校，培养适应市场和企业用人需求的人才。制定、完善和落实各项人才政策，同时鼓励企业建立自下而上的创新激励制度，多渠道、多方式吸纳科技人才和创新团队。

（五）突出开放合作，融入区域发展新格局

1. 全面融入"一带一路"建设

加强与"一带一路"沿线国家和地区合作，探索与沿线重要节点城市合作共建旅游联盟，策划开发一批特色旅游产品，推动资源共享、品牌共建、客源互动。加强与郑州、洛阳两个"一带一路"重要节点城市的产业对接，重点加强云台山与龙门、嵩山等景区的联动，共同开发文化旅游精品路线，打造世界知名、国内一流的旅游目的地。搭建跨区域产业对接服务平台，探索项目合作、共建产业园区、科技成果转化等多种模式，促进区域协同发展。加强对外宣传，充分利用报纸、电视、网络等传统及新兴媒体，举办有影响力的招商推介会、产业论坛、展览会，全方位、多形式宣传修武县特别是云台山景区的发展思路与成效，提升修武县在国内外的影响力和知名度。

2. 加快建设郑焦融合发展先行区

实施综合交通提速升级工程，优化交通网络布局，提升与郑州、焦作的互联互通水平。主动融入郑州大都市区建设，充分利用郑州的基础优势以及郑州、修武的区位连接优势，加强基础条件连接、优势产业对接、都市生活联通，优先推动基础设施项目连接，推动公共服务共享，强力推动要素区域流动。积极衔接郑州航空港经济综合实验区、郑欧班列、郑州跨境贸易综合试点，大力推动郑修一体化，将修武建设成为郑焦融合发展先行区。

3. 着力强化项目支撑带动作用

谋划实施事关经济社会发展全局、技术含量高、经济效益好、带动能力强的重大项目，完善重大项目协调推进机制，实现以重大项目带动落实重大战略布局，增强经济综合实力和发展后劲。鼓励和引导外资投向大旅游、大文化、大健康产业以及高新技术产业、现代服务业、新能源、生物医药、新材料等战略性新兴产业，扩大产业集群效应。依托龙头企业，培育一批出口龙头企业和出口企业集群，鼓励电子信息、汽车及零部件、健康食品等产品扩大出口，协调关键技术和重大设备的进口，增强经济的对外开放能力。鼓

励有条件的企业实施"走出去"战略，在县外建立农业生产基地、产品加工制造基地及物流、营销网络，拓展产业发展空间。

4. 持续推进开放招商招大引强

着力打造优质国际营商环境，提升招商引资层次和水平。一是明确招商主要目标。以先进制造、大健康、特色文旅养等为主攻目标，紧盯龙头企业、隐形冠军、行业先锋、初创企业，瞄准长三角、珠三角、京津冀等地区，借助"一赛一节"，以节会搭台、文旅为媒、经贸唱戏等形式开展精准招商、以商招商、园区招商，引进一批关联度高、互补性强、成长性好、附加值高的好项目。二是完善招商机制。引进2~3个专业化招商团队，加大政策支持力度，实施重大项目"一事一议"。完善考核奖惩机制，鼓励各级各部门积极参与招商。三是建立服务推动机制。组建专业化团队，专项服务园区建设。落实政府服务"两不见面"制度、"三位一体"联系企业机制，开展企业家"暖心工程"。积极争取直供电价，为企业发展"减负"，为产业集聚"加码"。

（六）突出民心导向，着力增进民生福祉

1. 深入推进脱贫攻坚工作

按照"扶持生产和就业发展一批、通过移民搬迁安置一批、通过低保政策兜底一批、通过医疗政策扶持一批"的思路，深入推进精准扶贫精准脱贫。一是进一步完善县乡村三级贫困治理格局，加大帮扶计划、帮扶措施的落实力度。二是激发贫困地区人民创业热情，通过扶贫整村推进、雨露计划、科技扶贫等加强职业技能培训，提高农村贫困人口的自我发展能力。三是加快改善贫困地区基础设施建设，搭建社会扶贫"互联网＋"平台，引导企业、社会组织和个人等社会力量积极参与扶贫开发。支持有条件的地区积极发展特色产业，有序引导转移就业和异地搬迁，确保实现稳定有序脱贫。

2. 大力推进健康修武建设

建立覆盖城乡居民的基本医疗卫生体系和公共卫生服务体系，积极发展

体育事业,大力推进健康修武建设。一是完善疾病控制、医疗救治、预防保健、卫生监督体系和突发公共卫生事件应急机制建设,健全县级医院、乡镇卫生院和村(社区)标准化卫生室三级医疗卫生体系,支持社会力量开办规范的中医养生保健机构,培育一批技术成熟、信誉良好的知名中医养生保健服务集团或连锁机构。二是以"互联网+"打造修武智慧健康云,加快推进基层医疗机构信息化建设。三是实施全民健身计划,高标准建设一批乡镇、村、社区、城市居民小区体育健身场地。推动体育与文化、旅游融合发展,打造一批国际知名品牌赛事。四是组织相关工作人员赴海南、贵州、浙江等地区进行考察学习,结合实际借鉴健康、旅游产业融合发展方面的有益经验。

3. 积极推动文化传承创新

深入挖掘"千年古县"文化资源,创新文化产业发展,促进文化产业与旅游、健康产业融合互促,推动文化事业大繁荣大发展。一是以"名山、名城、名人、名瓷"为依托,实施文化精品培育工程,努力在戏剧、文学、美术、书法、摄影等艺术领域不断推出精品力作。以文艺形式推介七贤文化和"千年古县"等文化品牌,打造"快乐城市""温馨家园"等文化品牌。二是加强当阳峪绞胎瓷等国家级非物质文化遗产和五里源松花蛋制作技艺、丁兰刻木等6项省级非物质文化遗产传承保护,加强李固遗址、汉献帝禅陵等国家级、省级物质文化遗产、名镇名村和传统村落保护力度,保护城市文脉,彰显城市特色。三是鼓励社会资本参与文化建设,调动各方社会力量创新文化产业发展的模式和路径。

4. 持续扩大就业促进创业

深入实施就业优先战略和更加积极的就业政策,确保经济新常态下的就业形势总体稳定,增强经济转型发展新动力,促进充分就业、公平就业和高质量就业。一是进一步发挥孵化园的示范带动作用,扶持以旅游服务为重点的电商、微商创业,打造创新创业的龙头,争取将河南云台山创新创业孵化园创建成为省级创新创业孵化示范基地。二是实施河南省全民技能振兴工程创业培训示范基地建设项目,进一步强化职业指导、职业培训和创业培训工作。并通过就近吸纳就业、劳务输出就业、居家灵活就业、公益性岗位安置就业等方式，开展转移就业脱贫工作。三是鼓励返乡农民工创业，增大创业补贴发放规模。举办创业大赛，营造更浓的创新创业氛围，激发创新创业的活力。

5. 积极推进社会治理创新

加快社会治理体系和治理能力改革创新，一是牢固树立"善治""共治""法治"的治理新理念，发挥好政府在社会治理中的主导和推动作用，促进政府职能转变，落实政企分开、政社分开、政事分开，进一步清理、减少、规范社会管理领域的行政审批事项，变"全能政府"为"有限政府"，全面推进服务型政府、法治政府建设。二是增强基层社区的管理服务职能，提高基层城区的管理效能和服务质量。进一步健全居（村）民自治机制，积极引导群众自我管理、自我服务、自我监督，提高基层社区居民自治水平。三是完善立体化社会治安防控体系，健全社会矛盾多元化解机制，强化食品、药品、餐饮卫生、消防等安全监管。严格执行安全生产责任制，完善安全生产监管体系和安全生产设施，有效遏制重特大安全事故的发生。

参考文献

1. 辛文珂：《以民心导向推动产业强县建设　为实现修武"十三五"坚实跨越而众志成城》，《焦作日报》2016 年 9 月 30 日。
2. 张占仓、王建国：《河南城市发展报告（2016）》，社会科学文献出版社，2016。
3. 辛文珂：《修武县通过提速提质提效增强发展动力》，《焦作日报》2017 年 5 月 12 日。
4. 修武统计局：《修武统计年鉴》（2014～2016）。
5. 修武县人民政府：《修武县国民经济和社会发展第十三个五年规划纲要》，2016。
6. 修武县人民政府：《2017 年修武县政府工作报告》，2017。

转型发展篇

Transformation and Development

B.2
修武推进产业强县建设的思路和对策

刘晓萍[*]

摘　要：　近年来，修武县突出推进以民心为导向的产业强县建设，持续提升产业层次，加快新旧动能转换，产业综合实力稳步提升，特色产业竞争优势明显，三产融合拓展空间广阔，已经具备了在更高层面上加快推进产业强县建设的基础与优势。未来一段时期，修武应突出郑州"势中心"建设，围绕打好转型发展攻坚战，坚持传统产业与新兴产业互动、服务业与制造业融合、存量优化与增量升级并重、重点突破与长期转型并举，推进服务业高端化规模化发展、制造业绿色化集群化发展、现代农业链条化特色化发展、三次产业联动化融合化发展，推动修武县域综合实力跻身全省"第一方阵"。

关键词：　产业融合　产业升级　修武县

---

* 刘晓萍，河南省社会科学院工业经济研究所副研究员。

产业是区域经济社会健康发展的基础支撑，也是区域竞争力的集中体现。近些年，修武县突出产业强县建设，依托比较优势，持续提升产业层次，加快新旧动能转换，不断为区域经济转型发展注入新动力新活力，多项经济指标位居全市前列，产业强县建设迈出坚实步伐。当前，新一轮科技革命与产业变革方兴未艾，区域产业发展呈现新格局，河南省转型发展攻坚战全面展开，在此背景下，修武需要突出特色与优势，在更高层面上推进产业强县建设。

一 修武推进产业强县建设的基础与优势

修武县坚持产业强县战略不动摇，产业综合实力稳步提升，特色产业竞争优势彰显，三产融合拓展空间广阔，已经具备了在更高层面上加快推进产业强县建设的基础与优势。

（一）产业综合实力稳步提升

近些年，修武推进产业结构优化，传统产业提升与新兴产业培育齐头并进，产业规模和发展质量持续提高，综合实力稳步提升。2016 年地区生产总值达到 124.8 亿元，是 2011 年的 1.4 倍，二、三产业规模持续扩张，2016 年第二产业增加值实现 69.9 亿元，是 2011 年的 1.2 倍，第三产业增加值实现 47.6 亿元，是 2011 年的 2.4 倍，服务业增长速度明显快于其他产业，产业结构由 2011 年的 12.8∶64.9∶22.3 调整到 2016 年的 5.9∶56.0∶38.1，2016 年高新技术产业增加值达到 28.7 亿元，同比增长 29.4%，大大高于生产总值增速以及工业增速，产业结构明显优化（见图 1）。

（二）特色产业竞争优势彰显

修武持续挖潜比较优势，依托优势培育特色产业，在旅游、光电、汽车零部件等领域竞争优势明显，云台山旅游品牌享誉全国，成为全国旅游热点

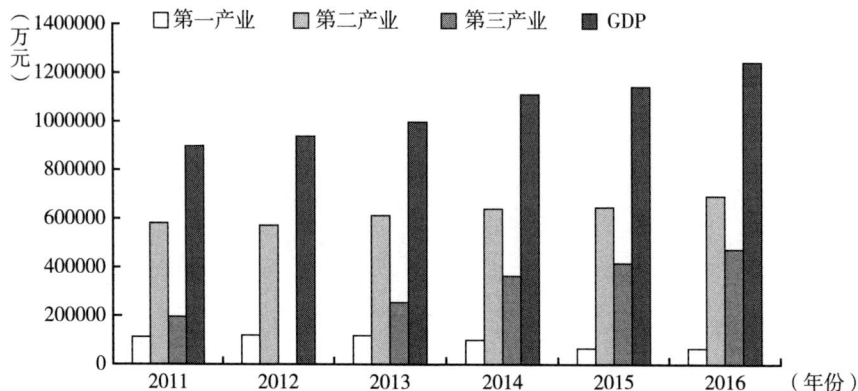

图1　2011～2016年修武县地区生产总值及三次产业增加值

景区之一，有力带动了全县旅游业及相关产业的转型发展，近五年来，全县累计接待游客3593.5万人次，旅游综合收入累计155.9亿元。光电产业优势明显，光通信元件、电感元件产能分别占到全球40%、60%份额，汽车零部件产业园典型经验在全省推广，成为对接郑汴汽车产业基地的重要零部件基地之一。

（三）产业创新能力持续提升

创新是区域产业转型升级的核心支撑，修武坚持以创新驱动产业发展，加快推进创新平台建设，区域产业创新能力持续提升，拥有鑫宇光、环宇石化、吉成磁电、龙昌机械等4家国家高新技术企业，鑫宇光、奥润生物2家省级工程技术研究中心，1个院士工作站，32家省科技型中小企业，20家市级工程技术中心，集聚了一批创新团队和技术人才，为产业强县建设提供了强大科技支撑。

（四）三产融合拓展空间广阔

修武县生态旅游资源丰富，产业发展要走出一条与其他县域经济不同的发展道路，以大旅游、大文化、大健康等引领型产业，带动农业、制造业与服务业融合发展，从当前及未来产业发展趋势看，三次产业融合拓展空间十分广阔，在旅游消费升级带动下，未来修武健康设备、健康服务、旅游产品、休闲农业、购物、电子商务等产业发展空间广阔，可以聚焦优势培育形成一批新的产业增长点。

（五）产业合作平台支撑有力

修武在产业谋划上善于借力借智发展，搭建了一批高端开放合作平台，对接全球顶尖产业咨询公司罗兰贝格谋划产业发展，在全省县域率先打造"院士经济"品牌，积极融入郑州打造"势中心"，金水飞地产业小镇建设顺利，海峡两岸科技合作中心落地，荣盛康旅等一批全国同行业排名第一的企业落户，修武产业发展借助域外资源站在了更高平台上，这些战略合作平台将为修武产业转型升级提供强大支撑。

二 修武推进产业强县建设的做法与经验

修武持续推进产业强县建设，已经初步探索出了一些做法和经验，为在更高层面上建设产业强县提供了强大支撑。

（一）培育打造"增长极"，构筑多点支撑新格局

1. 战略性新兴产业快速培育

抢滩发展制高点，抓住国家加快高成长性服务业发展的契机，聚焦"养"字，提早布局落子，问道学者，12名中国科学院、中国工程院院士先后受邀莅修，把脉问诊产业发展；聘请高参，由全球顶尖产业咨询公司罗兰贝格为产业发展编制规划，使修武率先进入全省战略规划大盘子。以中国养生地核心区建设为核心，依托郑州建设2049国际商都战略布局，构建以云台山为核心的健康产业集聚地。成立7个产业攻坚小组，探索14条产业招商隐蔽规律，引进博奥生物科技、海航集团、中国医学科学院药用植物研究所、四大怀药博物馆分别由5名院士牵头的企业，在全省县域率先打造

"院士经济"品牌。

2. 旅游转型实现新突破

以"景城融合"战略为着力点，突出云台山、圆融寺两大文化旅游园区建设，大力发挥旅游项目带动作用，推动旅游业展翅高飞。成功举办九九国际登山挑战赛、中国热气球俱乐部联赛等重大赛事活动，在韩国首尔设立全国旅游景区首个境外办事处。云台山品牌效应持续释放，保持全国人气最旺的山水景区，成功入选中国质量奖提名，成为首批国家生态旅游示范区、全国质量标杆企业。旅游"触电"驶入快车道。云台山官网、App、微官网、微博、微信"五位一体"的自媒体平台实现了信息发布、游客互动全覆盖；B2C 和 O2O 模式齐头并进，景区自有电子商务平台乘势崛起，与旅游电商龙头开启战略合作，使景区智慧旅游再上新台阶。

3. 工业转型迈出新步伐

龙昌机械、鑫宇光等工业企业加快向信息化、智能化转型，产业集聚区面积扩展到 13.48 平方公里，成功晋升为一星级产业集聚区，汽车零部件产业园区"整体开发、集群引进"建设模式在全省推广。金水飞地产业小镇项目顺利推进。

4. 农业转型呈现新优势

农业小县实现大担当，粮食总产实现十三连增，小麦高产创建获 15 项全国纪录，成为"国家农产品质量安全示范县"创建试点，是河南省四家之一、焦作市唯一一家获此殊荣的单位。焦作大用、修武伊赛进入全省 40 个重点畜牧产业化集群。修武台湾农民创业园被列入市十大战略项目，与福建漳平台创园缔结友好合作关系，一批批"高富帅"的农业项目相继落户。海峡两岸科技合作中心、速生星柳丹参种植基地等项目初具规模，云台山医药科技产业园和修武莱骏花卉基地等项目均建成投产。总投资 26 亿元的同根源生态度假区项目、总投资 11 亿元的生态旅游牡丹项目相继开工建设。

（二）打好协同"组合拳"，拓展转型发展新空间

1.完善基建，提升城乡面貌

城乡统筹步伐不断加快，城镇化率达到46.43%。公路、铁路、水系、电网、通信等各项基础设施不断完善，郑焦城际铁路投入运营，修武跨入"高铁时代"，郑云高速建成通车，与郑州融合步伐进一步加快。城区绿化覆盖率达43.4%、绿地率达38.1%。农村人居环境持续净化、美化、亮化，岸上村、一斗水村成为省级美丽乡村试点，平顶窑、东岭后等5个村入选中国传统村落。

2.破解难题，提升群众获得感

始终坚持"民心导向"战略，群众生活水平持续提高。城镇居民人均可支配收入和农民人均纯收入分别达到24197元、13135元，年均分别增长10.2%和13.2%，分别高出全省平均水平1.3个和2个百分点。完成新一中搬迁、7所农村中小学标准化校舍建设，濮青医专一期项目完工，结束了修武没有高等院校的历史，成功创建河南省义务教育基本均衡县。实施县人民医院搬迁、乡镇卫生院改扩建等项目，公立医院改革保持全国领先地位。高标准建设河南云台山创新创业孵化园，累计转移农村劳动力5.8万人，新增城镇就业2.6万人。在全省率先实施安全饮水"村村通"工程，解决7.17万人的安全饮水问题。全县新增住宅面积93.4万平方米，建成保障性住房2891套。全民健身活动中心建成投用，圆满完成省十二届运动会承办任务。强力推进北山治理和"蓝天雷霆"十大专项行动，顺利通过国家卫生县城、国家园林县城复查验收，被授予"中国养生地"称号。文化、计生等各项社会事业蓬勃发展，信访安全生产形势持续好转，公众安全感指数保持全省前列，连续两次被评为"全国平安建设先进县"。

（三）用好用活"指挥棒"，激发干事创业新状态

创新党建，凝聚全县合力。站在攻坚县域党建"纲举目张"难题的高度，坚持把抓党建作为最大责任和最大政绩，扎实开展创先争优、党的群众

路线教育、"三严三实"专题教育等活动,有效遏制"四风"等问题,促进了党风政风转变。站在攻坚县域党建"纲举目张"难题的高度,对"民心是最大的政治"进行制度化探索,初步形成了联系服务群众、解决难题隐患、透明决策、体现党建元素、基层干部暖心和基层工作群众评议"民心导向"六项制度,破解了县域党建"为什么抓""抓什么""如何抓"的问题,走出了一条围绕民心导向加强基层党建的新路子,收到了"为党分忧、为民解难、为干部提劲、为转型发展与产业升级提速"的良好效果,得到了中央党校、中国社会科学院、河南省社会科学院等单位的党建专家和新华网、《河南日报》等媒体的推广。扎实推进制度落实。大幅提高农村干部待遇,转化提升软弱涣散基层党组织 58 个,基层党组织的凝聚力和战斗力进一步增强。严格落实全面从严治党主体责任,依法依规查办各类案件。

三 修武推进产业强县建设的总体思路与主攻方向

县域产业发展一定要突出优势,形成特色,培育竞争优势,提高产业竞争力,修武文化旅游资源丰富,区位交通优势明显,产业谋划上与其他区县相比,在思路、方向上应突出差异化、特色化。

(一)总体思路

未来一个时期,修武建设产业强县的总体思路为:突出郑州"势中心"建设,围绕打好转型发展攻坚战,聚焦打造中国超级旅游目的地、中原养生地核心区、中原三产融合示范县三大核心竞争力品牌,坚持传统产业与新兴产业互动、服务业与制造业融合、存量优化与增量升级并重、重点突破与长期转型并举,以大旅游、大文化、大健康三大优势领域为引领,构建产业发展新体系,提升产业层次,加快新旧动能转换,推动县域综合实力跻身全省"第一方阵"。

——坚持传统产业与新兴产业互动。产业强县既要改造提升传统优势产业,也要加快培育新兴产业,面对新一轮科技革命,传统产业依托信息技术、高新技术等向新兴产业延伸拓展具有广阔空间，修武县可以从传统产业与新兴产业互动中形成一批新的增长点，推进铝精深加工、汽车零部件、农业等向新材料、新能源汽车、休闲农业等新兴领域拓展延伸。

——坚持服务业与制造业融合。修武县旅游、生态、文化资源丰富，具有发展大旅游、大文化、大健康等产业的基础与优势，制造业发展应与此优势相适应，突出旅游与工业两大产业体系融合联动，引进和培育旅游产品、文化产品、健康设备等项目，坚决拒绝高耗能、高污染项目，形成与县域生态文化资源相对应的服务业和制造业体系。

——坚持存量优化与增量升级并重。当前，传统产业生产经营和转型发展面临困境，修武应抓住河南省推进供给侧结构性改革和转型发展攻坚的战略机遇，对铝、食品及农副产品加工、汽车零部件、纺织等传统产业存量进行调整优化，同时把握产业发展趋势，突出"转移＋升级"，前瞻性引进培育新产业、新技术、新产品、新业态，以增量升级带动存量优化，实现新旧动能顺利转换。

——坚持重点突破与长期转型并举。当前产业转移的内涵与逻辑正在发生变化，我国重大项目布局以及大型龙头企业新一轮战略布局展开，修武将抓住郑州上升为国家中心城市的国家战略和建设"米"字形高铁所带来的发展机遇，积极融入郑焦产业带，大力引进一批符合区域实际、带动性强的产业项目，实现重点突破，带动全县产业转型升级。

（二）主攻方向

1. 推进服务业高端化、规模化发展

修武服务业已经具有非常好的基础与优势，未来的关键是提升服务业层次，在更高层面上实现规模化发展，聚焦大旅游、大文化、大健康，重点谋划引进一批层次高、辐射面广、品牌影响大的优质项目，满足旅游者消费升级需求，将修武打造成中国超级旅游目的地、中原养生地核心区。

2. 推进制造业绿色化、集群化发展

制造业发展一定要与修武旅游健康产业优势相契合，走绿色化、集群化

发展道路，突出环保治理攻坚战，坚决淘汰落后污染产能，在传统产业中加快推广绿色制造模式，推进制造业集群化发展，完善环保基础设施，形成上中下游无缝衔接的循环产业链条。新增制造业项目实行环保一票否决制，严禁污染型项目落地。

3. 推进现代农业链条化、特色化发展

依托修武丰富的农副产品优势，打造一批优势农产品生产基地，拉长延伸产业链条，突出特色，打好天然健康牌，围绕农业特色和田园资源，利用"旅游＋""生态＋"等模式，推进农业产业与大旅游、大文化、大健康等产业深度融合，打造一批特色田园综合体。

4. 推进三次产业联动化、融合化发展

打破一、二、三产边界，突出以大旅游、大文化、大健康为引领，带动农业、制造业和服务业联动化发展，培育一批与大旅游、大文化、大健康相关联的产业链和产品链，支持龙头企业跨界融合，整合全产业链资源，提高整体产业链竞争力，培育一批打通一、二、三产产业链条的大型企业集团。

四　修武推进产业强县建设的对策建议

修武推进产业强县建设面临新形势，新一轮科技革命和产业变革背景下，各产业发展均处在转型、迭代的关键阶段，新业态新模式层出不穷，产业转移和产业升级的内在逻辑发生了巨大变化，修武已经具备了一定的产业基础优势，积累了丰富的产业发展经验，需要在更高层面上谋划产业转型发展战略。

（一）突出重点领域推进转型攻坚

按照河南省转型发展攻坚战的部署，聚焦修武主导产业，深入研究细分行业转型发展面临的瓶颈问题，对优势产业链逐个进行梳理细分，确定转型方向和升级策略，推动全县产业转型升级，打好转型发展攻坚战。转型发展攻坚关键是要解决当前企业创新不足和资金约束问题，一是要搭建研发创新平台，聚焦优势产业引进培育一批新型研发平台，引导企业与域外科研机构和创新团队进行开放式合作，柔性引进创新团队和人才，借智借力助推区域产业转型升级；二是培育发展特色产业发展基金，加强与省内外金融机构合作，依托旅游、健康等优势产业联合组建特色产业发展基金，破解企业资金难题。

（二）立足区域优势构建新型产业体系

立足区域资源与产业优势，突出大旅游、大文化、大健康等三大引领型产业，三大引领型产业联合带动中医药产业、健康设备、健康服务、休闲农业等关联型产业，推动铝、汽车零部件等传统产业向新材料、新能源汽车等延伸型产业链拓展，积极培育电子信息、电子商务等机会型产业，构建"引领型产业—关联型产业—延伸型产业—机会型产业"为一体的新型产业体系，同时抓住河南省建设网络经济强省和大数据产业的机遇，实施"互联网＋产业"行动，推动传统产业聚变裂变，转变区域产业业态和发展模式。

（三）围绕"种子企业"提升产业层次

围绕8个"种子企业"拓展产业链条，向高端终端环节延伸拓展，培育形成新的增长点和产业支撑，提升产业层次。突出"四个一"战略，针对每一个"种子企业"，分别明确一套分包领导班子，一套"站在巨人肩膀之上"的策略，一个世界级的策划规划团队和一个不断微调进化的路线图、时间表，让每一粒种子成长为参天大树。其中，云台山重点依托无锡灵山集团、浙江乌镇集团、北京世贸天阶、重庆同元集团做大做强；中州铝业和神华电厂重点依托母公司的上下游产业链条拉伸做大做强；大健康院士经济集群重点依托罗兰贝格帮助修武融入郑州国际商都的产业规划和院士智慧做大做强；龙瑞重点依托与多氟多的合作，打造河南未来最大新能源整车生产基地；江苏金程汽车零配件产业园重点依托重庆青山等世界级零配件企业做大做强；金水飞地光电子小镇重点依托金水区产业优势和鑫宇光世界级零配件企业做大做强；台湾农民创业园重点依托修武休闲观光农业巨大潜力做大做强。

（四）聚焦优势方向吸引高端项目

聚焦引领型产业、关联型产业、延伸型产业、机会型产业等优势方向，继续发挥7个产业攻坚小组的作用，紧盯国内甚至世界一流的龙头企业、隐形冠军、行业先锋、初创企业以及中央企业投资重点和产业布局新动向，实现龙头引进、集群突破。进一步完善招商机制。对7个专业化招商攻坚小组进行调整优化，把最优秀的干部充实进来，通过开展招商竞赛，在团队内部引入竞争机制，尽力激发招商潜能。发挥专业团队优势，通过引进两到三个专业化招商团队，着力引进一批个头大、竞争力强的行业龙头企业。抓好项目谋划和推进。紧盯省市重点项目、集中开工项目、豫商大会签约项目和工业项目、基础设施建设重点项目，抓好项目谋划储备，争取使更多的项目列入国家、省、市盘子。

（五）积极融入郑州共建产业园区

抓住郑州建设国家中心城市、河南省推动郑州与焦作、新乡、许昌、开封等融合发展的战略机遇，通过打造郑州"势中心"，借力郑州推动区域产业转型升级，以金水·修武电子工业小镇等为依托，推动各优势产业与郑州产业链紧密对接。郑州已经提出积极规划建设郑开创新创业走廊以及开港产业带、许港产业带、郑新产业带、郑焦产业带、巩荥产业带等产业发展廊道。修武应超前谋划，积极融入郑焦产业带建设，共建一批特色产业园区。郑州建设国家中心城市，未来必然聚焦高端制造业和现代服务业，推动一般加工制造业向外围拓展，由于在土地、生态等方面具有优势，黄河北岸正在成为新的承载区，修武在承接郑州产业外溢时要选择与区域产业发展战略相适应的项目，把好质量关，形成发展合力。

（六）打造新型载体支撑产业升级

从全国看，当前产业发展载体呈现新形态，特色小镇、田园综合体等新型产业发展载体蓬勃发展，河南各地已经开始谋划特色小镇建设，修武应在健康产业、休闲农业、特色旅游等领域规划建设若干特色小镇，实现产城深度融合发展，打造支撑产业升级的新型发展载体。2017 年中央"一号文件"首次提出了"田园综合体"这一新概念，田园综合体是集现代农业、休闲旅游、田园社区为一体的特色小镇和乡村综合发展模式，修武具有发展田园综合体的基础与优势，应加快谋划，引导各地依托优势创建一批特色田园综合体，形成与大旅游、大健康产业发展相适应的休闲观光农业体系。

参考文献

1. 王言：《修武：以民心导向推动产业强县建设》，《焦作日报》2016 年 6 月 29 日。
2. 辛文珂：《以民心导向推动产业强县建设　为实现修武"十三五"坚实跨越而众志成城》，《焦作日报》2016 年 9 月 30 日。
3. 陈辉：《河南省打响工业转型发展攻坚战》，《河南日报》2017 年 1 月 12 日。
4. 张占仓：《河南工业发展报告（2017）》，社会科学文献出版社，2017。

B.3
加快形成修武开放发展新格局研究

王元亮*

摘　要：　开放发展是一个国家或地区参与全球化的必然选择，也是实现繁荣富强的必由之路。近些年来，修武开放发展取得了显著的成就，为建设开放强县奠定了良好的基础。"十三五"时期，修武要继续强化对内开放和对外开放、坚持"引进来"与"走出去"同步、积极对接"一带一路"倡议，并做到坚持党管外事、落实工作责任、加大政策扶持力度以及营造良好的开放环境。

关键词：　开放发展　"一带一路"　修武县

目前，我国正处在经济社会深度融合的开放时代。面对十分复杂的国际环境和艰巨繁重的国内改革任务，党的十八届五中全会明确提出，要牢固树立创新、协调、绿色、开放、共享的发展理念，加快我国与世界的深度融合、互利合作，构建陆海内外联动、东西双向开放的全面开放新格局。

修武北依太行、南傍黄河，地处郑州、焦作、新乡的中心地带，位于中原城市群半小时经济圈内以及郑州、焦作、新乡、晋城2300万消费群体的中心。境内有济东高速、郑焦晋高速和郑云高速，分别连接京港澳、连霍、二广等国家交通大动脉，以及新月铁路、郑焦城际铁路和新月二

---

* 王元亮，河南省社会科学院科研处助理研究员。

线，修武县已经成为焦作的"会客厅"和郑州的"后花园"。区位交通优势不仅带动了区域融合发展，而且为修武开放发展强化了基础支撑。随着河南打造内陆开放高地的政策举措不断深化，修武县全面扩大开放的步伐也在不断加快。

一　修武县开放发展取得的主要成效

近年来，修武县委、县政府深入贯彻落实党的十八大和十八届三中、四中、五中、六中全会精神，积极发挥区位交通、旅游资源、生态资源以及人力资源等比较优势，加快推进全方位、多层次、宽领域的对外开放，开放型经济发展形势喜人，呈现出蓬勃发展的良好局面。

（一）积极招商引资，产业发展取得新成效

近年来，修武县引进了世界 500 强企业海航集团、中国企业 500 强华芳集团、台湾国巨奇力新电子、国内液压缸伟彤科技、龙瑞新能源电动汽车以及鑫宇光通讯科技产业园等一批企业。入驻企业达到 148 家，其中规模以上工业企业 54 家；各类项目 200 多个，总投资 600 多亿元。与此同时，紧紧围绕产业调整振兴规划，积极引进高成长性产业、劳动密集型产业，并始终把优化环境作为扩大开放的生命线。目前，初步形成了纺织、装备制造、食品及农副产品加工、电子信息四大产业集群。

（二）搭建开放平台，综合实力取得新突破

修武县努力把产业集聚区作为扩大开放招商引资的有效载体。近年来，引进的项目个数、合同利用县外资金、实际利用县外资金等三项指标完成情况位列焦作县（市）前列。2011 年被评为"全省最具投资法治环境产业集聚区"，2010～2012 年发展速度连续三年排在全省 180 个产业集聚区前 10位，2013 年发展速度位居焦作六县（市）第一，先后被评为"河南省产城一体化发展示范集聚区""全省最具投资吸引力产业集聚区"，获得"河南

省5A级最佳投资服务金星奖""河南省最具竞争力产业集群金星奖"。2015年成功晋升为河南省"一星级产业集聚区"。

（三）创新体制机制，发展环境取得新提升

修武县坚持推行"保姆式"服务、"两不见面""企业安心生产日"工作方式，推行"一天一碰头、一周一例会、一月一总结、双月一观摩、一季一评议、半年一考核"的"六个一"工作机制，为项目建设营造良好的发展环境。经常与企业沟通交流，开展"职工文体联谊活动"。出台承诺服务制度、外来投资企业和职能部门"零接触"制度、外来投资企业重点保护制度、试运行制度、行政事业性收费"一费制"制度、外来投资企业生产"安宁日"制度。成立全省首家县级行政服务中心，建立完善"一站式"集中审批、项目跟踪服务制度，为投资者提供高效、规范、透明的优质服务。

（四）扩大交流合作，对外影响力提到新高度

目前，修武县已经连续八年成功举办中国焦作国际太极拳交流大赛；先后邀请12名中国科学院、中国工程院院士"把脉问诊"，合作建立水生态与水经济院士工作站；与中国医学科学院药用植物研究所合作，启动药用植物研究及综合开发项目；与北京常春藤医学高端人才联盟建立医疗技术长期合作关系；成立台湾农民创业园驻厦门台商联络处；2013年被香港《大公报》评选为"中国最具海外影响力的城市"。

二 修武县全面扩大开放的思路与重点

近些年来，修武县对外开放工作虽然取得了明显成绩，但与进一步开放发展的要求和需求特别是建设对外开放强县和适应国际化规则，仍然存在一定差距，亟待明确方向和思路进行重点突破。

（一）总体思路

加强统一领导、部门协调和资源整合，以全面融入全省、全国发展大格局为目标，转变思想观念，打破内陆地区思维定势，把发展放在全省、中部地区、全国乃至全球来谋划和推动，进一步树立强烈的改革意识和开放意识，在扩大开放中先行一步、深入一层，切实提高利用两个市场、两种资源的水平，联动"走出去""引进来"发展战略，把修武县建成全省充满活力的开放强县和内陆开放新高地。

（二）工作重点

1. 强化对内开放和对外开放

坚持对内开放与对外开放相结合，按照优势互补、互利共赢的原则，主动开展地区间人文交流、经贸对接、旅游推介等活动，努力形成全方位、多层次、宽领域、内外融通的开放新格局。

加强对内开放。一是重点在纺织、装备制造、食品及农副产品加工、电子信息等领域加强分工合作，承接创新成果。二是加快产业合作开发，围绕农业合作、旅游合作、生态环境合作等重点领域，推动上下游产业链的协同发展。

扩大对外开放。一是量化国际化主要指标，优选谋划国际化重要工程和重大项目。二是完善招商机制，引进 2~3 个专业化招商团队，提高招商引资的层次和水平。三是加大政策支持力度，重大项目"一事一议"，吸引更多国外投资。

2. 坚持"引进来"与"走出去"同步

"引进来"方面。一是积极拓展引进外资渠道。积极引进境外各类风险投资、创业投资基金，支持符合条件的企业境内外上市融资；鼓励外商以并购、增资扩股、利润再投资等多种形式扩大投资，推动民营企业与外资开展投资合作。二是积极拓展外资投资领域。积极引进跨国公司总部、金融机构总部和区域总部、研发中心、创新中心、营运管理中心等职能型机构。围绕优势产业积极引进世界 500 强及知名跨国公司，针对具有核心技术、品牌优势的行业领军知名企业加大招商力度。三是提高招商引资效率。坚持完善重点招商引资后续服务制度，提高已签约项目特别是重大项目的合同履约率、资金到位率和项目开工率。

"走出去"方面。一是依托现有产业基础和市场空间，抢抓国际国内产业转移机遇，聚焦产业转型升级和高端化发展方向，构建具有国际比较优势的产业集聚高地。二是整合优势资源，推动融入全球产业布局、拓展全球业务网络。三是加强出口品牌建设，支持有条件的行业和企业建立品牌设计、营销和推广中心，完善出口品牌培育工作机制，提高出口品牌的综合竞争力。

3. 积极对接"一带一路"倡议

一是推进基础设施互联互通，把基础设施互联互通作为深度融入"一带一路"倡议的优先领域，加强基础设施规划、技术标准体系的对接，抓好交通、能源、通信等重大基础设施工程建设。二是深化教育合作，引进沿线优质教育教学资源，鼓励和支持合作开设国际学校和名校分校，共同实施中外职业院校合作办学项目，培育一批具有国际竞争力的职业院校。三是增强文化交流，积极参与国家"丝绸之路影视桥工程""丝路书香工程"，与沿线地区互办文化节、艺术节、电影节、图书展等文化交流活动。四是推动旅游合作，互办旅游优惠日、推广周、宣传月等活动，包装策划精品旅游线路，培育和开拓沿线旅游市场。五是加强生态环保合作，共同开展大气污染防治、水生态治理和绿色交通等研究。

三 修武县全面扩大开放的对策建议

（一）坚持党管外事

把加强党对对外工作的集中统一领导贯彻到对外工作体制机制改革的各个领域和环节。结合修武县实际开展外事工作调研，完善县委对外事工作的领导体制，探索加强党管外事工作的方式。整合修武县涉外资源，扎实构建外事、外资、外经、外贸联动的"大外事"格局，推动修武县经济与国际国内经济深度融合。此外，探索和完善外事绩效考核标准和体系，把发展开放型经济的责任层层下沉，督促各级部门切实承担起实施开放发展的责任。

（二）加大政策扶持力度

一是在财政政策方面，对列入发展重点的旅游服务业、城市基础设施建设和工业产业项目设立专项基金，主要用于项目前期的可行性研究、设计、地面附着物补偿等费用，确保项目谋划到位。二是在税收政策方面，按照企业所得税法，对国家重点扶持的高新技术企业，减按15%的税率征收企业所得税。符合小型微利企业规定的，按20%的税率征收企业所得税。三是在土地政策方面，全力服务好各级重点项目用地报批工作，鼓励建设生产研发基地，其建设项目所需用地，以出让方式取得土地使用权的，其费用可依法分期缴纳。企业依法取得的土地使用权，可依法转让、出租、抵押，用于主导产业发展。

（三）营造良好的开放环境

一是转变观念，完善对外投资管理体制。贯彻落实国务院《关于构建开放型经济新体制的若干规定的意见》精神，深化对外投资管理体制改革。加强对全县开放型经济工作的组织领导，成立开放型经济工作领导小组，全面深入制定招商引资政策，推动开放型经济发展。二是加强外贸人员培训，全力服务企业发展。制定相关政策和倾斜措施，加强外贸人员的报关、报检、出口退税等专业素质的培训力度，多渠道、分层次、宽领域培养、引进和选拔高素质的外贸人才，宣传国家有关企业发展的法律、法规和政策，帮助企业开拓国际国内市场。三是加强对外宣传，塑造良好的开放发展氛围。自觉践行"国之交在于民相亲"的理念，充分利用报纸、电视、广播、网络等媒体，举办有影响力的产业论坛、展览会、人文交流活动，全方位、多形式宣传修武县发展的思路、规划、政策和成效，营造全县上下关心、支持、参与开放发展的浓厚氛围。

参考文献

1. 李忠平、槐文军：《构建咸阳"一带一路"开放发展格局》，《陕西发展和改革》2016 年第 1 期。

2. 党涤寰：《河南构建开放发展新格局》，《党的生活》2011 年第 1 期。

3. 黄国勇：《加快构建农业开放发展新格局》，《广西经济》2016 年第 6 期。

4. 李承明：《构建开放协调发展新格局》，《西部大开发》2016 年第 12 期。

5. 李涛：《努力构建沿边开放发展新格局》，《社会主义论坛》2015 年第 1 期。

6. 张永军：《坚持开放发展理念　构筑内蒙古对外开放新格局》，《北方经济》2015 年第 11 期。

7. 刘纯志：《构建我国中部开放新格局》，《统计与决策》1992 年第 4 期。

8. 易行健：《加快构建广东对外开放新格局的对策研究》，《港澳经济》2016 年第 34 期。

9. 马友君：《利用政策机遇构建对外开放新格局》，《北方经济》2017 年第 1 期。

10. 徐建伟：《我国比较优势新变化与对外开放新格局的构建》，《经济研究参考》2015 年第 61 期。

B.4
修武实施创新驱动发展战略研究

李钰靖*

摘　要： 实施创新驱动发展战略是修武打造"势中心"，建设成为中国超级旅游目的地、中原养生地核心区、中原三产融合示范县的重大战略举措。修武实施创新驱动发展战略取得了明显成效，但也存在传统老工业改造升级亟待提速、战略性新兴产业发展滞后、创新成果转化能力不足、创新人才比较缺乏等突出问题。需要深刻认识发展瓶颈，多措并举，才能不断拓展创新驱动发展战略的广度和深度，服务当地社会经济发展。

关键词： 创新驱动　科技创新　县域经济

创新驱动是 2012 年党的十八大提出的一项重大发展战略。十八大报告明确提出："科技创新是提高社会生产力和综合国力的战略支撑，必须摆在国家发展全局的核心位置。"十八届五中全会进一步把创新作为五大发展理念之首和引领发展的第一动力。修武县在贯彻落实五大理念中，明确提出要巩固现有的创新驱动发展成果，进一步创新思维方式、行为方式和发展方式，着力破解要素制约，在增强发展动能上实现新突破。近年来，修武实施创新驱动发展取得了一些成绩，但与国家创新型城市建设要求还存在明显的差距，在实施创新驱动发展战略过程中还存在一些问题。需要用理性的思维审视这些问题，为其长足发展谋划可行之策。

---

* 李钰靖，河南省社会科学院科研处科研人员。

一 修武创新驱动发展的现状分析

"十二五"以来，特别是党的十八大以来，修武县政府高度重视科技创新，把国家关于创新驱动发展的重大战略部署与本地实际情况相联系，并作为推动地区经济社会发展的第一动力。经过不断实践探索，修武已经在自主创新能力建设、载体平台建设、创新人才建设和创新环境建设等方面取得了显著成效，为以创新引领经济社会发展提供了全面有力支撑。

（一）创新产业布局不断优化

面对复杂多变的发展环境，修武县始终保持战略定力，大力实施"景城融合"发展战略，积极适应并引领经济发展新常态，保持了经济社会平稳快速发展的良好态势，创新产业布局也在不断优化。工业经济创新发展迈出新步伐。五年来，修武县累计投资 69.2 亿元，在产业集聚区南片区构建了"七横七纵"路网，龙昌机械、鑫宇光等工业企业加快向信息化、智能化转型，产业集聚区面积扩展到 13.48 平方公里，以装备制造和食品加工业为主导产业，2015 年 4 月成功晋级为一星级产业集聚区。其中，汽车零部件产业园区"整体开发、集群引进"建设模式在全省推广，金水—修武电子工业小镇项目顺利推进。战略性新兴产业快速培育。修武县高标准编制产业发展规划，成立 7 个产业攻坚小组，探索 14 条产业招商隐蔽规律，引进博奥生物科技、海航集团、中国医学科学院药用植物研究所、四大怀药博物馆分别由 5 名院士牵头的企业，在全省县域率先打造"院士经济"品牌，在全国率先实施企业家"暖心工程"，国内首创"两不见面"全程代办制度和"三位一体"企业项目服务制度，成为中国最具投资潜力的特色魅力示范县之一。现代农业发展成效显著。粮食总产实现"十三连增"，小麦高产创建创造 17 项全国纪录，连续 17 年夺得省"红旗渠精神杯"，成为"国家农产品质量安全示范县"创建试点。焦作伊赛、大用产业集群实现营业收入 64.5 亿元，进入全省 40 个重点畜牧产业化集群。台湾农民创业园与福建漳平台创园缔结友好合作关系，引进实施海峡两岸科技合作中心、北京油用牡丹生态园等一批重点项目。

（二）创新能力显著提升

近些年，修武县坚持把增强创新能力摆在首要位置，夯实科技基础，助推全县经济发展。2016年，全县规模以上工业增加值完成57.9亿元，增长8.7%，居六县市第二；高新技术产业增加值完成28.7亿元，增长29.4%，居六县市第一。产业集聚区固定资产投资完成114亿元，增长43.6%，占市定目标的124%；主营业务收入完成309.2亿元，增长15.4%，占市定目标的103%，被授予"全市先进产业集聚区"。科技投入逐渐形成了以政府投入为引导、企业投入为主体、科技项目投入为支撑的多方位、多元化的科技投入体制。2016年，投资25亿元的汽车零部件产业园项目、投资15亿元的龙瑞新能源汽车项目、投资10亿元的维科重工智能式移动破碎站项目、投资2亿元的中云通信光纤接收器项目等一批高新技术项目成功落户修武县产业集聚区。按照焦作市"1+6"引进人才政策体系，修武积极贯彻市委、市政府《关于引进培育创新创业领军人才（团队）的意见》，落实创新创业人才培育、高层次人才认定、住房保障、配偶就业、子女入学、医疗保障等6项实施办法，不断提高自身的人才队伍建设。

（三）创新平台建设加快推进

修武县积极搭建创业创新发展平台，指导各企业依托双创平台，不断加大科技投入力度，加强新技术、新工艺、新产品的开发，全面提升企业的核心竞争力。一是搭建培育平台。在巩固提升小寨沟创业街、百货大楼创业街等17个创业区街的基础上，重点建设了河南云台山创新创业孵化园，由郑州大学西亚斯国际学院组建专业的团队运营，建立了入驻审核、动态管理、日常考核等制度，定期举办创业沙龙、讲座、培训等活动，先后有30多个项目入驻孵化园，已成功创建市级创新创业孵化示范基地。二是搭建服务平台。组建发展与改革研究中心平台，围绕开发特色旅游产品，面向社会广泛征集方案，为乡旅特色定位提供智力支持；同时引导促进金融机构加大对中小企业的有效信贷投入，积极拓宽融资渠道，缓解企业资金紧张局面，改善企业融资环境。三是搭建转化平台。积极拓宽众创空间，建设公开、便利、高效的旅游行业信息共享平台，在创业创新者与投资人之间搭建起沟通桥梁，鼓励创业创新项目充分利用资本市场，通过产权交易、股权融资、债权融资等多渠道筹集资金，进一步提高创业创新项目成果转化和实现交易的效率。

（四）创新发展环境趋于优化

修武县积极营造公平竞争的市场环境、公平公正的法治环境以及和谐稳定的社会环境，千方百计为招商引资服务、为壮大本土企业和微小企业服务、为全民创业服务。首先，修武持续推进全国行政审批服务标准化试点建设，行政审批、财政、医疗卫生、公共资源交易等领域改革走在全国全省前列，通过简化项目立项流程、压缩办理时限、推行网上效能监测，为项目建设提供快捷高效的行政审批服务，全力营造优质高效的创新环境。其次，修武县加大资金扶持，着力为企业解决融资难题。积极争取中央预算内资金、专项建设资金为创新创业提供资金来源，组织政银企对接为重点项目和有关企业背书融资，降低申贷门槛、持续加大创业资金扶持力度，大力扶持企业上市。环宇石化成为焦作市首批两个在"新三板"上市的科技成长型企业之一。第三，修武县出台了《工业30条》，鼓励辖区内企业科技创新，充分调动了辖区内企业开展科技创新的积极性，营造了良好的科技创新氛围，激发了企业发展新动力，加快推进工业强县战略实施。

二　修武实施创新驱动发展战略的瓶颈制约

目前，修武县在推进创新驱动发展战略中面临日益凸显的发展困难和瓶颈，传统老工业改造升级亟待提速、战略性新兴产业发展滞后、创新成果转化能力不足、缺乏高技能创新人才等问题严重制约了创新发展的步伐。

2017年正值皮书品牌专业化二十周年之际，世界每天都在发生着让人眼花缭乱的变化，而唯一不变的，是面向未来无数的可能性。作为个体，如何获取专业信息以备不时之需？作为行政主体或企事业主体，如何提高决策的科学性让这个世界变得更好而不是更糟？原创、实证、专业、前沿、及时、持续，这是1997年"皮书系列"品牌创立的初衷。

1997～2017，从最初一个出版社的学术产品名称到媒体和公众使用频率极高的热点词语，从专业术语到大众话语，从官方文件到独特的出版型态，作为重要的智库成果，"皮书"始终致力于成为海量信息时代的信息过滤器，成为经济社会发展的记录仪，成为政策制定、评估、调整的智力源，社会科学研究的资料集成库。"皮书"的概念不断延展，"皮书"的种类更加丰富，"皮书"的功能日渐完善。

1997～2017，皮书及皮书数据库已成为中国新型智库建设不可或缺的抓手与平台，成为政府、企业和各类社会组织决策的利器，成为人文社科研究最基本的资料库，成为世界系统完整及时认知当代中国的窗口和通道！"皮书"所具有的凝聚力正在形成一种无形的力量，吸引着社会各界关注中国的发展，参与中国的发展。

二十年的"皮书"正值青春，愿每一位皮书人付出的年华与智慧不辜负这个时代！

社会科学文献出版社社长
中国社会学会秘书长

2016年11月

社会科学文献出版社简介

社会科学文献出版社成立于1985年，是直属于中国社会科学院的人文社会科学学术出版机构。成立以来，社科文献出版社依托于中国社会科学院和国内外人文社会科学界丰厚的学术出版和专家学者资源，始终坚持"创社科经典，出传世文献"的出版理念、"权威、前沿、原创"的产品定位以及学术成果和智库成果出版的专业化、数字化、国际化、市场化的经营道路。

社科文献出版社是中国新闻出版业转型与文化体制改革的先行者。积极探索文化体制改革的先进方向和现代企业经营决策机制，社科文献出版社先后荣获"全国文化体制改革工作先进单位"、中国出版政府奖·先进出版单位奖，中国社会科学院先进集体、全国科普工作先进集体等荣誉称号。多人次荣获"第十届韬奋出版奖""全国新闻出版行业领军人才""数字出版先进人物""北京市新闻出版广电行业领军人才"等称号。

社科文献出版社是中国人文社会科学学术出版的大社名社，也是以皮书为代表的智库成果出版的专业强社。年出版图书2000余种，其中皮书350余种，出版新书字数5.5亿字，承印与发行中国社科院院属期刊72种，先后创立了皮书系列、列国志、中国史话、社科文献学术译库、社科文献学术文库、甲骨文书系等一大批既有学术影响又有市场价值的品牌，确立了在社会学、近代史、苏东问题研究等专业学科及领域出版的领先地位。图书多次荣获中国出版政府奖、"三个一百"原创图书出版工程、"五个'一'工程奖"、"大众喜爱的50种图书"等奖项，在中央国家机关"强素质·做表率"读书活动中，入选图书品种数位居各大出版社之首。

社科文献出版社是中国学术出版规范与标准的倡议者与制定者，代表全国50多家出版社发起实施学术著作出版规范的倡议，承担学术著作规范国家标准的起草工作，率先编撰完成《皮书手册》对皮书品牌进行规范化管理，并在此基础上推出中国版芝加哥手册——《SSAP学术出版手册》。

社科文献出版社是中国数字出版的引领者，拥有皮书数据库、列国志数据库、"一带一路"数据库、减贫数据库、集刊数据库等4大产品线11个数据库产品，机构用户达1300余家，海外用户百余家，荣获"数字出版转型示范单位""新闻出版标准化先进单位""专业数字内容资源知识服务模式试点企业标准化示范单位"等称号。

社科文献出版社是中国学术出版走出去的践行者。社科文献出版社海外图书出版与学术合作业务遍及全球40余个国家和地区并于2016年成立俄罗斯分社，累计输出图书500余种，涉及近20个语种，累计获得国家社科基金中华学术外译项目资助76种、"丝路书香工程"项目资助60种、中国图书对外推广计划项目资助71种以及经典中国国际出版工程资助28种，被商务部认定为"2015-2016年度国家文化出口重点企业"。

如今，社科文献出版社拥有固定资产3.6亿元，年收入近3亿元，设置了七大出版分社、六大专业部门，成立了皮书研究院和博士后科研工作站，培养了一支近400人的高素质与高效率的编辑、出版、营销和国际推广队伍，为未来成为学术出版的大社、名社、强社，成为文化体制改革与文化企业转型发展的排头兵奠定了坚实的基础。

经 济 类

经济类皮书涵盖宏观经济、城市经济、大区域经济，
提供权威、前沿的分析与预测

经济蓝皮书

2017 年中国经济形势分析与预测

李扬 / 主编　2017 年 1 月出版　定价：89.00 元

◆　本书为总理基金项目，由著名经济学家李扬领衔，联合中国社会科学院等数十家科研机构、国家部委和高等院校的专家共同撰写，系统分析了 2016 年的中国经济形势并预测 2017 年中国经济运行情况。

中国省域竞争力蓝皮书

中国省域经济综合竞争力发展报告（2015 ～ 2016）

李建平　李闽榕　高燕京 / 主编　2017 年 5 月出版　定价：198.00 元

◆　本书融多学科的理论为一体，深入追踪研究了省域经济发展与中国国家竞争力的内在关系，为提升中国省域经济综合竞争力提供有价值的决策依据。

城市蓝皮书

中国城市发展报告 No.10

潘家华　单菁菁 / 主编　2017 年 9 月出版　估价：89.00 元

◆　本书是由中国社会科学院城市发展与环境研究中心编著的，多角度、全方位地立体展示了中国城市的发展状况，并对中国城市的未来发展提出了许多建议。该书有强烈的时代感，对中国城市发展实践有重要的参考价值。

人口与劳动绿皮书

中国人口与劳动问题报告 No.18

蔡昉 张车伟 / 主编　2017 年 10 月出版　估价：89.00 元

◆　本书为中国社会科学院人口与劳动经济研究所主编的年度报告，对当前中国人口与劳动形势做了比较全面和系统的深入讨论，为研究中国人口与劳动问题提供了一个专业性的视角。

世界经济黄皮书

2017 年世界经济形势分析与预测

张宇燕 / 主编　2017 年 1 月出版　定价：89.00 元

◆　本书由中国社会科学院世界经济与政治研究所的研究团队撰写，2016 年世界经济增速进一步放缓，就业增长放慢。世界经济面临许多重大挑战同时，地缘政治风险、难民危机、大国政治周期、恐怖主义等问题也仍然在影响世界经济的稳定与发展。预计 2017 年按 PPP 计算的世界 GDP 增长率约为 3.0%。

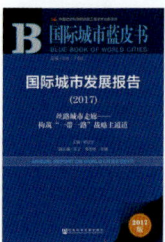

国际城市蓝皮书

国际城市发展报告（2017）

屠启宇 / 主编　2017 年 2 月出版　定价：79.00 元

◆　本书作者以上海社会科学院从事国际城市研究的学者团队为核心，汇集同济大学、华东师范大学、复旦大学、上海交通大学、南京大学、浙江大学相关城市研究专业学者。立足动态跟踪介绍国际城市发展时间中，最新出现的重大战略、重大理念、重大项目、重大报告和最佳案例。

金融蓝皮书

中国金融发展报告（2017）

王国刚 / 主编　2017 年 2 月出版　定价：79.00 元

◆　本书由中国社会科学院金融研究所组织编写，概括和分析了 2016 年中国金融发展和运行中的各方面情况，研讨和评论了 2016 年发生的主要金融事件，有利于读者了解掌握 2016 年中国的金融状况，把握 2017 年中国金融的走势。

农村绿皮书

中国农村经济形势分析与预测（2016～2017）

魏后凯　杜志雄　黄秉信 / 主编　2017 年 4 月出版　估价：89.00 元

◆　本书描述了 2016 年中国农业农村经济发展的一些主要指标和变化，并对 2017 年中国农业农村经济形势的一些展望和预测，提出相应的政策建议。

西部蓝皮书

中国西部发展报告（2017）

徐璋勇 / 主编　2017 年 7 月出版　估价：89.00 元

◆　本书由西北大学中国西部经济发展研究中心主编，汇集了源自西部本土以及国内研究西部问题的权威专家的第一手资料，对国家实施西部大开发战略进行年度动态跟踪，并对 2017 年西部经济、社会发展态势进行预测和展望。

经济蓝皮书·夏季号

中国经济增长报告（2016～2017）

李扬 / 主编　2017 年 9 月出版　估价：98.00 元

◆　中国经济增长报告主要探讨 2016~2017 年中国经济增长问题，以专业视角解读中国经济增长，力求将其打造成一个研究中国经济增长、服务宏微观各级决策的周期性、权威性读物。

就业蓝皮书

2017 年中国本科生就业报告

麦可思研究院 / 编著　2017 年 6 月出版　估价：98.00 元

◆　本书基于大量的数据和调研，内容翔实，调查独到，分析到位，用数据说话，对中国大学生就业及学校专业设置起到了很好的建言献策作用。

社会政法类

社会政法类皮书聚焦社会发展领域的热点、难点问题，提供权威、原创的资讯与视点

社会蓝皮书

2017年中国社会形势分析与预测

李培林　陈光金　张翼 / 主编　2016年12月出版　定价：89.00元

◆　本书由中国社会科学院社会学研究所组织研究机构专家、高校学者和政府研究人员撰写，聚焦当下社会热点，对2016年中国社会发展的各个方面内容进行了权威解读，同时对2017年社会形势发展趋势进行了预测。

法治蓝皮书

中国法治发展报告 No.15（2017）

李林　田禾 / 主编　2017年3月出版　定价：118.00元

◆　本年度法治蓝皮书回顾总结了2016年度中国法治发展取得的成就和存在的不足，对中国政府、司法、检务透明度进行了跟踪调研，并对2017年中国法治发展形势进行了预测和展望。

社会体制蓝皮书

中国社会体制改革报告 No.5（2017）

龚维斌 / 主编　2017年3月出版　定价：89.00元

◆　本书由国家行政学院社会治理研究中心和北京师范大学中国社会管理研究院共同组织编写，主要对2016年社会体制改革情况进行回顾和总结，对2017年的改革走向进行分析，提出相关政策建议。

社会心态蓝皮书
中国社会心态研究报告（2017）

王俊秀　杨宜音/主编　2017 年 12 月出版　估价：89.00 元

◆　本书是中国社会科学院社会学研究所社会心理研究中心"社会心态蓝皮书课题组"的年度研究成果，运用社会心理学、社会学、经济学、传播学等多种学科的方法进行了调查和研究，对于目前中国社会心态状况有较广泛和深入的揭示。

生态城市绿皮书
中国生态城市建设发展报告（2017）

刘举科　孙伟平　胡文臻/主编　2017 年 7 月出版　估价：118.00 元

◆　报告以绿色发展、循环经济、低碳生活、民生宜居为理念，以更新民众观念、提供决策咨询、指导工程实践、引领绿色发展为宗旨，试图探索一条具有中国特色的城市生态文明建设新路。

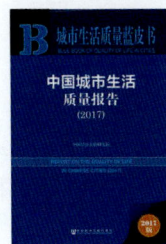

城市生活质量蓝皮书
中国城市生活质量报告（2017）

中国经济实验研究院/主编　2017 年 7 月出版　估价：89.00 元

◆　本书对全国 35 个城市居民的生活质量主观满意度进行了电话调查，同时对 35 个城市居民的客观生活质量指数进行了计算，为中国城市居民生活质量的提升，提出了针对性的政策建议。

公共服务蓝皮书
中国城市基本公共服务力评价（2017）

钟君　刘志昌　吴正杲/主编　2017 年 12 月出版　估价：89.00 元

◆　中国社会科学院经济与社会建设研究室与华图政信调查组成联合课题组，从 2010 年开始对基本公共服务力进行研究，研创了基本公共服务力评价指标体系，为政府考核公共服务与社会管理工作提供了理论工具。

行业报告类

行业报告类皮书立足重点行业、新兴行业领域，
提供及时、前瞻的数据与信息

企业社会责任蓝皮书

中国企业社会责任研究报告（2017）

黄群慧　钟宏武　张蒽　翟利峰／著　2017年10月出版　估价：89.00元

◆　本书剖析了中国企业社会责任在2016～2017年度的最新
发展特征，详细解读了省域国有企业在社会责任方面的阶段性
特征，生动呈现了国内外优秀企业的社会责任实践。对了解
中国企业社会责任履行现状、未来发展，以及推动社会责任建
设有重要的参考价值。

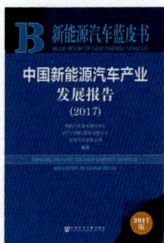

新能源汽车蓝皮书

中国新能源汽车产业发展报告（2017）

中国汽车技术研究中心　日产（中国）投资有限公司

东风汽车有限公司／编著　2017年7月出版　估价：98.00元

◆　本书对中国2016年新能源汽车产业发展进行了全面系统
的分析，并介绍了国外的发展经验。有助于相关机构、行业和
社会公众等了解中国新能源汽车产业发展的最新动态，为政府
部门出台新能源汽车产业相关政策法规、企业制定相关战略规
划，提供必要的借鉴和参考。

杜仲产业绿皮书

中国杜仲橡胶资源与产业发展报告（2016～2017）

杜红岩　胡文臻　俞锐／主编　2017年4月出版　估价：85.00元

◆　本书对2016年杜仲产业的发展情况、研究团队在杜仲研
究方面取得的重要成果、部分地区杜仲产业发展的具体情况、
杜仲新标准的制定情况等进行了较为详细的分析与介绍，使广
大关心杜仲产业发展的读者能够及时跟踪产业最新进展。

企业蓝皮书

中国企业绿色发展报告 No.2（2017）

李红玉　朱光辉 / 主编　　2017 年 8 月出版　　估价：89.00 元

◆　本书深入分析中国企业能源消费、资源利用、绿色金融、绿色产品、绿色管理、信息化、绿色发展政策及绿色文化方面的现状，并对目前存在的问题进行研究，剖析因果，谋划对策，为企业绿色发展提供借鉴，为中国生态文明建设提供支撑。

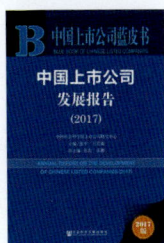

中国上市公司蓝皮书

中国上市公司发展报告（2017）

张平　王宏淼 / 主编　　2017 年 10 月出版　　估价：98.00 元

◆　本书由中国社会科学院上市公司研究中心组织编写的，着力于全面、真实、客观反映当前中国上市公司财务状况和价值评估的综合性年度报告。本书详尽分析了 2016 年中国上市公司情况，特别是现实中暴露出的制度性、基础性问题，并对资本市场改革进行了探讨。

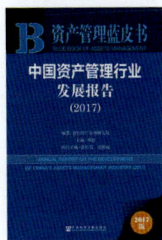

资产管理蓝皮书

中国资产管理行业发展报告（2017）

智信资产管理研究院 / 编著　　2017 年 6 月出版　　估价：89.00 元

◆　中国资产管理行业刚刚兴起，未来将成为中国金融市场最有看点的行业。本书主要分析了 2016 年度资产管理行业的发展情况，同时对资产管理行业的未来发展做出科学的预测。

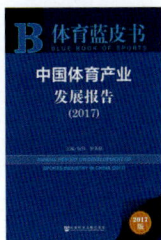

体育蓝皮书

中国体育产业发展报告（2017）

阮伟　钟秉枢 / 主编　　2017 年 12 月出版　　估价：89.00 元

◆　本书运用多种研究方法，在体育竞赛业、体育用品业、体育场馆业、体育传媒业等传统产业研究的基础上，并对 2016 年体育领域内的各种热点事件进行研究和梳理，进一步拓宽了研究的广度、提升了研究的高度、挖掘了研究的深度。

国际问题类

国际问题类皮书关注全球重点国家与地区，
提供全面、独特的解读与研究

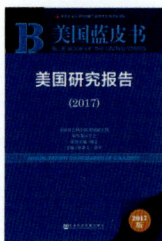

美国蓝皮书

美国研究报告（2017）

郑秉文　黄平／主编　2017 年 6 月出版　估价：89.00 元

◆　本书是由中国社会科学院美国研究所主持完成的研究成果，它回顾了美国 2016 年的经济、政治形势与外交战略，对 2017 年以来美国内政外交发生的重大事件及重要政策进行了较为全面的回顾和梳理。

日本蓝皮书

日本研究报告（2017）

杨伯江／主编　2017 年 5 月出版　估价：89.00 元

◆　本书对 2016 年日本的政治、经济、社会、外交等方面的发展情况做了系统介绍，对日本的热点及焦点问题进行了总结和分析，并在此基础上对该国 2017 年的发展前景做出预测。

亚太蓝皮书

亚太地区发展报告（2017）

李向阳／主编　2017 年 4 月出版　估价：89.00 元

◆　本书是中国社会科学院亚太与全球战略研究院的集体研究成果。2017 年的"亚太蓝皮书"继续关注中国周边环境的变化。该书盘点了 2016 年亚太地区的焦点和热点问题，为深入了解 2016 年及未来中国与周边环境的复杂形势提供了重要参考。

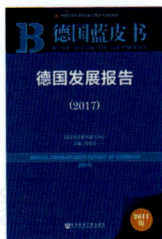

德国蓝皮书

德国发展报告（2017）

郑春荣 / 主编　2017 年 6 月出版　估价：89.00 元

◆　本报告由同济大学德国研究所组织编撰，由该领域的专家学者对德国的政治、经济、社会文化、外交等方面的形势发展情况，进行全面的阐述与分析。

日本经济蓝皮书

日本经济与中日经贸关系研究报告（2017）

张季风 / 编著　　2017 年 5 月出版　　估价：89.00 元

◆　本书系统、详细地介绍了 2016 年日本经济以及中日经贸关系发展情况，在进行了大量数据分析的基础上，对 2017 年日本经济以及中日经贸关系的大致发展趋势进行了分析与预测。

俄罗斯黄皮书

俄罗斯发展报告（2017）

李永全 / 编著　2017 年 7 月出版　估价：89.00 元

◆　本书系统介绍了 2016 年俄罗斯经济政治情况，并对 2016 年该地区发生的焦点、热点问题进行了分析与回顾；在此基础上，对该地区 2017 年的发展前景进行了预测。

非洲黄皮书

非洲发展报告 No.19（2016 ~ 2017）

张宏明 / 主编　2017 年 8 月出版　估价：89.00 元

◆　本书是由中国社会科学院西亚非洲研究所组织编撰的非洲形势年度报告，比较全面、系统地分析了 2016 年非洲政治形势和热点问题，探讨了非洲经济形势和市场走向，剖析了大国对非洲关系的新动向；此外，还介绍了国内非洲研究的新成果。

经济类

"三农"互联网金融蓝皮书
中国"三农"互联网金融发展报告（2017）
著(编)者：李勇坚 王弢　2017年8月出版 / 估价：98.00元
PSN B-2016-561-1/1

G20国家创新竞争力黄皮书
二十国集团（G20）国家创新竞争力发展报告（2016~2017）
著(编)者：李建平 李闽榕 赵新力　周天勇
2017年8月出版 / 估价：158.00元
PSN Y-2011-229-1/1

产业蓝皮书
中国产业竞争力报告（2017）No.7
著(编)者：张其仔　2017年12月出版 / 估价：98.00元
PSN B-2010-175-1/1

城市创新蓝皮书
中国城市创新报告（2017）
著(编)者：周天勇 旷建伟　2017年11月出版 / 估价：89.00元
PSN B-2013-340-1/1

城市蓝皮书
中国城市发展报告 No.10
著(编)者：潘家华 单菁菁　2017年9月出版 / 估价：89.00元
PSN B-2007-091-1/1

城乡一体化蓝皮书
中国城乡一体化发展报告（2016～2017）
著(编)者：汝信 付崇兰　2017年7月出版 / 估价：85.00元
PSN B-2011-226-1/2

城镇化蓝皮书
中国新型城镇化健康发展报告（2017）
著(编)者：张占斌　2017年8月出版 / 估价：89.00元
PSN B-2014-396-1/1

创新蓝皮书
创新型国家建设报告（2016～2017）
著(编)者：詹正茂　2017年12月出版 / 估价：89.00元
PSN B-2009-140-1/1

创业蓝皮书
中国创业发展报告（2016～2017）
著(编)者：黄群慧 赵卫星 钟宏武等
2017年11月出版 / 估价：89.00元
PSN B-2016-578-1/1

低碳发展蓝皮书
中国低碳发展报告（2016~2017）
著(编)者：齐晔 张希良　2017年3月出版 / 估价：98.00元
PSN B-2011-223-1/1

低碳经济蓝皮书
中国低碳经济发展报告（2017）
著(编)者：薛进军 赵忠秀　2017年6月出版 / 估价：85.00元
PSN B-2011-194-1/1

东北蓝皮书
中国东北地区发展报告（2017）
著(编)者：姜晓秋　2017年2月出版 / 定价：79.00元
PSN B-2006-067-1/1

发展与改革蓝皮书
中国经济发展和体制改革报告No.8
著(编)者：邹东涛 王再文　2017年4月出版 / 估价：98.00元
PSN B-2008-122-1/1

工业化蓝皮书
中国工业化进程报告（2017）
著(编)者：黄群慧　2017年12月出版 / 估价：158.00元
PSN B-2007-095-1/1

管理蓝皮书
中国管理发展报告（2017）
著(编)者：张晓东　2017年10月出版 / 估价：98.00元
PSN B-2014-416-1/1

国际城市蓝皮书
国际城市发展报告（2017）
著(编)者：屠启宇　2017年2月出版 / 定价：79.00元
PSN B-2012-260-1/1

国家创新蓝皮书
中国创新发展报告（2017）
著(编)者：陈劲　2017年12月出版 / 估价：89.00元
PSN B-2014-370-1/1

金融蓝皮书
中国金融发展报告（2017）
著(编)者：李扬刚　2017年2月出版 / 定价：79.00元
PSN B-2004-031-1/6

京津冀金融蓝皮书
京津冀金融发展报告（2017）
著(编)者：王爱俭 李向前
2017年4月出版 / 估价：89.00元
PSN B-2016-528-1/1

京津冀蓝皮书
京津冀发展报告（2017）
著(编)者：文魁 祝尔娟　2017年4月出版 / 估价：89.00元
PSN B-2012-262-1/1

经济蓝皮书
2017年中国经济形势分析与预测
著(编)者：李扬　2017年1月出版 / 定价：89.00元
PSN B-1996-001-1/1

经济蓝皮书·春季号
2017年中国经济前景分析
著(编)者：李扬　2017年6月出版 / 估价：89.00元
PSN B-1999-008-1/1

经济蓝皮书·夏季号
中国经济增长报告（2016～2017）
著(编)者：李扬　2017年9月出版 / 估价：98.00元
PSN B-2010-176-1/1

经济信息绿皮书
中国与世界经济发展报告（2017）
著(编)者：杜平　2017年12月出版 / 定价：89.00元
PSN G-2003-023-1/1

就业蓝皮书
2017年中国本科生就业报告
著(编)者：麦可思研究院　2017年6月出版 / 估价：98.00元
PSN B-2009-146-1/2

就业蓝皮书
2017年中国高职高专生就业报告
著(编)者：麦可思研究院　2017年6月出版 / 估价：98.00元
PSN B-2015-472-2/2

科普能力蓝皮书
中国科普能力评价报告（2017）
著(编)者：李富 张李群　2017年8月出版 / 估价：89.00元
PSN B-2016-556-1/1

临空经济蓝皮书
中国临空经济发展报告（2017）
著(编)者：连玉明　2017年9月出版 / 估价：89.00元
PSN B-2014-421-1/1

农村绿皮书
中国农村经济形势分析与预测（2016~2017）
著(编)者：魏后凯 杜志雄 黄秉信
2017年4月出版 / 估价：89.00元
PSN G-1998-003-1/1

农业应对气候变化蓝皮书
气候变化对中国农业影响评估报告 No.3
著(编)者：矫梅燕　2017年8月出版 / 估价：98.00元
PSN B-2014-413-1/1

气候变化绿皮书
应对气候变化报告（2017）
著(编)者：王伟光 郑国光　2017年6月出版 / 估价：89.00元
PSN G-2009-144-1/1

区域蓝皮书
中国区域经济发展报告（2016~2017）
著(编)者：赵弘　2017年6月出版 / 估价：89.00元
PSN B-2004-034-1/1

全球环境竞争力绿皮书
全球环境竞争力报告（2017）
著(编)者：李建平 李闽榕 王金南
2017年12月出版 / 估价：198.00元
PSN G-2013-363-1/1

人口与劳动绿皮书
中国人口与劳动问题报告 No.18
著(编)者：蔡昉 张车伟　2017年11月出版 / 估价：89.00元
PSN G-2000-012-1/1

商务中心区蓝皮书
中国商务中心区发展报告 No.3（2016）
著(编)者：李国红 单菁菁　2017年4月出版 / 估价：89.00元
PSN B-2015-444-1/1

世界经济黄皮书
2017年世界经济形势分析与预测
著(编)者：张宇燕　2017年1月出版 / 定价：89.00元
PSN Y-1999-006-1/1

世界旅游城市绿皮书
世界旅游城市发展报告（2017）
著(编)者：宋宇　2017年4月出版 / 估价：128.00元
PSN G-2014-400-1/1

土地市场蓝皮书
中国农村土地市场发展报告（2016~2017）
著(编)者：李光荣　2017年4月出版 / 估价：89.00元
PSN B-2014-527-1/1

西北蓝皮书
中国西北发展报告（2017）
著(编)者：高建龙　2017年4月出版 / 估价：89.00元
PSN B-2012-261-1/1

西部蓝皮书
中国西部发展报告（2017）
著(编)者：徐璋勇　2017年7月出版 / 估价：89.00元
PSN B-2005-039-1/1

新型城镇化蓝皮书
新型城镇化发展报告（2017）
著(编)者：李伟 宋敏 沈体雁　2017年4月出版 / 估价：98.00元
PSN B-2014-431-1/1

新兴经济体蓝皮书
金砖国家发展报告（2017）
著(编)者：林跃勤 周文　2017年12月出版 / 估价：89.00元
PSN B-2011-195-1/1

长三角蓝皮书
2017年新常态下深化一体化的长三角
著(编)者：王庆五　2017年12月出版 / 估价：88.00元
PSN B-2005-038-1/1

中部竞争力蓝皮书
中国中部经济社会竞争力报告（2017）
著(编)者：教育部人文社会科学重点研究基地
南昌大学中国中部经济社会发展研究中心
2017年12月出版 / 估价：89.00元
PSN B-2012-276-1/1

中部蓝皮书
中国中部地区发展报告（2017）
著(编)者：宋亚平　2017年12月出版 / 估价：88.00元
PSN B-2007-089-1/1

中国省域竞争力蓝皮书
中国省域经济综合竞争力发展报告（2017）
著(编)者：李建平 李闽榕 高燕京
2017年2月出版 / 定价：198.00元
PSN B-2007-088-1/1

中三角蓝皮书
长江中游城市群发展报告（2017）
著(编)者：秦尊文　2017年9月出版 / 估价：89.00元
PSN B-2014-417-1/1

中小城市绿皮书
中国中小城市发展报告（2017）
著(编)者：中国城市经济学会中小城市经济发展委员会
中国城镇化促进会中小城市发展委员会
《中国中小城市发展报告》编纂委员会
中小城市发展战略研究院
2017年11月出版 / 估价：128.00元
PSN G-2010-161-1/1

中原蓝皮书
中原经济区发展报告（2017）
著(编)者：李英杰　2017年6月出版 / 估价：88.00元
PSN B-2011-192-1/1

自贸区蓝皮书
中国自贸区发展报告（2017）
著(编)者：王力　2017年7月出版 / 估价：89.00元
PSN B-2016-559-1/1

青年蓝皮书
中国青年发展报告（2017）No.3
著(编)者：廉思 等　2017年4月出版 / 估价：89.00元
PSN B-2013-333-1/1

青少年蓝皮书
中国未成年人互联网运用报告（2017）
著(编)者：李文革 沈洁 季为民
2017年11月出版 / 估价：89.00元
PSN B-2010-165-1/1

青少年体育蓝皮书
中国青少年体育发展报告（2017）
著(编)者：郭建军 杨桦　2017年9月出版 / 估价：89.00元
PSN B-2015-482-1/1

群众体育蓝皮书
中国群众体育发展报告（2017）
著(编)者：刘国永 杨桦　2017年12月出版 / 估价：89.00元
PSN B-2016-519-2/3

人权蓝皮书
中国人权事业发展报告 No.7（2017）
著(编)者：李君如　2017年9月出版 / 估价：98.00元
PSN B-2011-215-1/1

社会保障绿皮书
中国社会保障发展报告（2017）No.8
著(编)者：王延中　2017年1月出版 / 估价：98.00元
PSN G-2001-014-1/1

社会风险评估蓝皮书
风险评估与危机预警评估报告（2017）
著(编)者：唐钧　2017年8月出版 / 估价：85.00元
PSN B-2016-521-1/1

社会管理蓝皮书
中国社会管理创新报告 No.5
著(编)者：连玉明　2017年11月出版 / 估价：89.00元
PSN B-2012-300-1/1

社会蓝皮书
2017年中国社会形势分析与预测
著(编)者：李培林 陈光金 张翼
2016年12月出版 / 定价：89.00元
PSN B-1998-002-1/1

社会体制蓝皮书
中国社会体制改革报告No.5（2017）
著(编)者：龚维斌　2017年3月出版 / 定价：89.00元
PSN B-2013-330-1/1

社会心态蓝皮书
中国社会心态研究报告（2017）
著(编)者：王俊秀 杨宜音　2017年12月出版 / 估价：89.00元
PSN B-2011-199-1/1

社会组织蓝皮书
中国社会组织发展报告（2016~2017）
著(编)者：黄晓勇　2017年1月出版 / 定价：89.00元
PSN B-2008-118-1/2

社会组织蓝皮书
中国社会组织评估发展报告（2017）
著(编)者：徐家良 廖鸿　2017年12月出版 / 估价：89.00元
PSN B-2013-366-1/1

生态城市绿皮书
中国生态城市建设发展报告（2017）
著(编)者：刘举科 孙伟平 胡文臻
2017年9月出版 / 估价：118.00元
PSN G-2012-269-1/1

生态文明绿皮书
中国省域生态文明建设评价报告（ECI 2017）
著(编)者：严耕　2017年12月出版 / 估价：98.00元
PSN G-2010-170-1/1

土地整治蓝皮书
中国土地整治发展研究报告 No.4
著(编)者：国土资源部土地整治中心
2017年7月出版 / 估价：89.00元
PSN B-2014-401-1/1

土地政策蓝皮书
中国土地政策研究报告（2017）
著(编)者：高延利 李宪文
2017年12月出版 / 定价：89.00元
PSN B-2015-506-1/1

医改蓝皮书
中国医药卫生体制改革报告（2017）
著(编)者：文学国 房志武　2017年11月出版 / 估价：98.00元
PSN B-2014-432-1/1

医疗卫生绿皮书
中国医疗卫生发展报告 No.7（2017）
著(编)者：申宝忠 韩玉珍　2017年4月出版 / 估价：85.00元
PSN G-2004-033-1/1

应急管理蓝皮书
中国应急管理报告（2017）
著(编)者：宋英华　2017年9月出版 / 估价：98.00元
PSN B-2016-563-1/1

政治参与蓝皮书
中国政治参与报告（2017）
著(编)者：房宁　2017年9月出版 / 估价：118.00元
PSN B-2011-200-1/1

宗教蓝皮书
中国宗教报告（2016）
著(编)者：邱永辉　2017年4月出版 / 估价：89.00元
PSN B-2008-117-1/1

行业报告类

SUV蓝皮书
中国SUV市场发展报告（2016~2017）
著(编)者：靳军　2017年9月出版／估价：89.00元
PSN B-2016-572-1/1

保健蓝皮书
中国保健服务产业发展报告No.2
著(编)者：中国保健协会 中共中央党校
2017年7月出版／估价：198.00元
PSN B-2012-272-3/3

保健蓝皮书
中国保健食品产业发展报告No.2
著(编)者：中国保健协会
　　　　中国社会科学院食品药品产业发展与监管研究中心
2017年7月出版／估价：198.00元
PSN B-2012-271-2/3

保健蓝皮书
中国保健用品产业发展报告No.2
著(编)者：中国保健协会
　　　　国务院国有资产监督管理委员会研究中心
2017年4月出版／估价：198.00元
PSN B-2012-270-1/3

保险蓝皮书
中国保险业竞争力报告（2017）
著(编)者：项俊波　2017年12月出版／估价：99.00元
PSN B-2013-311-1/1

冰雪蓝皮书
中国滑雪产业发展报告（2017）
著(编)者：孙承华 伍斌 魏庆华 张鸿俊
2017年8月出版／估价：89.00元
PSN B-2016-560-1/1

彩票蓝皮书
中国彩票发展报告（2017）
著(编)者：益彩基金　2017年4月出版／估价：98.00元
PSN B-2015-462-1/1

餐饮产业蓝皮书
中国餐饮产业发展报告（2017）
著(编)者：邢颖　2017年6月出版／估价：98.00元
PSN B-2009-151-1/1

测绘地理信息蓝皮书
新常态下的测绘地理信息研究报告（2017）
著(编)者：库热西·买合苏提
2017年12月出版／估价：118.00元
PSN B-2009-145-1/1

茶业蓝皮书
中国茶产业发展报告（2017）
著(编)者：杨江帆 李闽榕　2017年10月出版／估价：88.00元
PSN B-2010-164-1/1

产权市场蓝皮书
中国产权市场发展报告（2016~2017）
著(编)者：曹和平　2017年5月出版／估价：89.00元
PSN B-2009-147-1/1

产业安全蓝皮书
中国出版传媒产业安全报告（2016~2017）
著(编)者：北京印刷学院文化产业安全研究院
2017年4月出版／估价：89.00元
PSN B-2014-384-13/14

产业安全蓝皮书
中国文化产业安全报告（2017）
著(编)者：北京印刷学院文化产业安全研究院
2017年12月出版／估价：89.00元
PSN B-2014-378-12/14

产业安全蓝皮书
中国新媒体产业安全报告（2017）
著(编)者：北京印刷学院文化产业安全研究院
2017年12月出版／估价：89.00元
PSN B-2015-500-14/14

城投蓝皮书
中国城投行业发展报告（2017）
著(编)者：王晨艳 丁伯康　2017年11月出版／估价：300.00元
PSN B-2016-514-1/1

电子政务蓝皮书
中国电子政务发展报告（2016~2017）
著(编)者：李季 杜平　2017年7月出版／估价：89.00元
PSN B-2003-022-1/1

杜仲产业绿皮书
中国杜仲橡胶资源与产业发展报告（2016~2017）
著(编)者：杜红岩 胡文臻 俞锐
2017年4月出版／估价：85.00元
PSN G-2013-350-1/1

房地产蓝皮书
中国房地产发展报告No.14（2017）
著(编)者：李春华 王业强　2017年5月出版／估价：89.00元
PSN B-2004-028-1/1

服务外包蓝皮书
中国服务外包产业发展报告（2017）
著(编)者：王晓红 刘德军
2017年6月出版／估价：89.00元
PSN B-2013-331-2/2

服务外包蓝皮书
中国服务外包竞争力报告（2017）
著(编)者：王力 刘春生 黄育华
2017年11月出版／估价：85.00元
PSN B-2011-216-1/2

工业和信息化蓝皮书
世界网络安全发展报告（2016~2017）
著(编)者：洪京一　2017年4月出版／估价：89.00元
PSN B-2015-452-5/5

工业和信息化蓝皮书
世界信息化发展报告（2016~2017）
著(编)者：洪京一　2017年4月出版／估价：89.00元
PSN B-2015-451-4/5

工业和信息化蓝皮书
世界信息技术产业发展报告（2016~2017）
著(编)者：洪京一　2017年4月出版 / 估价：89.00元
PSN B-2015-449-2/5

工业和信息化蓝皮书
移动互联网产业发展报告（2016~2017）
著(编)者：洪京一　2017年4月出版 / 估价：89.00元
PSN B-2015-448-1/5

工业和信息化蓝皮书
战略性新兴产业发展报告（2016~2017）
著(编)者：洪京一　2017年4月出版 / 估价：89.00元
PSN B-2015-450-3/5

工业设计蓝皮书
中国工业设计发展报告（2017）
著(编)者：王晓红 于炜 张立群
2017年9月出版 / 估价：138.00元
PSN B-2014-420-1/1

黄金市场蓝皮书
中国商业银行黄金业务发展报告（2016~2017）
著(编)者：平安银行　2017年4月出版 / 估价：98.00元
PSN B-2016-525-1/1

互联网金融蓝皮书
中国互联网金融发展报告（2017）
著(编)者：李东荣　2017年9月出版 / 估价：128.00元
PSN B-2014-374-1/1

互联网医疗蓝皮书
中国互联网医疗发展报告（2017）
著(编)者：宫晓东　2017年9月出版 / 估价：89.00元
PSN B-2016-568-1/1

会展蓝皮书
中外会展业动态评估年度报告（2017）
著(编)者：张敏　2017年4月出版 / 估价：88.00元
PSN B-2013-327-1/1

金融监管蓝皮书
中国金融监管报告（2017）
著(编)者：胡滨　2017年6月出版 / 估价：89.00元
PSN B-2012-281-1/1

金融蓝皮书
中国金融中心发展报告（2017）
著(编)者：王力 黄育华　2017年11月出版 / 估价：85.00元
PSN B-2011-186-6/6

建筑装饰蓝皮书
中国建筑装饰行业发展报告（2017）
著(编)者：刘晓一 葛道顺　2017年7月出版 / 估价：198.00元
PSN B-2016-554-1/1

客车蓝皮书
中国客车产业发展报告（2016~2017）
著(编)者：姚蔚　2017年10月出版 / 估价：85.00元
PSN B-2013-361-1/1

旅游安全蓝皮书
中国旅游安全报告（2017）
著(编)者：郑向敏 谢朝武　2017年5月出版 / 估价：128.00元
PSN B-2012-280-1/1

旅游绿皮书
2016~2017年中国旅游发展分析与预测
著(编)者：宋瑞　2017年2月出版 / 定价：89.00元
PSN G-2002-018-1/1

煤炭蓝皮书
中国煤炭工业发展报告（2017）
著(编)者：岳福斌　2017年12月出版 / 估价：85.00元
PSN B-2008-123-1/1

民营企业社会责任蓝皮书
中国民营企业社会责任报告（2017）
著(编)者：中华全国工商业联合会
2017年12月出版 / 估价：89.00元
PSN B-2015-510-1/1

民营医院蓝皮书
中国民营医院发展报告（2017）
著(编)者：庄一强　2017年10月出版 / 估价：85.00元
PSN B-2012-299-1/1

闽商蓝皮书
闽商发展报告（2017）
著(编)者：李闽榕 王日根 林琛
2017年12月出版 / 估价：89.00元
PSN B-2012-298-1/1

能源蓝皮书
中国能源发展报告（2017）
著(编)者：崔民选 王军生 陈义和
2017年10月出版 / 估价：98.00元
PSN B-2006-049-1/1

农产品流通蓝皮书
中国农产品流通产业发展报告（2017）
著(编)者：贾敬敦 张东科 张玉玺 张鹏毅 周伟
2017年4月出版 / 估价：89.00元
PSN B-2012-288-1/1

企业公益蓝皮书
中国企业公益研究报告（2017）
著(编)者：钟宏武 汪杰 顾一 黄晓娟 等
2017年12月出版 / 估价：89.00元
PSN B-2015-501-1/1

企业国际化蓝皮书
中国企业国际化报告（2017）
著(编)者：王辉耀　2017年11月出版 / 估价：98.00元
PSN B-2014-427-1/1

企业蓝皮书
中国企业绿色发展报告 No.2（2017）
著(编)者：李red玉 朱光辉　2017年8月出版 / 估价：89.00元
PSN B-2015-481-2/2

企业社会责任蓝皮书
中国企业社会责任研究报告（2017）
著(编)者：黄群慧 钟宏武 张蒽 翟利峰
2017年11月出版 / 估价：89.00元
PSN B-2009-149-1/1

企业社会责任蓝皮书
中资企业海外社会责任研究报告（2016~2017）
著(编)者：钟宏武 叶柳红 张蒽
2017年1月出版 / 定价：79.00元
PSN B-2017-603-2/2

汽车安全蓝皮书
中国汽车安全发展报告（2017）
著（编）者：中国汽车技术研究中心
2017年7月出版 / 估价：89.00元
PSN B-2014-385-1/1

汽车电子商务蓝皮书
中国汽车电子商务发展报告（2017）
著（编）者：中华全国工商业联合会汽车经销商商会
　　　　　北京易观智库网络科技有限公司
2017年10月出版 / 估价：128.00元
PSN B-2015-485-1/1

汽车工业蓝皮书
中国汽车工业发展年度报告（2017）
著（编）者：中国汽车工业协会 中国汽车技术研究中心
　　　　　丰田汽车（中国）投资有限公司
2017年4月出版 / 估价：128.00元
PSN B-2015-463-1/2

汽车工业蓝皮书
中国汽车零部件产业发展报告（2017）
著（编）者：中国汽车工业协会 中国汽车工程研究院
2017年10月出版 / 估价：98.00元
PSN B-2016-515-2/2

汽车蓝皮书
中国汽车产业发展报告（2017）
著（编）者：国务院发展研究中心产业经济研究部
　　　　　中国汽车工程学会 大众汽车集团（中国）
2017年8月出版 / 估价：98.00元
PSN B-2008-124-1/1

人力资源蓝皮书
中国人力资源发展报告（2017）
著（编）者：余兴安 2017年11月出版 / 估价：89.00元
PSN B-2012-287-1/1

融资租赁蓝皮书
中国融资租赁业发展报告（2016～2017）
著（编）者：李光荣 王力 2017年8月出版 / 估价：89.00元
PSN B-2015-443-1/1

商会蓝皮书
中国商会发展报告No.5（2017）
著（编）者：王钦敏 2017年7月出版 / 估价：89.00元
PSN B-2008-125-1/1

输血服务蓝皮书
中国输血行业发展报告（2017）
著（编）者：朱永明 耿鸿武 2016年8月出版 / 估价：89.00元
PSN B-2015-583-1/1

社会责任管理蓝皮书
中国上市公司社会责任能力成熟度报告（2017）No.2
著（编）者：肖红军 王晓光 李伟阳
2017年12月出版 / 估价：98.00元
PSN B-2015-507-2/2

社会责任管理蓝皮书
中国企业公众透明度报告（2017）No.3
著（编）者：黄速建 熊梦 王晓光 肖红军
2017年4月出版 / 估价：98.00元
PSN B-2015-440-1/2

食品药品蓝皮书
食品药品安全与监管政策研究报告（2016～2017）
著（编）者：唐民皓 2017年6月出版 / 估价：89.00元
PSN B-2009-129-1/1

世界能源蓝皮书
世界能源发展报告（2017）
著（编）者：黄晓勇 2017年6月出版 / 估价：99.00元
PSN B-2013-349-1/1

水利风景区蓝皮书
中国水利风景区发展报告（2017）
著（编）者：谢婵才 兰思仁 2017年5月出版 / 估价：89.00元
PSN B-2015-480-1/1

碳市场蓝皮书
中国碳市场报告（2017）
著（编）者：定金彪 2017年11月出版 / 估价：89.00元
PSN B-2014-430-1/1

体育蓝皮书
中国体育产业发展报告（2017）
著（编）者：阮伟 钟秉枢 2017年12月出版 / 估价：89.00元
PSN B-2010-179-1/4

网络空间安全蓝皮书
中国网络空间安全发展报告（2017）
著（编）者：惠志斌 唐涛 2017年4月出版 / 估价：89.00元
PSN B-2015-466-1/1

西部金融蓝皮书
中国西部金融发展报告（2017）
著（编）者：李忠民 2017年8月出版 / 估价：85.00元
PSN B-2010-160-1/1

协会商会蓝皮书
中国行业协会商会发展报告（2017）
著（编）者：景朝阳 李勇 2017年4月出版 / 估价：99.00元
PSN B-2015-461-1/1

新能源汽车蓝皮书
中国新能源汽车产业发展报告（2017）
著（编）者：中国汽车技术研究中心
　　　　　日产（中国）投资有限公司 东风汽车有限公司
2017年7月出版 / 估价：98.00元
PSN B-2013-347-1/1

新三板蓝皮书
中国新三板市场发展报告（2017）
著（编）者：王力 2017年6月出版 / 估价：89.00元
PSN B-2015-534-1/1

信托市场蓝皮书
中国信托业市场报告（2016～2017）
著（编）者：用益信托研究院
2017年1月出版 / 定价：198.00元
PSN B-2014-371-1/1

信息化蓝皮书
中国信息化形势分析与预测（2016~2017）
著（编）者：周宏仁 2017年8月出版 / 估价：98.00元
PSN B-2010-168-1/1

广州蓝皮书
2017年中国广州社会形势分析与预测
著(编)者: 张强 陈怡霓 杨秦　2017年6月出版 / 估价: 85.00元
PSN B-2008-110-5/14

广州蓝皮书
广州城市国际化发展报告(2017)
著(编)者: 朱名宏　2017年8月出版 / 估价: 79.00元
PSN B-2012-246-11/14

广州蓝皮书
广州创新型城市发展报告(2017)
著(编)者: 尹涛　2017年7月出版 / 估价: 79.00元
PSN B-2012-247-12/14

广州蓝皮书
广州经济发展报告(2017)
著(编)者: 朱名宏　2017年7月出版 / 估价: 79.00元
PSN B-2005-040-1/14

广州蓝皮书
广州农村发展报告(2017)
著(编)者: 朱名宏　2017年8月出版 / 估价: 79.00元
PSN B-2010-167-8/14

广州蓝皮书
广州汽车产业发展报告(2017)
著(编)者: 杨再高 冯兴亚　2017年7月出版 / 估价: 79.00元
PSN B-2006-066-3/14

广州蓝皮书
广州青年发展报告(2016~2017)
著(编)者: 徐柳 张强　2017年9月出版 / 估价: 79.00元
PSN B-2013-352-13/14

广州蓝皮书
广州商贸业发展报告(2017)
著(编)者: 李江涛 肖振宇 荀振英
2017年7月出版 / 估价: 79.00元
PSN B-2012-245-10/14

广州蓝皮书
广州社会保障发展报告(2017)
著(编)者: 蔡国萱　2017年8月出版 / 估价: 79.00元
PSN B-2014-425-14/14

广州蓝皮书
广州文化创意产业发展报告(2017)
著(编)者: 徐咏虹　2017年7月出版 / 估价: 79.00元
PSN B-2008-111-6/14

广州蓝皮书
中国广州城市建设与管理发展报告(2017)
著(编)者: 董皞 陈小钢 李江涛
2017年7月出版 / 估价: 85.00元
PSN B-2007-087-4/14

广州蓝皮书
中国广州科技创新发展报告(2017)
著(编)者: 邹采荣 马正勇 陈爽
2017年7月出版 / 估价: 79.00元
PSN B-2006-065-2/14

广州蓝皮书
中国广州文化发展报告(2017)
著(编)者: 徐俊忠 陆志强 顾涧清
2017年7月出版 / 估价: 79.00元
PSN B-2009-134-7/14

贵阳蓝皮书
贵阳城市创新发展报告No.2(白云篇)
著(编)者: 连玉明　2017年10月出版 / 估价: 89.00元
PSN B-2015-491-3/10

贵阳蓝皮书
贵阳城市创新发展报告No.2(观山湖篇)
著(编)者: 连玉明　2017年10月出版 / 估价: 89.00元
PSN B-2011-235-1/1

贵阳蓝皮书
贵阳城市创新发展报告No.2(花溪篇)
著(编)者: 连玉明　2017年10月出版 / 估价: 89.00元
PSN B-2015-490-2/10

贵阳蓝皮书
贵阳城市创新发展报告No.2(开阳篇)
著(编)者: 连玉明　2017年10月出版 / 估价: 89.00元
PSN B-2015-492-4/10

贵阳蓝皮书
贵阳城市创新发展报告No.2(南明篇)
著(编)者: 连玉明　2017年10月出版 / 估价: 89.00元
PSN B-2015-496-8/10

贵阳蓝皮书
贵阳城市创新发展报告No.2(清镇篇)
著(编)者: 连玉明　2017年10月出版 / 估价: 89.00元
PSN B-2015-489-1/10

贵阳蓝皮书
贵阳城市创新发展报告No.2(乌当篇)
著(编)者: 连玉明　2017年10月出版 / 估价: 89.00元
PSN B-2015-495-7/10

贵阳蓝皮书
贵阳城市创新发展报告No.2(息烽篇)
著(编)者: 连玉明　2017年10月出版 / 估价: 89.00元
PSN B-2015-493-5/10

贵阳蓝皮书
贵阳城市创新发展报告No.2(修文篇)
著(编)者: 连玉明　2017年10月出版 / 估价: 89.00元
PSN B-2015-494-6/10

贵阳蓝皮书
贵阳城市创新发展报告No.2(云岩篇)
著(编)者: 连玉明　2017年10月出版 / 估价: 89.00元
PSN B-2015-498-10/10

贵州房地产蓝皮书
贵州房地产发展报告No.4(2017)
著(编)者: 武廷方　2017年7月出版 / 估价: 89.00元
PSN B-2014-426-1/1

贵州蓝皮书
贵州册亨经济社会发展报告(2017)
著(编)者: 黄德林　2017年3月出版 / 估价: 89.00元
PSN B-2016-526-8/9

贵州蓝皮书
贵安新区发展报告（2016~2017）
著(编)者：马长青 吴大华　2017年6月出版 / 估价：89.00元
PSN B-2015-459-4/9

贵州蓝皮书
贵州法治发展报告（2017）
著(编)者：吴大华　2017年5月出版 / 估价：89.00元
PSN B-2012-254-2/9

贵州蓝皮书
贵州国有企业社会责任发展报告（2016~2017）
著(编)者：郭丽 周航 万强
2017年12月出版 / 估价：89.00元
PSN B-2015-511-6/9

贵州蓝皮书
贵州民航业发展报告（2017）
著(编)者：申振东 吴大华　2017年10月出版 / 估价：89.00元
PSN B-2015-471-5/9

贵州蓝皮书
贵州民营经济发展报告（2017）
著(编)者：杨静 吴大华　2017年4月出版 / 估价：89.00元
PSN B-2016-531-9/9

贵州蓝皮书
贵州人才发展报告（2017）
著(编)者：于杰 吴大华　2017年9月出版 / 估价：89.00元
PSN B-2014-382-3/9

贵州蓝皮书
贵州社会发展报告（2017）
著(编)者：王兴骥　2017年6月出版 / 估价：89.00元
PSN B-2010-166-1/9

贵州蓝皮书
贵州国家级开放创新平台发展报告（2017）
著(编)者：申晓庆 吴大华 李泓
2017年6月出版 / 估价：89.00元
PSN B-2016-518-1/9

海淀蓝皮书
海淀区文化和科技融合发展报告（2017）
著(编)者：陈名杰 孟景伟　2017年5月出版 / 估价：85.00元
PSN B-2013-329-1/1

杭州都市圈蓝皮书
杭州都市圈发展报告（2017）
著(编)者：沈翔 戚建国　2017年5月出版 / 估价：128.00元
PSN B-2012-302-1/1

杭州蓝皮书
杭州妇女发展报告（2017）
著(编)者：魏颖　2017年6月出版 / 估价：89.00元
PSN B-2014-403-1/1

河北经济蓝皮书
河北省经济发展报告（2017）
著(编)者：马树强 金浩 张贵
2017年4月出版 / 估价：89.00元
PSN B-2014-380-1/1

河北蓝皮书
河北经济社会发展报告（2017）
著(编)者：郭金平　2017年1月出版 / 定价：79.00元
PSN B-2014-372-1/2

河北蓝皮书
京津冀协同发展报告（2017）
著(编)者：陈路　2017年1月出版 / 定价：79.00元
PSN B-2017-601-2/2

河北食品药品安全蓝皮书
河北食品药品安全研究报告（2017）
著(编)者：丁锦霞　2017年6月出版 / 估价：89.00元
PSN B-2015-473-1/1

河南经济蓝皮书
2017年河南经济形势分析与预测
著(编)者：王世炎　2017年3月出版 / 定价：79.00元
PSN B-2007-086-1/1

河南蓝皮书
2017年河南社会形势分析与预测
著(编)者：刘道兴 牛苏林　2017年4月出版 / 估价89.00元
PSN B-2005-043-1/8

河南蓝皮书
河南城市发展报告（2017）
著(编)者：张占仓 王建国　2017年5月出版 / 估价：89.00元
PSN B-2009-131-3/8

河南蓝皮书
河南法治发展报告（2017）
著(编)者：丁同民 张林海　2017年5月出版 / 估价：89.00元
PSN B-2014-376-6/8

河南蓝皮书
河南工业发展报告（2017）
著(编)者：张占仓 丁同民　2017年5月出版 / 估价：89.00元
PSN B-2013-317-5/8

河南蓝皮书
河南金融发展报告（2017）
著(编)者：河南省社会科学院
2017年6月出版 / 估价：89.00元
PSN B-2014-390-7/8

河南蓝皮书
河南经济发展报告（2017）
著(编)者：张占仓 完世伟　2017年4月出版 / 估价：89.00元
PSN B-2010-157-4/8

河南蓝皮书
河南农业农村发展报告（2017）
著(编)者：吴海峰　2017年4月出版 / 估价：89.00元
PSN B-2015-445-8/8

河南蓝皮书
河南文化发展报告（2017）
著(编)者：卫绍生　2017年4月出版 / 估价：88.00元
PSN B-2008-106-2/8

河南商务蓝皮书
河南商务发展报告（2017）
著(编)者：焦锦淼 穆荣国　2017年6月出版 / 估价：88.00元
PSN B-2014-399-1/1

黑龙江蓝皮书
黑龙江经济发展报告（2017）
著(编)者：朱宇　2017年1月出版 / 定价：79.00元
PSN B-2011-190-2/2

27

陕西蓝皮书
陕西经济发展报告（2017）
著(编)者：任宗哲 白宽犁 裴成荣
2017年1月出版 / 定价：69.00元
PSN B-2009-135-1/5

陕西蓝皮书
陕西社会发展报告（2017）
著(编)者：任宗哲 白宽犁 牛昉
2017年1月出版 / 定价：69.00元
PSN B-2009-136-2/5

陕西蓝皮书
陕西文化发展报告（2017）
著(编)者：任宗哲 白宽犁 王长寿
2017年1月出版 / 定价：69.00元
PSN B-2009-137-3/5

上海蓝皮书
上海传媒发展报告（2017）
著(编)者：强荧 焦雨虹 2017年2月出版 / 定价：79.00元
PSN B-2012-295-5/7

上海蓝皮书
上海法治发展报告（2017）
著(编)者：叶青 2017年6月出版 / 估价：89.00元
PSN B-2012-296-6/7

上海蓝皮书
上海经济发展报告（2017）
著(编)者：沈开艳 2017年2月出版 / 定价：79.00元
PSN B-2006-057-1/7

上海蓝皮书
上海社会发展报告（2017）
著(编)者：杨雄 周海旺 2017年2月出版 / 定价：79.00元
PSN B-2006-058-2/7

上海蓝皮书
上海文化发展报告（2017）
著(编)者：荣跃明 2017年2月出版 / 定价：79.00元
PSN B-2006-059-3/7

上海蓝皮书
上海文学发展报告（2017）
著(编)者：陈圣来 2017年6月出版 / 估价：89.00元
PSN B-2012-297-7/7

上海蓝皮书
上海资源环境发展报告（2017）
著(编)者：周冯琦 汤庆合
2017年2月出版 / 定价：79.00元
PSN B-2006-060-4/7

社会建设蓝皮书
2017年北京社会建设分析报告
著(编)者：宋贵伦 冯虹 2017年10月出版 / 估价：89.00元
PSN B-2010-173-1/1

深圳蓝皮书
深圳法治发展报告（2017）
著(编)者：张骁儒 2017年6月出版 / 估价：89.00元
PSN B-2015-470-6/7

深圳蓝皮书
深圳经济发展报告（2017）
著(编)者：张骁儒 2017年7月出版 / 估价：89.00元
PSN B-2008-112-3/7

深圳蓝皮书
深圳劳动关系发展报告（2017）
著(编)者：汤庭芬 2017年6月出版 / 估价：89.00元
PSN B-2007-097-2/7

深圳蓝皮书
深圳社会建设与发展报告（2017）
著(编)者：张骁儒 陈东平 2017年7月出版 / 估价：89.00元
PSN B-2008-113-4/7

深圳蓝皮书
深圳文化发展报告(2017)
著(编)者：张骁儒 2017年7月出版 / 估价：89.00元
PSN B-2016-555-7/7

丝绸之路蓝皮书
丝绸之路经济带发展报告（2017）
著(编)者：任宗哲 白宽犁 谷孟宾
2017年1月出版 / 定价：75.00元
PSN B-2014-410-1/1

法治蓝皮书
四川依法治省年度报告 No.3（2017）
著(编)者：李林 杨天宗 田禾
2017年3月出版 / 定价：118.00元
PSN B-2015-447-1/1

四川蓝皮书
2017年四川经济形势分析与预测
著(编)者：杨钢 2017年1月出版 / 定价：98.00元
PSN B-2007-098-2/7

四川蓝皮书
四川城镇化发展报告（2017）
著(编)者：侯水平 陈炜 2017年4月出版 / 估价：85.00元
PSN B-2015-456-7/7

四川蓝皮书
四川法治发展报告（2017）
著(编)者：郑泰安 2017年4月出版 / 估价：89.00元
PSN B-2015-441-5/7

四川蓝皮书
四川企业社会责任研究报告（2016～2017）
著(编)者：侯水平 盛毅 翟刚
2017年4月出版 / 估价：89.00元
PSN B-2014-386-4/7

四川蓝皮书
四川社会发展报告（2017）
著(编)者：李羚 2017年5月出版 / 估价：89.00元
PSN B-2008-127-3/7

四川蓝皮书
四川生态建设报告（2017）
著(编)者：李晟之 2017年4月出版 / 估价：85.00元
PSN B-2015-455-6/7

四川蓝皮书
四川文化产业发展报告（2017）
著(编)者：向宝云 张立伟
2017年4月出版 / 估价：89.00元
PSN B-2006-074-1/7

体育蓝皮书
上海体育产业发展报告（2016～2017）
著(编)者：张林 黄海燕
2017年10月出版 / 估价：89.00元
PSN B-2015-454-4/4

体育蓝皮书
长三角地区体育产业发展报告（2016～2017）
著(编)者：张林 2017年4月出版 / 估价：89.00元
PSN B-2015-453-3/4

天津金融蓝皮书
天津金融发展报告（2017）
著(编)者：王爱俭 孔德昌
2017年12月出版 / 估价：98.00元
PSN B-2014-418-1/1

图们江区域合作蓝皮书
图们江区域合作发展报告（2017）
著(编)者：李铁 2017年6月出版 / 估价：98.00元
PSN B-2015-464-1/1

温州蓝皮书
2017年温州经济社会形势分析与预测
著(编)者：潘忠强 王春光 金浩
2017年4月出版 / 估价：89.00元
PSN B-2008-105-1/1

西咸新区蓝皮书
西咸新区发展报告（2016~2017）
著(编)者：李扬 王军 2017年6月出版 / 估价：89.00元
PSN B-2016-535-1/1

扬州蓝皮书
扬州经济社会发展报告（2017）
著(编)者：丁纯 2017年12月出版 / 估价：98.00元
PSN B-2011-191-1/1

长株潭城市群蓝皮书
长株潭城市群发展报告（2017）
著(编)者：张萍 2017年12月出版 / 估价：89.00元
PSN B-2008-109-1/1

中医文化蓝皮书
北京中医文化传播发展报告（2017）
著(编)者：毛嘉陵 2017年5月出版 / 估价：79.00元
PSN B-2015-468-1/2

珠三角流通蓝皮书
珠三角商圈发展研究报告（2017）
著(编)者：王先庆 林至颖
2017年7月出版 / 估价：98.00元
PSN B-2012-292-1/1

遵义蓝皮书
遵义发展报告（2017）
著(编)者：曾征 龚永育 雍思强
2017年12月出版 / 估价：89.00元
PSN B-2014-433-1/1

国际问题类

"一带一路"跨境通道蓝皮书
"一带一路"跨境通道建设研究报告（2017）
著(编)者：郭业洲 2017年8月出版 / 估价：89.00元
PSN B-2016-558-1/1

"一带一路"蓝皮书
"一带一路"建设发展报告（2017）
著(编)者：孔丹 李永全 2017年7月出版 / 估价：89.00元
PSN B-2016-553-1/1

阿拉伯黄皮书
阿拉伯发展报告（2016～2017）
著(编)者：罗林 2017年11月出版 / 估价：89.00元
PSN Y-2014-381-1/1

北部湾蓝皮书
泛北部湾合作发展报告（2017）
著(编)者：吕余生 2017年12月出版 / 估价：85.00元
PSN B-2008-114-1/1

大湄公河次区域蓝皮书
大湄公河次区域合作发展报告（2017）
著(编)者：刘稚 2017年8月出版 / 估价：89.00元
PSN B-2011-196-1/1

大洋洲蓝皮书
大洋洲发展报告（2017）
著(编)者：喻常森 2017年10月出版 / 估价：89.00元
PSN B-2013-341-1/1

德国蓝皮书
德国发展报告（2017）
著(编)者：郑春荣　　2017年6月出版 / 估价：89.00元
PSN B-2012-278-1/1

东盟黄皮书
东盟发展报告（2017）
著(编)者：杨晓强 庄国土
2017年4月出版 / 估价：89.00元
PSN Y-2012-303-1/1

东南亚蓝皮书
东南亚地区发展报告（2016～2017）
著(编)者：厦门大学东南亚研究中心　王勤
2017年12月出版 / 估价：89.00元
PSN B-2012-240-1/1

俄罗斯黄皮书
俄罗斯发展报告（2017）
著(编)者：李永全　　2017年7月出版 / 估价：89.00元
PSN Y-2006-061-1/1

非洲黄皮书
非洲发展报告 No.19（2016～2017）
著(编)者：张宏明　　2017年8月出版 / 估价：89.00元
PSN Y-2012-239-1/1

公共外交蓝皮书
中国公共外交发展报告（2017）
著(编)者：赵启正 雷蔚真
2017年4月出版 / 估价：89.00元
PSN B-2015-457-1/1

国际安全蓝皮书
中国国际安全研究报告(2017)
著(编)者：刘慧　　2017年7月出版 / 估价：98.00元
PSN B-2016-522-1/1

国际形势黄皮书
全球政治与安全报告（2017）
著(编)者：张宇燕
2017年1月出版 / 定价：89.00元
PSN Y-2001-016-1/1

韩国蓝皮书
韩国发展报告（2017）
著(编)者：牛林杰 刘宝全
2017年11月出版 / 估价：89.00元
PSN B-2010-155-1/1

加拿大蓝皮书
加拿大发展报告（2017）
著(编)者：仲伟合　　2017年9月出版 / 估价：89.00元
PSN B-2014-389-1/1

拉美黄皮书
拉丁美洲和加勒比发展报告（2016～2017）
著(编)者：吴白乙　　2017年6月出版 / 估价：89.00元
PSN Y-1999-007-1/1

美国蓝皮书
美国研究报告（2017）
著(编)者：郑秉文 黄平　　2017年6月出版 / 估价：89.00元
PSN B-2011-210-1/1

缅甸蓝皮书
缅甸国情报告（2017）
著(编)者：李晨阳　　2017年12月出版 / 估价：86.00元
PSN B-2013-343-1/1

欧洲蓝皮书
欧洲发展报告（2016～2017）
著(编)者：黄平 周弘 江时学
2017年6月出版 / 估价：89.00元
PSN B-1999-009-1/1

葡语国家蓝皮书
葡语国家发展报告（2017）
著(编)者：王成安 张敏　　2017年12月出版 / 估价：89.00元
PSN B-2015-503-1/2

葡语国家蓝皮书
中国与葡语国家关系发展报告·巴西（2017）
著(编)者：张曙光　　2017年8月出版 / 估价：89.00元
PSN B-2016-564-2/2

日本经济蓝皮书
日本经济与中日经贸关系研究报告（2017）
著(编)者：张季风　　2017年5月出版 / 估价：89.00元
PSN B-2008-102-1/1

日本蓝皮书
日本研究报告（2017）
著(编)者：杨伯江　　2017年5月出版 / 估价：89.00元
PSN B-2002-020-1/1

上海合作组织黄皮书
上海合作组织发展报告（2017）
著(编)者：李进峰 吴宏伟 李少捷
2017年6月出版 / 估价：89.00元
PSN Y-2009-130-1/1

世界创新竞争力黄皮书
世界创新竞争力发展报告（2017）
著(编)者：李闽榕 李建平 赵新力
2017年4月出版 / 估价：148.00元
PSN Y-2013-318-1/1

泰国蓝皮书
泰国研究报告（2017）
著(编)者：庄国土 张禹东
2017年8月出版 / 估价：118.00元
PSN B-2016-557-1/1

土耳其蓝皮书
土耳其发展报告（2017）
著(编)者：郭长刚 刘义　　2017年9月出版 / 估价：89.00元
PSN B-2014-412-1/1

亚太蓝皮书
亚太地区发展报告（2017）
著(编)者：李向阳　　2017年4月出版 / 估价：89.00元
PSN B-2001-015-1/1

印度蓝皮书
印度国情报告（2017）
著(编)者：吕昭义　　2017年12月出版 / 估价：89.00元
PSN B-2012-241-1/1

印度洋地区蓝皮书
印度洋地区发展报告（2017）
著(编)者: 汪戎　2017年6月出版 / 估价: 89.00元
PSN B-2013-334-1/1

英国蓝皮书
英国发展报告（2016～2017）
著(编)者: 王展鹏　2017年11月出版 / 估价: 89.00元
PSN B-2015-486-1/1

越南蓝皮书
越南国情报告（2017）
著(编)者: 谢林城
2017年12月出版 / 估价: 89.00元
PSN B-2006-056-1/1

以色列蓝皮书
以色列发展报告（2017）
著(编)者: 张倩红　2017年8月出版 / 估价: 89.00元
PSN B-2015-483-1/1

伊朗蓝皮书
伊朗发展报告（2017）
著(编)者: 冀开远　2017年10月出版 / 估价: 89.00元
PSN B-2016-575-1/1

中东黄皮书
中东发展报告No.19（2016～2017）
著(编)者: 杨光　2017年10月出版 / 估价: 89.00元
PSN Y-1998-004-1/1

中亚黄皮书
中亚国家发展报告（2017）
著(编)者: 孙力 吴宏伟　2017年7月出版 / 估价: 98.00元
PSN Y-2012-238-1/1

　　皮书序列号是社会科学文献出版社专门为识别皮书、管理皮书而设计的编号。皮书序列号是出版皮书的许可证号，是区别皮书与其他图书的重要标志。

　　它由一个前缀和四部分构成。这四部分之间用连字符"–"连接。前缀和这四部分之间空半个汉字（见示例）。

《国际人才蓝皮书：中国留学发展报告》序列号示例

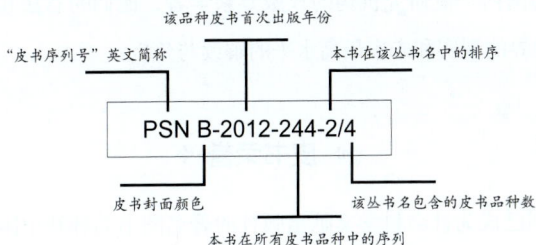

"皮书序列号"英文简称　　该品种皮书首次出版年份　　本书在该丛书名中的排序

PSN B-2012-244-2/4

皮书封面颜色　　该丛书名包含的皮书品种数
本书在所有皮书品种中的序列

　　从示例中可以看出，《国际人才蓝皮书：中国留学发展报告》的首次出版年份是2012年，是社科文献出版社出版的第244个皮书品种，是"国际人才蓝皮书"系列的第2个品种（共4个品种）。

❖ 皮书起源 ❖

"皮书"起源于十七、十八世纪的英国，主要指官方或社会组织正式发表的重要文件或报告，多以"白皮书"命名。在中国，"皮书"这一概念被社会广泛接受，并被成功运作、发展成为一种全新的出版形态，则源于中国社会科学院社会科学文献出版社。

❖ 皮书定义 ❖

皮书是对中国与世界发展状况和热点问题进行年度监测，以专业的角度、专家的视野和实证研究方法，针对某一领域或区域现状与发展态势展开分析和预测，具备原创性、实证性、专业性、连续性、前沿性、时效性等特点的公开出版物，由一系列权威研究报告组成。

❖ 皮书作者 ❖

皮书系列的作者以中国社会科学院、著名高校、地方社会科学院的研究人员为主，多为国内一流研究机构的权威专家学者，他们的看法和观点代表了学界对中国与世界的现实和未来最高水平的解读与分析。

❖ 皮书荣誉 ❖

皮书系列已成为社会科学文献出版社的著名图书品牌和中国社会科学院的知名学术品牌。2016年，皮书系列正式列入"十三五"国家重点出版规划项目；2012~2016年，重点皮书列入中国社会科学院承担的国家哲学社会科学创新工程项目；2017年，55种院外皮书使用"中国社会科学院创新工程学术出版项目"标识。

中国皮书网
www.pishu.cn

发布皮书研创资讯，传播皮书精彩内容
引领皮书出版潮流，打造皮书服务平台

栏目设置

关于皮书：何谓皮书、皮书分类、皮书大事记、皮书荣誉、
　　　　　皮书出版第一人、皮书编辑部

最新资讯：通知公告、新闻动态、媒体聚焦、网站专题、视频直播、下载专区

皮书研创：皮书规范、皮书选题、皮书出版、皮书研究、研创团队

皮书评奖评价：指标体系、皮书评价、皮书评奖

互动专区：皮书说、皮书智库、皮书微博、数据库微博

所获荣誉

2008 年、2011 年，中国皮书网均在全国新闻出版业网站荣誉评选中获得"最具商业价值网站"称号；

2012 年，获得"出版业网站百强"称号。

网库合一

2014 年，中国皮书网与皮书数据库端口合一，实现资源共享。更多详情请登录 www.pishu.cn。

权威报告·热点资讯·特色资源

皮书数据库
ANNUAL REPORT(YEARBOOK)
DATABASE

当代中国与世界发展高端智库平台

所获荣誉

- 2016年，入选"国家'十三五'电子出版物出版规划骨干工程"
- 2015年，荣获"搜索中国正能量 点赞2015""创新中国科技创新奖"
- 2013年，荣获"中国出版政府奖·网络出版物奖"提名奖
- 连续多年荣获中国数字出版博览会"数字出版·优秀品牌"奖

WWW.PISHU.COM.CN

成为会员

通过网址www.pishu.com.cn或使用手机扫描二维码进入皮书数据库网站，进行手机号码验证或邮箱验证即可成为皮书数据库会员（建议通过手机号码快速验证注册）。

会员福利

- 使用手机号码首次注册会员可直接获得100元体验金，不需充值即可购买和查看数据库内容（仅限使用手机号码快速注册）。
- 已注册用户购书后可免费获赠100元皮书数据库充值卡。刮开充值卡涂层获取充值密码，登录并进入"会员中心"—"在线充值"—"充值卡充值"，充值成功后即可购买和查看数据库内容。

数据库服务热线：400-008-6695
数据库服务QQ：2475522410
数据库服务邮箱：database@ssap.cn

图书销售热线：010-59367070/7028
图书服务QQ：1265056568
图书服务邮箱：duzhe@ssap.cn

（一）传统老工业改造升级亟待提速

近几年，全县上下积极实施"工业强县"战略，大力发展高新技术产业、培育战略性新兴产业，取得了一定的发展，形成了一定的规模效应。修武县产业集聚区初次规划面积 5.56 平方公里，新调整规划面积 13.48 平方公里，以纺织业、食品和农副产品加工业、铝工业为主导产业，以电子信息、装备制造业为辅助产业。2016 年，产业集聚区固定资产投资完成 114 亿元，增长 43.6%，占市定目标的 124%；主营业务收入完成 304.1 亿元，增长 16.5%，占市定目标的 101.4%。但是同时，修武县传统优势产业大都存在科技含量偏低等问题，与新兴产业的衔接存在一定问题，核心技术少、自主知识产权少、企业规模不大、辐射带动能力弱等成为制约修武工业优化升级的重要因素。全县传统产业发展模式比较粗放，工业内部结构层次较低，资源消耗量大、利用效率低，环境污染问题突出，产业转型升级面临的资源与环境约束日益凸显。

（二）战略性新兴产业发展滞后

战略性新兴产业既能创造新供给、提供新服务，又能培育新消费、满足新需求，是实施创新驱动发展战略的先导力量。在产业升级、消费升级的大背景下，战略性新兴产业无疑将成为经济转型的突破口，成为推动县域经济增长的重要引擎。近年来，修武县加快培育发展节能环保产业、新一代信息技术产业、高端装备制造产业等战略性新兴产业，但整体发展水平仍显滞后。一是产业结构占比较低。修武县工业仍以传统资源型产业为主体，高技术产业所占比重较小，其对工业经济的促进和带动作用较弱。截至 2015 年 12 月底，全县高技术产业仅有 6 家，占全县规模以上工业企业的 6.7%；完成增加值 41192 万元，占比仅为 7.5%，仅拉动全县经济增长 2.7 个百分点，对全县经济的推动作用极弱。二是产品结构不合理。现有工业产品中，技术含量高、附加值大的产品微乎其微。例如，铝加工行业虽然形成规模，且主营业务收入 693342 万元，占全县收入比重达 24.5%，但增加值仅完成

88208 万元，占全县总量的比重仅为 16.2%，增加值率极低，2014 年抽中样本单位报的增加值率仅 4.1%，与全县平均水平 14.1% 相差 10.0 个百分点。开发的新产品中，缺少高质量、高档次、高技术含量、高附加值的高精尖产品，管理粗放也严重制约了企业的进一步发展，导致企业经济效益不高，市场竞争能力不强。

（三）创新成果转化能力不足

创新成果转化是创新驱动发展的重要价值取向，也是创新的基本评价标尺。然而，创新成果转化能力不足是修武实施创新驱动发展战略遇到的重要难题，也是河南省创新发展的痼疾。原因主要有以下三个方面。其一，缺少市场需求的正确引导。市场需求是激发创新成果转化活力的催化剂，换言之，创新成果转化的前提条件是符合潜在的市场需求。如果科技研发项目不能契合市场需求，就很难经受住市场考验，难以通过成果转化真正实现商业价值。其二，产学研合作创新效能不高。高效的科技创新活动应是由企业、高校、研发机构等多元创新主体共同合作的结果，其基本模式是企业为技术需求方，科研院所或高校为技术供给方。产学研合作中如果不能促进技术创新所需各种生产要素的优化配置，就难以获得较高的合作创新效能。其三，科技中介服务体系发展较慢。修武现有的科技中介机构市场仍处于起步阶段，也是实施创新体系建设中亟待加强的薄弱环节。由于缺乏行业发展整体规划、中介机构职能定位模糊、对政府依赖性较大、社会对科技中介缺乏正确认识、中介机构整体服务水平不高等，中介市场还没有形成专业化、规范化的体系，无法凭借自身的知识、技术、资金、信息等为创新主体提供有效服务，无法满足企业创新发展的综合要求。

（四）创新人才比较缺乏

人才是创新发展的核心，哪里拥有一流的人才，哪里就能赢得创新的先机、集聚发展的优势。创新人才队伍建设必须摆在发展全局的核心位置。要以高层次人才引领高水平发展，以人才优势增创发展优势。然而，创新领军人才和高技术研发人员短缺已经成为制约修武产业、企业研发创新能力提升，掣肘"大众创业、万众创新"的首要问题。一方面，修武发展仍处于工业化中期的初级阶段，其创新"浓度"比不上国内其他经济发达地区，对人才的吸引力和承载力也相对较弱，现引进的高技术人才仍无法全面满足创新创业的需求；另一方面，由于教育资源数量和质量上的有限性，县域内对高新技术人才的培养仍缺乏力度，规范化、制度化、精细化、精尖化的人才培养措施不到位，人才的"自然生长"状态抑制了行业领军人才和高技能人才的培育壮大。

三　修武实施创新驱动发展战略的对策建议

修武实施创新驱动发展战略遇到的困境既具有地方特色，同时也折射出国内实施创新驱动发展战略的一些共性问题，需要多层面予以研究和应对。鉴于切入角度和关注要点不同，解决问题的思路也是多元化的，本文仅从强化企业主体地位、加快创新公共服务平台建设、实践新型创新模式、推进"大众创业、万众创新"、夯实创新发展人才基础和完善创新驱动体制机制等六个方面展开论述，以期提供有助于破解修武创新发展瓶颈的思路。

（一）着力强化企业创新主体地位

从广义上讲，创新主体是多元的，包括政府、企业、科研院所、高等学校等；狭义上讲，创新主体主要是指技术创新主体，实质上是市场竞争的主体，即企业。企业是科技和经济紧密结合的重要力量，应该成为技术创新决策、研发投入、科研组织、成果转化的主体。实施创新驱动发展战略，强化企业技术创新主体地位是主攻方向。首先，要持续提升企业的研发投入能力。现阶段，企业的研发费用主要还是来自政府，拥有独立研发机构的企业微乎其微，其中不少还是政府部门指定挂牌的。企业研发投入不足，这是修武面临的问题，也是全国实施创新驱动发展战略的瓶颈。要鼓励企业持续提高研发经费投入，提升研发经费在总利润中的比重，从而不断提升企业的技术含量、提高发展效益。其次，要加快科技人才队伍建设。从创新者队伍构成来看，修武企业研发人员占比偏低，尚未占据主体地位。要鼓励企业建立自下而上的创新激励制度，激发企业员工的创新意识，扩充企业研创队伍，引导常规创新、草根创新，吸引技术人员进入企业，让万众创新在企业蔚然成风。第三，要强化企业在协同创新中的主导作用。企业要不断提升对内外部科技资源合理利用和优化配置的能力，对内要打破传统的分工布局和职能限制，统筹协调决策、研发、生产等各环节的潜在创新力量，对外要成为连接高校、科研单位、中介机构的桥梁，作为任务的发布者，组织协调论证、研发、试验、生产及推广活动。

（二）加快创新公共服务平台建设

公共服务平台是创新链高效运行的前提，是实现内外部创新资源共享和互动的基础，是推动创新各主体协同创新的重要保障。推动创新公共服务平台建设对于促进创新成果广泛应用、推进创新资源共建共享、转变创新服务方式等具有重要的现实意义。修武建设创新公共服务平台，要把握好两个方面：一方面，要坚持公益性服务和市场化运作相结合。创新公共服务平台要服务大局、服务社会、服务民生，它的服务对象是全社会，这是其公益性的表现，亦是根本立足点。此外，它也要坚持市场化运作，尝试提供增值服务，善于运用互联网平台、云计算、物联网、大数据等现代信息技术，推动创新公共服务平台建设，实现信息化、智能化和协同化。这不但有利于扩大资本来源，还有利于吸引其他创新主体积极参与到平台建设中来，不断强化平台服务功能、拓展公共服务领域。另一方面，要坚持平台建设主体和投资主体的多元化。政府要加大财政投入力度，进行总体规划和顶层设计，鼓励企业、高校、科研院所、中介机构等积极参与到平台建设中来，给予择优立项、大力扶持的政策，不断拓展平台建设主体和投资主体的范围。依托相关事业单位建设科技基础条件公共服务平台；鼓励企业和中介机构建设各类产业创新服务平台；鼓励高校和科研院所根据自身优势积极参与其中。由此，创新资源流动性不断增加，创新主体获得资源的途径更加广泛，创新平台的种类也更加多样化。

（三）积极实践新型创新模式

要坚持协同创新、开放创新，通过建立威客平台、创新联盟、产业研究院等创新平台，积极探索并实践新型创新模式，全方位推动创新驱动发展。一个新的创新模式要落地、要推广，需要注意以下几方面的问题。首先，要创新观念。在相同的客观条件下，人的观念直接影响主观能动性的发挥，从而进一步影响其行为。因此，创新观念在实践新型创新模式中发挥着至关重要的作用，在一定程度上决定了创新的成败。创新观念就是要打破思维定势、突破惯性思维、进行反常规思考，要能想别人之不敢想、不敢为之事，要有"有机会就抓机会、没机会就创造机会"的敏锐，要有拒绝因循守旧、尊重并追求新事物的魄力。其次，要创新业务模式和生产模式。业务模式和生产模式涉及企业的价值创造与利益分配，理顺这两大核心内容才能推动企业真正走向创新发展。具体而言，要考虑需求和供给相匹配，技术和资源相匹配，成本和赢利相匹配。比如围绕客户需求链，在其前、中、后补充或者创造新的需求，甚至是引领客户的需求，或者依托原有客户需求链跨行业或者跨企业进行横向扩张。第三，要创新商业组织方式和运营模式。许多好的创意刚出现时往往会失败，这是由于现有的组织方式和运营模式只能支持现有的商业模式，而无法理解和支撑新的战略。创新商业组织方式和运营模式，要立足业务模式和生产模式的转变，以规模经济和范围经济作为原动力，充分发挥价值网络和社交网络的协同作用，鼓励用户、供应商、合作伙伴参与企业的价值创造活动。

（四）推进"大众创业、万众创新"

推进"大众创业、万众创新"是创新驱动发展的动力之源，对于推动结构调整和转型升级、打造发展新引擎、增强发展新动能具有十分重要的意义。修武要大力推进"大众创业、万众创新"，以资金链引导创业创新链，以创业创新链提升产业链，以产业链带动就业链。首先，要不断完善创业创新政策。要充分发挥市场在资源配置中的决定性作用，转变政府职能，加大简政放权力度，在国家制度允许的框架内赋予市场更多的自主权。要不断完善体制机制、健全普惠性政策措施，加强统筹协调，积极营造有利于创业创新的政策环境、制度环境和公共服务体系，集聚创业创新主体，从而形成促进经济社会发展的巨大动能。其次，要加快构建创业创新平台。通过建立信息集中发布平台、指导和援助平台、投资统计指标体系等途径进一步完善网络化服务体系的支撑作用，加强创业创新公共信息资源的整合力度。建立科技基础设施、大型科研仪器和专利信息资源向全社会开放的长效机制，搭建好创业创新技术平台。鼓励产业集聚发展，积极盘活闲置的商业用房、工业厂房、企业库房、物流设施和家庭住所、租赁房等资源，为创业者提供低成本办公场所和居住条件。第三，要积极培育创业创新文化。深入推进"大众创业、万众创新"，需要将创业创新理念厚植于人们的思想观念，文以化人。通过加强双创教育，广泛、持久地培养社会大众的创业能力、择业能力和适应能力，在全社会形成尊重创新、敢为人先、百折不挠、宽容失败的文化氛围，让勇于创业创新成为一种品格、一种风尚。

（五）夯实创新发展人才支撑

人才是创新驱动发展战略的突破口和着力点，创新驱动实质上是人才驱动。修武实施创新驱动发展战略，要整体谋划、统筹考虑，通过加大人才引进力度拓展引进渠道、持续提高劳动者综合素质、强化技能工人的岗位适应性等手段，将潜在的人口规模优势转化为人才资源优势，为当地的创新驱动发展提供不竭的人才支持。首先，加大人才引进力度拓展引进渠道。操作层面的技术工人以招募本地人员为主，具有成本低、易操作、稳定性强的特征，还能极大地缓解当地就业压力；研发层面的顶尖技术人才以引进为主，要瞄准世界科技前沿态势、结合战略性新兴产业布局，下决心从国内或其他国家引进一批尖端研发人才，引领相关技术领域的研发创新活动。其次，持续提高劳动者综合素质。这里涉及继续教育的问题。伴随社会分工不断细化以及用工成本的持续提高，大量农民由田间地头转向非农产业劳动，许多大、中专院校的毕业生进入工业领域，他们成为生产一线的重要组成部分。这些劳动者的整体学历层次较低，综合知识积淀较少，需要借助继续教育，不断提升自身的综合素质，与企业共同成长。第三，注重提高技能工人的岗位适应性。社会分工的极度精细化促使大量处于生产一线的技术工人成为流水线上的机械手，他们精于某一项操作技术，却如盲人摸象，只知点，不知线，更不知面。换言之，这些劳动者的岗位适应性不强，越是长期固定于某一个岗位，越是不容易适应其他岗位的工作。这也是局限基层创新的重要因素。

（六）完善创新驱动体制机制

科学合理、富有活力、更有效率的创新体系，有利于激发全社会的创新活力，推动创新驱动发展。修武要不断完善创新体制机制建设，着力解决制约科技创新的突出问题，从而充分发挥创新在调结构、转方式中的支撑引领作用。首先，完善创新资源共享机制。政府是构建创新资源开放共享体系的重要主体，要充分发挥政府共享政策制定者、共享方向引导者和共享活动协调者的作用。政府要准确把握创新资源的共享规模，在合理的规模内，进一步开放数据资源和创新资源，这将有利于减少资源浪费和重复建设、降低创新成本和提高创新收益。同时，政府要加大宣传力度，让社会大众了解创新资源共享信息，普及共享资源使用规则。其次，加快政府职能从研发管理向创新服务转变。推动政府职能从研发管理向创新服务转变对落实创新发展理念、加快经济发展动力转换和提升核心竞争力具有重大意义。修武县要坚持面向世界科技前沿、面向当地重大需求、面向县域经济主战场；要抓住关键点，打通关节点，加快转变政府职能；要围绕从研发到产业化应用的创新全链条，积极为产学研及中介机构、为大中小微等各类创新主体提供创新服务。第三，加快形成以信用为核心的市场监管机制。信用是社会主义市场经济的重要基础。2016年，全国信用信息共享平台已接入37个部门和所有省区市，归集各类信用信息超过7亿条，预计2017年我国社会信用体系建设的顶层设计和制度体系将进一步完善。修武要把握好建设"信用中国"的契机，积极建立以信用为核心的新型市场监管机制，利用大数据、信用评价等手段为创新创业保驾护航。

参考文献

1. 王昌林：《大众创业万众创新的理论和现实意义》，《科技创业》2016 年第 2 期。

2. 徐继忠：《河南实施创新驱动发展战略的可行性措施》，《决策观察》2016 年第 8 期。

3. 张慧君：《发挥创新驱动在供给侧改革中的战略引领作用》，《理论视野》2016 年第 1 期。

4. 〔美〕曼昆：《经济学原理：宏观经济学分册》（第 6 版），北京大学出版社，2012。

5. 〔美〕约瑟夫·熊彼特著《经济发展理论》，何畏等译，商务印书馆，1990。

修武基础支撑能力建设研究

易雪琴*

摘　要：　县域经济社会的快速发展需要有路、人、地、钱等方面的基础支撑能力提供保障。近年来，修武以优化路网结构为基础，增强交通运输服务功能；以盘活金融资源为核心，构建多层次的金融支撑体系；以打造"招才引智"平台为突破口，培育人才资源优势；以开发与保护并重为关键，强化土地资源保障作用，交通、金融、人才、土地对修武经济社会发展的基础支撑作用不断显现，但也面临一些问题和困境。未来，修武有必要加快转变发展理念，进一步加强交通、金融、人才、土地四大基础支撑能力建设，构建安全、高效、合理的基础支撑体系，为实现修武发展战略目标提供坚实保障。

关键词：　基础支撑能力　县域经济　修武县

　　基础能力是衡量县域发展潜力的重要标准，也是提高地区综合竞争力的关键要素。加强基础支撑能力建设是保持持续健康发展的关键举措，是适应经济发展新常态的重要支撑，是培育发展新优势的战略要求，是加快新型城镇化的必然抉择。河南省第十次党代会提出，要强化基础能力建设，打造发展新支撑，夯实发展基础，积蓄发展后劲。近年来，修武在加强路、人、

---

　*　易雪琴，河南省社会科学院城市与环境研究所实习研究员。

地、钱等基础支撑能力建设方面有一些好的做法，取得了一定成效。但是，与全省、焦作市其他地区相比，与修武未来发展战略要求相比，修武在基础支撑能力建设方面还存在一些问题和不足。因此，对修武的基础支撑能力建设的经验进行总结，分析其在加强基础能力建设方面存在的问题和困境，进而找到切实有效的解决途径，对加快提升修武城市发展质量、实现修武跨越式发展具有非常重要的意义。

一 修武加强基础支撑能力建设的主要做法

近年来，修武超前谋划、抢抓机遇，在交通、金融、人才、土地方面狠下功夫，不断强化基础支撑能力建设，夯实发展基础，发展条件得到明显改善，有力地推动了经济社会步入发展的快车道。

（一）以优化路网结构提升交通运输服务功能

交通运输在国民经济和社会发展过程中发挥着先行先导和基础保障的作用。近年来，修武始终把交通运输作为全县经济社会发展的先行军，坚持适度超前，加快发展，初步形成了以高速公路、城际铁路、省道干线公路和城乡公路组成的综合路网结构。2014～2016年，修武完成农村公路"三年行动计划"，共修建县乡道45.182公里、村道58.783公里，桥梁8座224.02延米，新增认定乡村道182.6公里；相继完成纬一路续建，峰林大道、宁城大道、青龙大道等多条道路整修及沿路供电等市政配套设施工程，完善特色商业区总体道路框架；开展"三路、三段、十节点"的公路绿色廊道建设和道路日常养护工程；推进武云高速连接线建成通车和郑焦城际铁路（修武段）的开通，直接拉动修武进入"一小时中原经济圈"，带动周边城市进入云台山"一小时旅游圈"。同时，修武建成云台山旅游二级客车站、县汽车客运总站并投入运营，整合多条城乡客运线路，开通修武高铁站到云台山的客运专线和县城区公交线路，有效解决了全县人民出行难、游客到达景区难的问题。修武还加强体制机制改革，挂牌成立县交通运输执法所，机构职能从"管理"向"服务"转变，从根本上改变多头执法、趋利执法的局面。交通路网结构的不断优化，有效地提升了交通运输服务能力，为修武经济发展和民生改善起到明显的支撑作用，推动修武"势中心"地位凸显和加快融入全省发展大格局。

（二）以盘活金融资源构建多层次金融支撑体系

金融是现代经济的核心，更好地发挥金融杠杆作用，有利于推动县域经济转型升级和较快发展。近年来，修武积极发挥财政资金引导作用，争取城镇道路、污水管网、河道治理、市政环卫等上级专项资金支持。进一步提高政、银、企的融合度，增强投融资平台公司融资能力，实现金融资本与企业需求的有效对接。建立 PPP 项目库，吸引社会资本参与交通运输、基础设施、土地开发、旧城改造等城市基础设施建设。截至 2017 年6 月，完成 PPP 项目融资 17.29 亿元，城投集团与豫资公司融资 10 亿元。修武还积极推进企业实现直接融资，依托县建投、城投和担保公司、小额信贷公司等投融资平台，构建覆盖城乡的普惠金融服务体系，打通基础金融服务"最后一公里"，提升全县普惠金融服务水平。2012～2016 年，修武金融发展的规模和效率不断提升（如图 1）。截至 2016 年底，环宇石化、鑫宇光科技等公司在新三板挂牌，建升汽车零部件、龙昌机械制造、鑫万铝业等 16 家公司在中股交展示板挂牌；修武各项存款达到 87.00 亿元，比 2013 年增加 16.36 亿元，增速 23.16%；各项贷款达到 60.64 亿元，比 2013 年增加 18.03 亿元，增速 21.90%；存贷比 69.69%，居焦作市第 1位。总之，修武以健全金融机构、做大金融市场、丰富金融产品、改善金融环境为重点，不断开发和优化配置金融资源，构建多层次金融服务体系，帮助政府及企业解决资金困难，为县域经济社会发展提供了灵活、便捷、多样的金融支持。

（三）以打造"招才引智"平台培育人才资源优势

人力资源是生产力要素中最具活力、最富有创造力和竞争力的要素，人

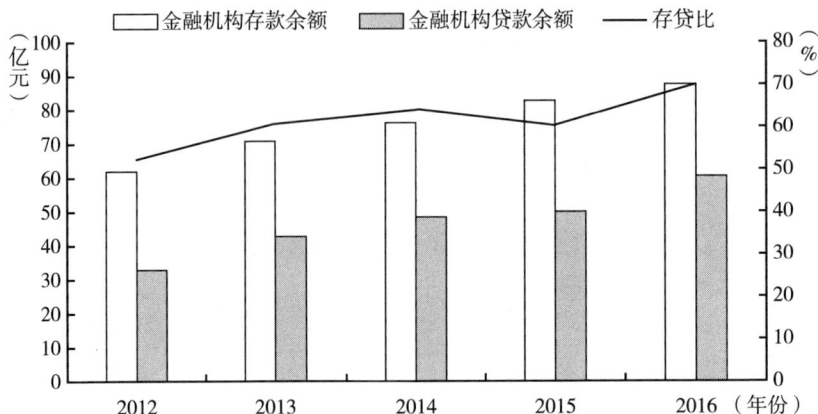

图 1　2012～2016 年修武金融机构存贷款情况

数据来源：根据 2013～2016 年河南省统计年鉴及修武县金融办数据整理。

才支撑已经成为地区发展的关键支撑。近年来，修武围绕城市发展战略和重点行业开展招才引智，加大人才培养和引进力度，使人才资源真正成为全县经济社会发展的重要支撑。在人才引进方面，修武依托"焦作 588 计划"和千名人才进焦作专项行动计划打造高端人才集聚的平台，组织龙昌机械、环宇石化、奇力新电子、鑫锐超硬材料等多家重点企业与海内外人才对接并签订合作意向书；率先打造"院士经济"品牌，吸引了由多名"两院院士"牵头的北京博奥生物等大健康产业领军者落户境内；打造云台山大学生创新创业孵化园、台湾农民创业园、生态观光农业示范园，吸引了各地区各类人才来修武创业。在人才培养方面，修武推进专业技术人员知识更新工程，加强专业技术人员的继续教育，多渠道开展专业技术人员培训。截至 2016 年底，共培训专业技术人员 3135 人。加大与高校院所的合作力度，引进建设郑州澍青医学高等专科学校修武校区，以康复护理专业作为重点发展方向，为修武发展养老、大健康产业提供强有力的技术和人才支撑。总之，修武加大创新力度，不断优化人才工作环境，强化人才保障机制，培育县域经济社会发展的人才优势，充分发挥出人才资源在修武经济社会转型升级中的支撑引领作用。

（四）以开发与保护并重强化土地资源保障作用

修武持续坚守底线，创新办法破解资源瓶颈，用活政策助力发展，充分发挥出土地资源的基础性、支撑性、保障性作用。严格落实耕地保护责任制，实行土地用途管制，加强耕地保护动态巡查，确保耕地面积的数量和质量。截至2016年底，修武耕地面积保持在28.19万亩，基本农田保护率达到84.32%。通过实地踏勘，全县基本农田调入、调出和部分建设用地布局已初步上图。引导农村土地逐步向新型农业经营主体流转集中，发展适度规模经营。截至2016年底，全县土地流转面积12.03万亩，占全县家庭承包经营面积的51.4%。持续开展土地收储工作，确保土地资源供应稳定充足。积极开展土地整理复垦开发，合理开发土地后备资源，开展五里源、云台山旅游专线沿线矿山等整治工程，提高土地资源可持续利用能力。调整优化全县建设用地布局，运用地价杠杆促进土地资源的集约利用，有效降低并控制人均建设用地面积。加强宏观调控和规划管理，发挥市场对土地资源配置的基础性作用，建立土地资源市场配置机制，严格控制新增建设用地总量，完善地价管理体系。2016年，修武与省厅市局对接乡镇建设用地、城乡挂钩征收等用地报件，上报征收面积6331.96亩，保障了南水北调、武云高速、云台山景区综合提升等国家、省、市重点项目用地；挂牌成交土地总面积达到289.1699亩。

二　修武基础支撑能力建设面临的制约因素

当前，修武在交通、金融、人才、土地等方面的基础支撑能力有了明显提高，但与全省、焦作市其他地区相比，与修武未来发展战略要求相比，还存在一些问题，面临一定的困境。

（一）综合交通运输体系尚需不断完善

修武还没有形成完善的综合交通体系，交通运输体系整体效益的提升缓慢。从交通设施情况来看，修武交通基础设施总量不足，质量不高。境内路网密度较低，过境高速公路、铁路、快速通道较少，省道与乡村公路连接不畅，与其他县市的路网对接不够紧密，次干路、支路网较为稀疏，没有形成有效的半小时、一小时通勤圈。道路等级公路比重偏小，二级以上公路总里程占全县公路的比例不高，廊道美化、绿化工程还有待加强。南北交通长期仅靠 S233 斗武线通行，旅游车辆集中，客货车辆、非机动车辆和行人混合，交通相互影响较大，南北交通制约明显。农村客运站及其配套设施不健全，农村公路的通行能力和通达深度不够。

从交通管理情况来看，各种交通运输方式之间衔接不畅，综合交通网络还没有形成。公路后期的养护管理存在缺陷，特别是农村公路"建多管少、重建轻养"的现象较为普遍。道路应急保障能力不足，景区旅游通道的管理和整治有待加强，特别是景区及周边道路交通的应急响应机制还不完善，每到节假日，景区出行难、停车难的问题比较突出。城镇公交线路不够密集，一些产业园区、创业园区、旅游景区还缺少公交线路。交通信息化水平不高，智慧公交、绿色公交、密集公交还没有形成，存在交通"最后一公里"不通畅的问题。

从交通支持产业来看，交通支撑产业发展的功能发挥不够。在全域旅游发展战略背景下，城区、园区、景区之间的交通功能板块联系不够紧密，一些重要旅游节点的公路、美丽乡村、古村落、乡村民宿等交通设施建设滞后，交通带动沿线乡村旅游开发的作用不够凸显，也没有形成以交通为纽带的旅游、餐饮、住宿、娱乐等各类业态的衔接机制。

（二）金融发展结构失衡问题依然突出

修武的经济快速增长与金融资源短缺的矛盾凸显，金融发展的结构性失衡问题依然比较突出，已成为金融支持修武经济发展的主要难题。一是金融市场结构失衡，金融机构体系布局不够完善。修武的金融市场仍以银行业为主导，保险、证券、期货、基金等金融业态薄弱，政策性金融发育不健全。银行机构主要以国有控股商业银行和地方小型金融机构为主，全国性股份制商业银行和外资银行极少，这导致银行业长期以国家信用为支撑，信贷投向支撑经济发展缺乏根本动力。

二是信贷投放结构失衡，中小企业、第三产业等融资服务欠缺。2015年，修武金融机构的存款总量和贷款总量在焦作市6个县市中均位于末位（如图2）。在金融资源短缺的情况下，修武的信贷投放主要集中在资本密集、重资产的工业企业以及大型基础设施建设项目，对农户、中小企业以及第三产业的金融支持不足，对投资总量大、周期长、见效慢的旅游、文化、观光休闲农业等产业的融资服务比较欠缺。修武仍面临银行"贷款难"与企业"难贷款"双重困境，金融资源配置效率不高。

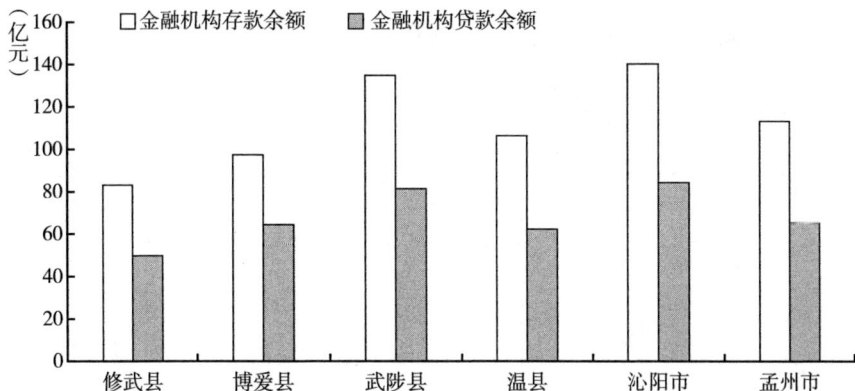

图2　2015年焦作六个县（市）金融机构存贷款情况比较

数据来源：2016年河南省统计年鉴。

三是金融产品结构失衡，金融创新明显不足。当前，修武的产业结构和资源要素结构的显著变化对传统金融产品和服务方式提出了更高的创新需求，但修武的金融产品仍集中在传统业务领域，创新业务明显不足。县域的融资来源较少，直接融资的要求太高，而社会融资规模较小、周期较短且成本太高，导致许多企业过度依赖现有银行。

四是金融发展的体制机制不健全。各个职能部门之间有待进一步健全工作协调和信息沟通机制。金融支持企业发展的相关配套措施和实施细则不健全，政策对接、规划对接、项目对接、合作共赢的联动模式还未形成。

（三）人才资源的支撑力度明显不够

地区经济增长方式的转变有赖于拥有足够的人才资源规模。从人才资源结构来看，修武人力资源总量较低，本土人力资源对经济发展的贡献不大。2015年底，修武常住人口为25.06万人，人口资源和从业人员数量在6个县（市）中均居于末位，从业人员占常住人口的比重在6个县（市）中位居第5，人口资源相对有限，人力资源储备不足（如图3）。中高级职称的专业技术人才少，高学历、高技术人才相对较少，特别是高层次人才和领军人才稀缺。优质人力资源相对集中在教育、公共管理、党政群团等系统，经济建设一线人才所占比重偏低，县级以下人才数量少，园林、植物保护、机械制造、旅游管理等方面高层次人才紧缺。

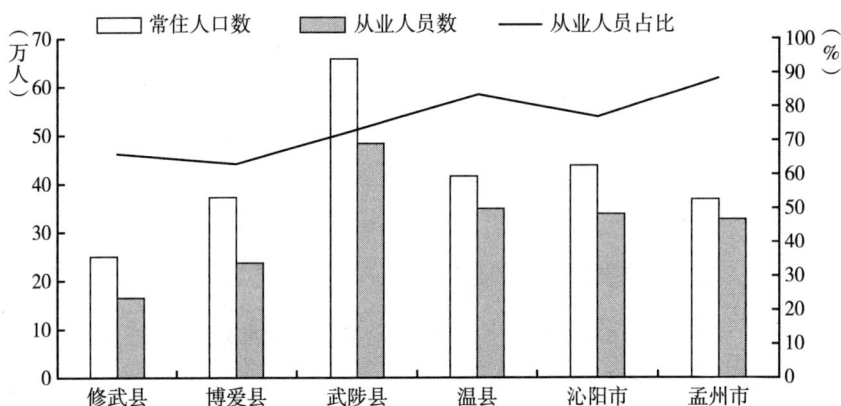

图3 2015年焦作六个县（市）人力资源情况比较

数据来源：2016年河南省统计年鉴。

从人才发展环境来看，人才吸引和集聚的环境不够优化。工资待遇与发达县（市）相差较大，基础设施、住房交通、文化医疗、教育社保等设施与服务和发达地区相比处于劣势，导致修武人才吸引力严重不足。同时，传统企业和劳动密集型企业占比较大，高新技术企业少，科技机构和创新载体布局较少，高等教育资源缺乏，加之人才引进、开发、培训的体制机制没有理顺，难以引进和留住"高、精、尖"人才。

从人才保障来看，人才保障的相关体制机制尚不健全，进一步加剧了修武人才吸引难、留住难、培养难问题。目前，修武有部分企业养老保险收支不平衡，支付能力非常有限，财政负担压力大且不可持续。截至2016年10月底，企业养老保险征收6890万元，发放11650万元；机关事业单位养老保险征收847万元，发放1455万元，保险收支严重不平衡。在经济下行压力下，涉及劳动者的社会保障、农民工工资等案件明显增多，相关部门之间缺乏有效的联动协调机制，造成劳动者利益受损。

（四）土地高效节约集约利用不足

当前，修武用地供需矛盾突出，是经济社会发展的重要制约因素。从土地储备来看，当前人均耕地面积逐渐减少，人地关系依然紧张。近几年，修武全县耕地面积总量和基本农田保护率均呈现下降趋势（如图4）。尽管修武通过实施农村土地整治、荒山治理等工程，土地供应相对充足，但随着经济社会发展加快，各种建设大量占用耕地不可避免，加之人口数量的增长，人地关系日趋紧张。闲置土地成因复杂，涉及土地权利人切身利益，执行难度大；相关法律法规不完善，给闲置土地处置造成阻碍。以上种种原因导致修武的土地储备资源有限，建设用地快速增长和保护耕地的双重压力一时难以缓解，土地供需矛盾较为突出。

从土地利用来看，土地集约利用水平有待提高。单位建设用地承载人口少，固定资产投资强度低，用地产出水平不高。产业园区的土地实际利用率不高，土地利用强度不理想，用地方式仍然较为粗放，产出率低。北山等一些土地的治理、修复资金投入多，技术难度较大，治理周期较长，土地再开发利用的成本较高。一些旧城镇、旧厂房零散分布，土地利用效率低，且盘活这些低效用地涉及面广，关乎各方利益，各部门之间协调不畅，盘活低效用地难度较大。

从土地管理来看，建设用地供后监管只能依据国土资源部门的土地市场动态监测与监管系统的预警，定期开展相关工作（开竣工信息的填报、闲

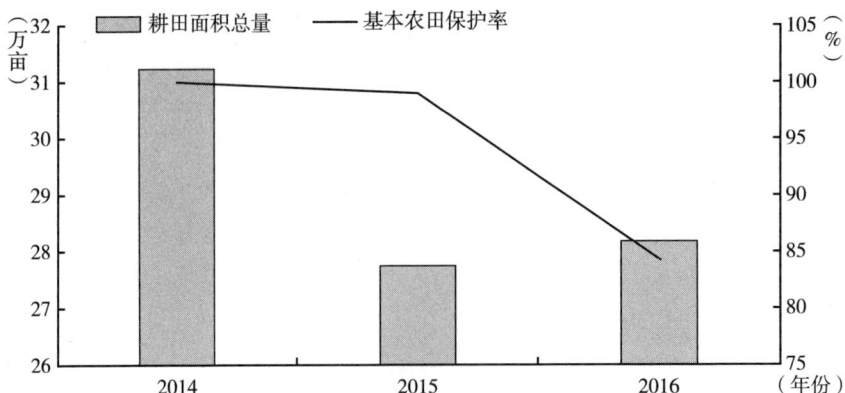

图4 2014~2016年修武耕地总量和基本农田保护情况

数据来源：根据2014~2016年修武县国土资源局工作总结整理。

置土地的查处等），而供后土地的利用需各部门合力监管，才能实现土地集约利用目标，单靠国土部门一家，力量薄弱，难以实现。

三 修武加快提升基础支撑能力的重点任务

"十三五"时期，修武将以全域旅游为引领，以景城融合为总战略，以稳中求进为总基调，以项目建设为支撑，以创新驱动为主题，构建全域旅游格局，提升城市建设品质，促进产业集聚集群，加快建设产业强县，积极融入郑州国家中心城市和中原城市群，奋力打造中国超级旅游目的地、中原养生地核心区、中原三产融合示范县。未来，修武要突出重点、弥补短板、强化弱项，坚持优先发展、创新发展、高端发展、集约发展，着力加强交通、金融、人才、土地四大基础支撑能力建设，构建安全、高效、合理的基础支撑体系，为实现修武发展战略目标提供坚实保障。

（一）建设高效综合的交通枢纽

围绕产业布局和城镇体系发展要求，实施综合交通提速升级工程，提升道路互联互通能力，逐步形成主次分明、布局合理、功能完善、内捷外畅、安全高效的大交通格局。

一是构建高效衔接、功能互补的现代综合交通运输体系。以"内部联通、外部畅通"为目标，加快新（焦济）洛城际铁路和郑焦城际铁路云台山支线建设，配合郑云高速、林桐高速焦作段等工程建设，实现高速路网无缝对接。加大国省道路网建设和管理养护力度，加快 G234 修武至武陟段改建工程建设，彻底解决货车绕行县城问题。推进 G207 金岭坡至安阳城改建工程，提升景区内道路交通通行能力和发展空间。加快 S233 西村至武陟、S230 方庄至寨豁公路、竹林大道、为民路等城区干线的改建工程，打通断头路，提升通行能力和环境。结合旅游业和小城镇发展，规划建设重要旅游地点、美丽乡村、古村落等节点的交通设施和北焦线、五老线、中焦线等农村公路，努力提高通行能力和通达深度。实施景观节点打造提升项目，进行全方位绿化、美化、彩化，规范户外标牌，完善道路旅游标识体系，提升城市形象。

二是完善城乡公交服务，打造城乡一体化的客运体系。加强综合协调，增加城镇公交线路密度，推进城市公交线网延伸服务、农村客运班线公交化改造和城乡客运线网一体化。规划建设台创园客运站、旅游客运站、农村客运站、候车厅和招呼站等配套设施。实施智慧公交工程，更新置换智能化、环保型公交车辆。合理规划旅游公交线路，实现旅游公交通达县域全部景区，形成与云台大道、青云大道等互联互通的乡村民宿环线，推动景区与城区联动发展，知名景区带动沿线乡村旅游开发。

三是加快场站枢纽建设，构建现代化的物流体系。依托综合交通枢纽优势，推动特色商业区综合物流园、产业集聚区西片区综合物流园项目建设。加快焦作东铁路枢纽站和焦作电厂铁路专用线建设。推进公铁联运物流港 PPP 项目，打造集货物仓储、集散运输、汽车维修及检测、信息服务等功能于一体的公路、铁路综合物流港。

四是加强运输市场管理，完善交通运输管理的体制机制。继续推进道路运输市场清理整顿活动，以长途客运、旅游客运、货运物流、汽修驾培等为重点，开展打击非法营运专项活动，严厉查处违规经营、服务质量低劣等行为，进一步规范运输市场秩序。

（二）健全现代金融服务体系

加快实施适度超前的金融发展战略，坚持质与量并举，构建优质高效、规范有序、开放创新、功能齐全的现代金融服务体系，增强金融服务实体经济能力，为经济结构调整和转型升级创造良好的金融生态环境。

一是深化金融体制改革，完善现代金融市场体系。通过公私资本对接、园区建设与特定资本对接、政银企对接，深入推广 PPP 模式，破解重点项目建设与各类企业发展的资金瓶颈。吸引各类金融机构进驻修武，支持农商行向外拓展设立分支机构，发展村镇银行等多种形式的新型金融机构，推动与金融机构、小贷公司有效合作。设立创业投资基金、产业引导基金、产业发展基金、旅游发展基金，构建企业应急转贷资金平台，帮助生产经营正常、市场前景好但暂时资金周转困难的企业渡过续贷难关。

二是创新金融产品和服务，构建多层次资本市场。利用财政、金融等优惠政策，加大对骨干企业"走出去"的融资投资支持力度。全力拓宽直接融资渠道，推进企业资产证券化，加强对拟上市企业的筛选和培育，推进规范化股份制改造，支持符合条件的企业利用企业债、短期融资券、中期票据、私募债等工具进行融资。鼓励成长型企业到"新三板"和区域性场外交易市场挂牌融资。支持符合条件的中小微企业发行短期融资券、中期票据和中小企业集合票据等新型债务融资工具。鼓励政策性银行开展以小微企业为服务对象的转贷款、担保贷款业务。推动农村金融产品和服务方式创新，深化乡村旅游业、现代农业金融合作，探索建立农户联保互保贷款和新兴抵押贷款等新形式，扩大农村贷款抵押担保物范围。

三是加强信用管理，提高社会整体信用意识。建立中小微企业信用培植长效机制，引导金融机构加大对信用较好的中小企业支持力度。将信用创建向个体工商户、国家公职人员等领域延伸。扩大信用信息数据覆盖范围，加快推进信用信息的整合共享，建立逆向惩戒机制。通过制度建设防范化解金融风险，开展专项整治，坚决遏制非法集资蔓延。

（三）完善人才引进和培养机制

坚持人才优先发展战略，建立以政府政策为主导、以职业学校培养为主力、以企业需求为后盾的技能人才的引进和培养体系，打造一支数量充足、结构合理、素质优秀的人才队伍。

一是加大人才引进力度，围绕重点行业招才引智。坚持"重点领域优先引进、急需人才快速引进"的原则，做好企业人才需求的征集、推介、洽谈、对接、跟踪服务工作，出台招才引智优惠政策，完善人才引进配套措施，打造人才集聚的良好平台。重点围绕大健康、大旅游、大文化、电子信息等产业领域以及互联网、电子商务、创意设计、文化旅游等领域，通过柔性引进、建立企业服务团等形式，大力引进高层次复合创新型人才和创新管理团队。加快建设院士专家工作站，吸引更多创新型企业入驻修武，发挥"院士经济"品牌效应，为先进装备、电子信息、大健康、大旅游、大文化等产业转型升级提供智力支持。

二是优化教育资源配置，充分挖掘和培养本土人才。扩大优质高中教育资源规模和覆盖范围，鼓励普通高中多样化和特色化发展，促进普通教育与职业教育互相渗透。围绕大健康产业发展，加快推进澍青医学高等专科学校建设，努力建成特色鲜明的地方性、应用型、国际化的专科院校。加大与省内外高校合作力度，筹建3~5家高水平、高标准的应用型院校，开发适应市场和企业用人需求的、有发展前景的热门专业。实施全民职业技能振兴计划，建设现代职业教育体系，实现产教融合、校企合作。通过高校、企业、政府多方合作对本土人才进行发掘、培养和激励，为发展提供智力保障。

三是健全人才流动体制机制，营造开放的用人环境。做好人才资源规划，完善人才信息公共服务平台，设立人才发展专项资金，健全人才培养选拔、评价选用、流动配置、激励保障机制，多渠道、多方式吸纳科技人才和创新团队。建立人才引进"绿色通道"，完善人才入境、落户、社会保障、子女入学、配偶安置等政策措施，保障引进人才的各项待遇。完善各级各类人才之间相互交流和锻炼机制，破除人才在身份、类别、编制等方面的壁垒，逐步形成集政府、市场和社会服务于一体的人才发展体系。

（四）构建可持续的土地供给体系

围绕土地集约利用，转变土地利用管理方式，不断提高集约用地管理水平，加大盘活存量建设用地力度，提升集约用地信息化管理能力。

一是建立和完善土地资源规划管理体系。加强规划引导，促进农业向规模经营区集中，工业向开发区和工业集聚区集中，农民居住向城镇和农村新型社区集中。严格执行土地利用年度计划，合理分配用地指标，切实保障基础设施、民生工程、重大项目建设用地。

二是加强耕地和基本农田保护与建设。推进以农用地、空心村庄、农村居民点用地为重点的土地整理，补充耕地面积，遏制违法占地，实现耕地占补基本平衡。实施高标准粮田"百千万"建设工程，加快推进中低产田改造、土地整理等项目建设，完善农田水利、田间配套工程，提升农田灌溉和水利基础设施水平，确保耕地保有量的持续稳定。

三是深化农村土地管理制度改革。加快完成农村集体土地所有权、集体建设用地使用权和宅基地使用权确权、登记和颁证。完善土地承包经营权流转市场，推进农业适度规模经营。开展农村土地征收、集体经营性建设用地入市、宅基地制度改革试点、农村承包土地经营权和农民住房财产权抵押担保贷款试点。建立土地流转服务平台，发挥好服务平台信息沟通、政策咨询、合同签订、价格评估等作用。鼓励有条件的产业化龙头企业、农民合作组织、家庭农场、专业大户等新型农业经营主体参与土地流转，促进土地规模化经营。

四是提高土地节约集约利用水平。加大土地收储力度，盘活存量土地资源，不断提高土地的投资效益。对土地用途实施严格管控，加大节地技术和节地模式的推广和应用，提高建设用地集聚、集约利用程度。对高能耗、高污染、产能落后以及不符合修武产业政策的项目实施禁止供地。根据特色商业区的规划调整和项目布局，开展土地利用总体规划调整和重点项目土地征收及报批工作。强化土地利用信息化管理，建立建设用地供应审批和供后监管系统，督促项目用地单位及时开发建设，预防出现闲置土地现象。

参考文献

1. 方显仓：《新型城镇化发展中的金融支持机制建设研究》，《经济纵横》2013 年第12 期。
2. 喻新安、完世伟、王玲杰：《河南经济发展报告（2015）》，社会科学文献出版社，2015。
3. 河南省社会科学院课题组：《努力打好"四张牌"，让中原更加出彩》，《河南日报》2016 年 12 月 22 日。
4. 王建国：《打好城镇化牌，关键在促进质与量协调发展》，《河南日报》2017 年 4月 6 日。
5. 彭俊杰：《开辟"金融豫军"服务实体经济"新蓝海"》，《河南日报》2015 年 10月 16 日。

旅游引领篇

Tour Guide

B.6
修武县全域旅游发展报告

王中亚*

摘　要：　全域旅游为修武县旅游产业转型升级注入新的生命力。作为旅游资源大县，修武县全域旅游发展形势良好，正在紧密结合实际，统一思想认识，大胆探索创新，协同发展局面基本形成。未来要进一步转变发展理念，推进融合发展，优化关键要素，提升科技含量，形成发展合力。

关键词：　全域旅游　旅游产业　转型升级　修武县

2017 年，李克强总理在政府工作报告中指出，完善旅游设施和服务，

---

* 王中亚，河南省社会科学院工业经济研究所副研究员。

大力发展乡村、休闲、全域旅游。"全域旅游"作为一个崭新的概念，第一次被写入政府工作报告。修武县在河南较早开展全域旅游的实践和探索，抢抓机遇、发挥优势、因地制宜、大胆探索，全县全域旅游工作取得了阶段性进展。

一 发展全域旅游的重要意义

全域旅游是在传统旅游模式基础上提出的全新理念，也就是区域一体化旅游模式。全域旅游，将特定区域范围作为完整旅游目的地进行整体规划布局、综合统筹管理、一体化营销推广，促进旅游业全区域、全要素、全产业链发展，实现旅游业全域共建、全域共融、全域共享的发展模式。全域旅游试图打破行政界限框定，将区域作为一个整体重新进行规划，在一定程度上是资源重新整合、产品更加丰富、社区多方参与、权力交叉协同、产业链延伸的系统旅游理念。

（一）发展全域旅游是贯彻落实新发展理念的必然要求

党的十八届五中全会提出的"创新、协调、绿色、开放、共享"发展理念，与全域旅游发展战略有密切的引领与承载关系。总体上看，五大发展理念是全域旅游战略的引领性指导方针，而全域旅游战略是五大发展理念得以贯彻落实的综合载体。

（二）发展全域旅游是遵循旅游业发展内在规律的客观需要

著名学者迈克尔·波特提出竞争战略理论体系，在这一理论体系下，全域旅游可视为旅游目的地和旅游产业融合发展的创新成果。对于政府层面而言，全域旅游发展战略要求专注于消除妨碍整个旅游产业发展，乃至束缚整个区域产业生产力成长的各种羁绊，保持区域竞争优势，促进区域产业经济效率提升和创新发展。

（三）发展全域旅游是转变旅游发展方式的内在要求

现代旅游业发展已经不是以观光为主，而是演变为与旅游目的地的生活服务水乳交融，应当有一大批知名景区彻底扭转"门票经济"观念，根据景区自身实际状况和地方区域经济发展实际，逐步制定符合市情县情的"去门票化""低门票化"发展路径。发展全域旅游有助于实现由门票经济向产业经济转变，助推旅游业的转型升级。

（四）发展全域旅游是开辟发展新空间的有效途径

全域旅游作为新常态下国家旅游发展战略，将发端于各个地方的理念逐渐升华为系统的具有整体指导意义的全域发展理念，将零散的实践探索升华为全局发展战略，将会引领我国旅游业实现新突破、迈上新台阶、开辟新天地，全面提升旅游业发展水平，拓展旅游业发展新空间，为经济社会发展提供新动能。

二　修武县全域旅游发展现状

2016年2月，国家旅游局公布首批创建"国家全域旅游示范区"名单，修武县在列。2014～2016年，修武县累计接待游客2000多万人次，旅游综合收入106亿元，有效推动了修武从旅游大县到旅游强县的转变。

（一）旅游环境日益优化

修武县采取有力措施优化旅游环境。一是行业治理，重点对旅行社、导游员"无证经营""不合理低价游""欺诈和强迫游客消费"等违法违规行为进行整治，在景点设点对导游进行检查，进入旅行社进行档案检查，然后对检查出的问题进行整改。二是坚持每年开展旅游创优环境提升服务集中活动，出台《旅游道路沿线整治工作标准》，清理临时摊位230个，美化旅游道路沿线建筑130处，拆除违章建筑72座，评定星级家庭宾馆362个，对景区道路沿线家庭宾馆标识牌统一标准、统一字体，严厉打击家庭宾馆上路拦车拉客现象，全县旅游环境明显改善。三是推进旅游标识体系建设，投资140万元完成了旅游宣传栏、云台山景区旅游标识和旅游道路引导标牌等的建设，确保游客在修武县实现"无障碍"通行。四是通过向上积极争取扶持资金，助推旅游企业发展。在2015年争取省级高成长服务业专项引导资金70万元，助力韩庄云台旅游驿站公共服务设施项目建设；在2015年向市旅游局、市财政局积极争取旅游"厕所革命"补助资金33.295万元，改造提升县城和景区旅游厕所档次，2016年又将争取65万元旅游厕所补助资金相关材料向市旅游局报送，改造提升县城和云台山、青龙峡景区的9座旅游厕所的档次。五是加强景区创建，填补县城景区和工业景区空白，成功地将伊赛牛肉有限公司、宁城公园分别创建为A级和2A级景区并获审批。同时，积极配合云台山景区、韩庄村申报省级旅游度假区创建工作，指导修武县牡丹产业园和台创园捆绑申请中国修武牡丹产业园生态旅游文化产业基地和中国修武牡丹产业园影视艺术拍摄基地，推进旅游与一、二、三产业融合发展，完善修武县旅游业态。三年来，累计开展各类执法检查活动98次，检查旅行社从业人员、导游员3500多人次，批评教育导游员580余人次，办理涉旅行政处罚案件3起。

（二）服务质量不断提升

一是通过制定评定规则，请人大代表、政协委员以及卫生、工商、物价等部门有关人员组成评定小组，开展旅游推荐单位评定工作，确定度假大酒店等14家单位为"旅游团队接待推荐单位"、森林雨酒家等15家单位为"旅游团队餐饮接待推荐单位"、汇鑫特产超市等13家单位为"旅游推荐购物超市"。二是认真做好旅游质量投诉工作，切实维护旅游者和经营者的合法权益，对接到的游客投诉咨询电话，全部礼貌答复、高效办理，切实做到结案率100%。三是加强从业人员培训，抓好《旅游法》等法律法规的宣传贯彻工作，针对不同类别的旅游从业人员，开展形式多样、内容丰富的宣传教育培训活动，在每年3月对全县导游进行培训；联合安监局对广大家庭宾馆业主进行旅游法、文明经营教育培训；多次举办旅游从业人员培训班，对旅行社经营、从业人员进行培训。三年来，累计培训 5000 余人次，有效提升了修武县涉旅从业人员规范经营意识，营造了诚信经营的良好氛围。

（三）着力保持安全稳定

一是层层签订目标责任书。在每年年初与全县 5 家 A 级旅游景区、5 家星级旅游饭店、36 家旅行社安全生产工作第一责任人一一签订《安全目标责任书》，做到目标责任全覆盖。二是深入开展安全检查。联合质检、安监、工商、消防和食品药品等部门，扎实做好春节、五一、十一等重要时间节点和平时的安全检查工作，指导旅游景区开展自查自纠，积极整改有关问题。三是邀请河南省安全生产专职教师、注册安全工程师、焦作市应急救援专家讲师在云台山景区开展了 10 余次安全管理培训讲座。通过精心组织，严格落实有关安全制度，实现了三年来未发生一起旅游重大安全责任事故。

（四）持续开展宣传营销

坚持把宣传促销作为发展壮大旅游产业的重要抓手，实施旅游外宣战略。举办"全国阳光联盟修武行"活动，邀请全国各地 150 余家旅行社经理走进修武山水，全面感受修武文化，提升修武县知名度和美誉度；举办全国知名网络媒体走进修武山水活动，围绕"千年人文修武、世界山水云台"进行集中宣传报道；每年都举办"一赛一节"活动（"中国云台山国际旅游节""中国云台山九九国际登山挑战赛"）；在穆家寨景区举办了 2012 全球比基尼小姐大赛中国总决赛；在郑州举办了 2016 年"云台山＋"文旅养项目推介会暨签约仪式；在《焦作日报》开设全域旅游专版，定期编发相关稿件，宣传推荐修武县特色旅游产品；组织人员先后赴贵州安顺、修文，浙江松阳等地参加第二届全国民宿大会、"互联网＋美丽乡村发展论坛"等宣传推介活动，向业内精英推荐修武县旅游资源。为扩大宣传效果，修武县还成功举办了中国美丽乡村行——书画名家走进"双庙"公益活动；2016 年

10 月 28 日，修武县与修文县签订战略友好协议，两县辖区内景点相互免费开放，进一步提升了两县交流层级，有效提升了修武旅游品牌效应。

（五）突出抓好项目建设

推进实施了云台山文化旅游园区和圆融寺文化旅游项目，重点建设了百家岩综合开发项目、青龙峡双层停车场项目、峰林峡索道项目、云台山综合提升项目、当阳峪窑博物馆项目、云溪谷项目、云武堂项目等 28 个旅游项目，总投资达 38.71 亿元。在全市"四区"建设集中观摩活动中，云台山文化旅游园区荣获全市文化旅游园区建设先进单位称号。经过努力，在全省乡村旅游提升与旅游扶贫推进会上，除修武县荣获"河南省乡村旅游示范县"外，云台山镇荣获"河南省乡村旅游示范镇"称号，七贤民俗村荣获"河南省乡村旅游示范休闲农庄"称号。

三　修武县全域旅游发展对策建议

（一）切实转变旅游发展观念

全域旅游战略的贯彻落实，必须建立在大众旅游意识的普及之上，只有具备了大旅游意识，才会真正创新旅游、发展旅游，全域旅游发展要立足于战略层面，打破行政区划限制和条块管理障碍，既立足显性旅游资源，又挖掘隐性旅游资源，发挥资源整合、产业集聚功能，按照环环相扣的思维从盘活旅游资源、对接旅游市场、促进产业转型、提升目的地建设、引导城乡统筹等方面谋划全域旅游，使大众获得平民化价格的高端旅游服务，变传统小众旅游为真正的大众旅游。

（二）推进全域旅游融合发展

发展全域旅游，必须把旅游业发展放在修武发展大格局中，加大与农业、工业、文化等产业发展的融合，切实提升旅游业发展质量和效益。因地制宜，依托各乡（镇）差异化旅游资源，开发生态观光休闲农业旅游产品。加快休闲农业和乡村旅游景点、农家乐建设，全力打造乡村旅游特色品牌，深化全域旅游与三农融合。鼓励工业企业主动与旅游业共融，参与投资旅游业，提高工业企业的附加值，精心打造工业旅游品牌。积极培育以休闲度假、山地户外、宾馆饭店专用品等旅游用品生产加工为重点的旅游装备制造业，通过旅游业发展带动相关装备制造业发展，从而为地方经济寻找新的增长点。

（三）提升全域旅游科技含量

随着 4G 业务和智能终端设备的 WiFi 点的布局完成，包括手机在内的智能终端接收视频、音频等互联网资源功能的完善，手机作为智慧化旅游终端的作用将日益凸显。将智能手机自动接入在线定位系统，自动生成导航路线，从而给旅游者提供最便利、全方位的旅游体验。开发智能终端应用，完善智慧化旅游，实现"互联网＋"全域旅游协同发展。随着越来越多的人通过网络与他人分享自己的旅游体验，随着越来越多的旅游者通过网络来获取旅游目的地相关信息，UGC（User Generated Contents）已经成为目的地声誉的重要影响因素。要加强在线声誉监测，完善精细化管理。

（四）优化全域旅游关键要素

在全域旅游视角下，要素市场的协调发展是旅游产业升级转型的必要保障，要改变现有的结构和格局，还需要提升旅游行业七大要素的品质。餐饮业方面，在保障食品安全卫生前提下，提升用餐环境，根据修武特色设计、更新外部环境，发掘地方特色美食。住宿业方面，以市场为导向，合理规划和布局不同业态、不同层次的旅游饭店，稳步提升全县旅游饭店经营管理水平和服务质量。交通运输业方面，加快构建安全、便捷、高效的综合交通运输体系，提升地面公共交通、旅游交通设施和运输工具的服务能力，进一步提升旅游业运输服务水平。旅游景区方面，进行景区升级工程，加快景区智能化和信息化建设步伐，完善景区配套服务设施。旅游购物方面，打造全新的旅游商品经营体系，最大限度满足各类消费者的购物需求。旅游娱乐业方面，引入知名品牌在修武投资，重视提升旅客的参与性和体验性。旅游厕所方面，要在显眼位置建造一批公厕，努力使其成为一道独特的风景、一张亮丽的名片。

（五）增强全域旅游发展合力

打破旅游业发展存在的条块分割、各自为政的不利局面，努力形成党政协同、部门协调、全员协力的全域旅游发展格局。筹划成立全域旅游指导委员会，从更高层面指导旅游业协调、规划、开发工作，在政策、信息、资金、技术、人才等方面形成合力。建立全域旅游工作联席会议制度，研究解决全域旅游发展进程中出现的新矛盾、新问题。建立全域旅游工作协同推进监察制度，分解任务，明确责任。探索实行以综合性旅游管理机构和旅游警察、旅游法庭、旅游工商分局"1+3"为核心，在河南省先行先试"1+3+N"模式，构建旅游综合管理和综合执法体系。

参考文献

1. 陈敏华、黄远水：《福建省旅游产业发展现状研究》，社会科学文献出版社，2016。
2. 吴必虎、张栋平：《以五大发展理念引领全域旅游发展》，《中国旅游报》2016年2月3日。
3. 杨振之：《全域旅游的理论和实践探索》，《中国旅游报》2016年8月30日。
4. 刘玉春、贾璐璐：《全域旅游助推县域经济发展》，《经济研究参考》2015年第37期。
5. 吕俊芳：《城乡统筹视阈下中国全域旅游发展范式研究》，《河南科学》2014年第1期。
6. 厉新建、张凌云、崔莉：《全域旅游：建设世界一流旅游目的地的理念创新》2013年第3期。
7. 曲伟：《黑龙江经济发展报告（2017）》，社会科学文献出版社，2017。

B.7
修武县大健康产业发展
态势分析与展望

杨梦洁*

摘　要：　随着经济社会发展，中国大健康产业进入发展黄金时期。修武凭借自身丰富的旅游自然资源和悠久的历史文化背景，在发展大健康产业上具备得天独厚的优越条件。近年来修武把大健康产业作为战略性新兴产业加以培育，确立同旅游相结合，以健康服务业为引领，带动一、二、三产融合发展的总体思路。通过实施人才带动战略，突出龙头带动作用，探索联盟集聚形式等举措促进修武大健康产业不断发展壮大。未来要在紧抓黄金时期发展机遇的前提下持续优化大健康产业发展环境，利用好"互联网＋"，借鉴先进经验，继续紧抓项目建设，不断完善修武大健康产业链。

关键词：　大健康产业　产业融合　修武县

　　随着中国经济社会发展到一定阶段，人口老龄化趋势增强、居民健康意识显著提高，医学技术不断发展，大健康产业成为潜力巨大的新兴产业。而从全球范围来看大健康产业已是第一大产业。医疗卫生在大健康产业中占比最大，2014年美国医疗卫生支出占GDP的比例为17.1%，法国、德国、日

＊　杨梦洁，河南省社会科学院工业经济研究所实习研究员。

本等这一数据也超过了 10%，但中国 2014 年该比例仅有 5.6%，低于世界上多数国家。面对迫切的现实需求与不足的发展现状，近年来国家出台各项政策提升健康产业发展战略地位，中国大健康产业步入充满机遇的黄金时期，修武凭借在大健康产业上具备的天然优势与政府科学的规划指导，近年来大健康产业取得了快速发展。

一 修武大健康产业发展机遇

面对当前中国经济社会发展呈现的新特征，大健康产业未来市场前景广阔，据智妍咨询发布的预测报告估算，2011 年，我国大健康产业规模为 1.6 万亿元，到 2016 年，这一规模将接近 3.2 万亿元，达到全球第一。

（一）良好的政策环境

自 2015 年 3 月 5 日李克强总理在"两会"政府工作报告中首次提出"健康中国"概念以来，"健康中国"频繁出现在政府各项规划中，健康产业发展也受到前所未有的重视。2016 年政府工作报告中，李克强总理再次提出"推进健康中国建设，人均预期寿命提高 1 岁"。同年国家卫生计生委主任李斌在答记者问时提出要从六个方面推进健康中国建设，其中包括提供覆盖全民的基本公共卫生服务、加强重大疾病的防治、发展健康产业等。2016 年 8 月 19~20 日在新世纪首次全国健康与卫生大会上，习近平总书记强调要把人民健康放在优先发展的战略地位，李克强总理提出要把健康产业培育成为国民经济的重要支柱产业。要着力推动中医药振兴发展，坚持中西医并重，努力实现中医药健康养生文化的创造性转化和发展。在各项政策的大力推进下，2016 年全国政府医疗卫生支出占财政支出的比重提高到 7.0%。财政医疗卫生支出 1.32 万亿元，比 2015 年增长 10%，相对于 2008 年医改前提高了 4.1 倍。

（二）人口与环境发展的迫切需求

人口老龄化与环境污染是促使大健康产业发展的两个内在因素。一方面，中国社会正处于老龄化加速阶段。根据联合国标准：一国 60 岁以上人口占比达到 10% 或者 65 岁以上人口占比在 7% 以上则属于人口老龄化国家。进入 21 世纪，我国就迈入了老龄化国家行列。如图 1 所示，2016 年，我国 60 岁以上人口占比就达到 16.64%。老年人对于健康产业需求逐步加大，健康养老产业发展将进入井喷的"黄金阶段"，A 股市场上不少具有健康养老概念的上市公司受到了资金热捧，带动医疗服务、养老产品等产业快速发展。另一方面，环境污染对民众健康威胁加剧。随着空气污染、水污染、食品安全、添加剂污染等问题不断爆发，不良的环境状况对居民身体健康产生了较大的负面影响。根据三次全国死因调查结果显示，过去 30 年中我国人群恶性肿瘤标化死亡率由 75.6/10 万上升至 91.24/10 万，其中肺癌、肝癌、结直肠癌等与环境污染、生活方式关系较大的癌症，其死亡率呈明显上升趋势。这些均对大健康产业发展提出了迫切的需求。

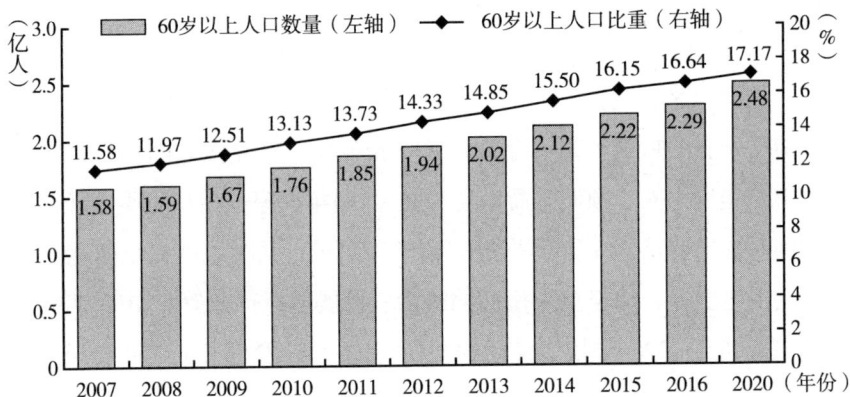

图 1　2007～2020 年中国老年人口数量及预测

（三）居民健康意识与购买力提高的现实可能性

面对人口老龄化及环境污染威胁健康的现实状况，居民对健康信息、健康服务、医疗保健等产业关注度达到新高，居民健康意识显著提升。与此同时，在经济发展到一定阶段时，我国居民购买力的快速增长为支撑大健康产业发展提供了现实可能性。统计数据显示，2011～2014年，我国城镇居民医疗保健类支出年均增长率为10.66%，相对高于居民消费性支出的10.35%，且仍呈现出明显的上升趋势。2014年医疗保健类支出增速为14.91%，高于同期消费性支出增速6.9个百分点，也高于居民可支配收入增速5.93个百分点。2015年在全国居民人均消费支出中，医疗保健占比为7.4%，仅次于居住、教育文化娱乐和交通通信。

二 修武大健康产业发展优势

2016年8月19日至20日，在北京召开了新世纪以来第一次全国卫生与健康大会。李克强总理在会上强调要引导和支持健康产业加快发展，促进健康产业与养老、旅游、互联网、健身休闲、食品的五大融合，为各地区、各领域发展大健康产业指明了方向。对修武县而言，发展大健康产业具有天然优势。

（一）生态优势

修武是宜居城市，是"中国长寿之乡"，全县森林覆盖率为30.9%，高出全国9.3个百分点；空气质量达到国家一级标准，特别是北部云台山景区空气负氧离子含量达到每立方厘米1.1万个，超过世界卫生组织划定的清新空气标准10倍；境内多处泉水经第三方认证机构检测达到天然矿泉水标准，其中锶含量超过国家标准2倍；修武还被评为全国绿化模范县、国家生态建设示范区、中国最美小城、国家卫生县城、国家园林县城，荣获河南省人居环境范例奖。

（二）旅游优势

修武是中国文化旅游名县、全国首批"国家全域旅游示范区"创建单位。境内有总面积280平方公里的云台山风景区和河南省最具魅力的青龙峡景区、峰林峡景区。云台山不仅集全球首批世界地质公园和国家首批5A级旅游景区、国家级风景名胜区等 1 个世界级、10 个国家级称号于一身，还是全国旅游景区服务标准的制定者，全国自然山水景区中唯一的驰名商标。2015 年，全县共接待国内外游客 798.2 万人次，旅游综合收入 35.2 亿元。

（三）文化优势

修武具有源远流长的健康养生历史文化传统和民俗，孕育了以"药王"孙思邈、"医圣"张仲景为代表的中医健康养生文化，以四大怀药为代表的中药健康养生文化，以道教上清派创始人魏华存为代表的道教健康养生文化，以"竹林七贤"为代表的自然健康养生文化。特别是连续八年成功举办中国焦作国际太极拳交流大赛，使修武太极拳健康养生文化在国内国际享有极高的知名度。2015 年 8 月 20 日，在第八届中国焦作国际太极拳交流大赛暨 2015 云台山旅游节上，焦作面对来自 41 个国家和地区的 5000 余名四海宾朋，向全世界宣告，焦作将打造"中国养生地、世界太极城"，并把修武规划为中国养生地核心区，赋予修武引领焦作市发展大健康产业的重任。

（四）医药优势

修武是中药宝库，野生及人工栽培的人参、天麻、连翘等药材品种达800 余种，尤以地黄、菊花、山药、牛膝"四大怀药"最为著名。丰富的药材资源，吸引了汉代医学家、"医圣"张仲景和唐代医药学家、"药王"孙思邈长期在此行医采药，留下了药王洞等历史古迹。修武是全国首批医改试点县之一，医疗服务体系完善，投资 1.1 亿元高标准规划建设县人民医院新址，乡镇卫生院建设水平居全省前列，标准化农村卫生室覆盖率达 100%。

（五）区位优势

修武地处郑州、新乡、焦作三个城市的中心地带，位居 2300 万消费群体正中，辐射中原经济区 1.5 亿消费群体。境内的新月铁路、长济高速连接京广线、焦柳线、京港澳高速、连霍高速等国家交通大动脉；郑太高铁的第一段郑焦城际铁路已经开通运行，郑焦城际铁路修武站将成为南通郑州航空

港经济综合实验区、北连云台山乃至山西晋城的重要站点。凭借便利优越的
交通区位优势，修武已成为焦作的"会客厅"、郑州的"后花园"。

三　修武发展大健康产业的举措与成果

2014 年以来，修武积极探索不以牺牲资源和环境为代价的县域经济发
展之路，经多名院士指引和全球顶级咨询公司罗兰贝格规划，修武把大健康
产业作为战略性新兴产业予以培育，明确了同旅游相结合，以健康服务业为
引领，带动一、二、三产融合发展的总体思路，确立了同建设中国旅游超级
目的地相衔接，构建以健康服务为核心、以健康科技为延伸、以健康生活为
支撑的闭环产业生态体系，打造以云台山为核心的修武文化旅游健康产业集
聚地的战略目标。围绕总体思路和战略目标，修武近年来多方发力，全面推
动大健康产业发展，并取得显著成效。

（一）实施人才带动战略

修武为发展大健康产业专门建立人才智库，聘请 12 名院士作为健康产
业发展顾问，吸引原万科集团首席设计师楚先锋，原罗兰贝格高级项目经理
王巍巍、千人计划人才、上海河马动画董事长徐克等顶级人才前来修武投资
创业；邀请世界华人协会主席胡智荣、华谊兄弟文旅演艺总裁马克、北京投
融资商会常务会长苗谦等"高人"作为招商引资超级联络人。目前已有多
位院士或牵线搭桥或亲力而为，投身中原养生地核心区建设，修武大健康产
业发展迈入"院士经济"时代。程京院士创建的北京博奥生物基因检测项
目已入驻修武，助力修武打造人口出生零缺陷地区，开创了云台山健康旅游
新时代。

（二）坚持产业融合发展

修武大健康产业发展秉承与旅游相结合，以健康服务业为引领，带动
一、二、三产融合发展的总体思路，通过郑州 2049 国际商都规划设计公

司——罗兰贝格公司把修武大健康产业发展纳入郑州国际商都总体规划，实现郑州和修武的融合。积极谋划实施总投资12.6亿元，涵盖农村一、二、三产的河南云台山怀药产业融合发展基地建设项目，全力打造国内最大的"怀药产业链条体验式旅游观光综合功能区"。扶持云台山农业科技有限公司实施涵盖冰菊种植、生产、加工、采摘游等全产业链的云台冰菊小镇项目。同时，修武还谋划推出了云台山太极文化项目、霾外桃源中医药医养综合体项目、健康新城等25个旅游健康服务业项目。凭借独特的大健康产业发展优势和项目的科学性，云台山太极文化项目、荣盛康旅集团云台古镇等11个项目已同灵山集团、荣盛康旅集团等世界500强企业和行业龙头企业成功签约。

（三）突出龙头带动作用

修武在招商工作中，不断探索实践隐蔽规律，运用"龙头带动"规律，成功同无锡灵山集团签约打造云台山道家太极文化项目，推动云台山文化旅游产业发展。同郑州澍青医专签约新校区建设项目，填补修武高等院校的空白。同上海河马动画签约建设VR主题公园项目，推动修武健康科技产业发展。同北京常青藤医学高端人才联盟签约，加强修武整体医疗资源的提升。同河南日报报业集团开展战略合作，对五家台服务区进行升级改造，建立特色餐饮、主题酒店、乡土风情等高端旅游项目；在县城建立游客服务中心，打造国内一流的多功能游客基地。

（四）探索联盟集聚形式

修武在实践中探索以企业联盟形式发展产业，进行整条产业链输入。深圳新博城公司整合40家文化、旅游、健康类型的企业，组建"云台山文旅养产业发展联盟"，共同打造总投资50亿元，包括酒店集群、博物馆集群、养老产业集群、怀药产业集群四大产业集群二十余个项目在内的"云台山文旅养产业集群"，项目一期于2017年3月正式启动实施。同苏州独墅联盟沟通协作，整合独墅联盟32家医疗器械企业在医疗大健康领域的优势资源和资金，洽谈实施高端体检中心、抗衰老中心等项目，全力打造"修武医疗大健康经济生态圈"。

（五）提升顶层设计水平

修武近年来着力提高发展大健康产业的顶层设计水平，认真研究罗兰贝格编制的《修武县产业规划》，梳理大健康产业发展路径，绘制《修武县大健康产业思维导图》。并根据思维导图寻找下一步工作方向，确定项目类型，锁定目标企业，进行积极对接。先后组织人员赴北京、上海、杭州等地，拜访北京万方程科技有限公司、中韩文化艺术创意中心、杭州长乔集团、大连海昌集团以及浙江雅达置业有限公司等30余家企业，很好地向外界推介了修武，吸引客商前来考察投资。

（六）重视项目落实建设

2016年全年修武共签约大健康产业项目8个，总投资约80亿元，其中亿元以下项目1个、亿元以上项目4个、10亿元以上项目3个，分别是云台山文旅养产业集群项目、上海河马动画VR产业园项目、四大怀药博物馆项目等。截至目前，修武县大健康产业促进中心积极帮助企业解决项目在落地过程中遇到的困难。目前重点跟踪服务的项目有：与苏州独墅联盟合作建立云台山健康管理中心；与博奥生物科技合作开展生物医疗旅游服务项目；同绿城集团和河南成益置业有限公司对接，谋划建设云台健康小镇项目；对接云台山生态旅游资源，打造集自然、人文、艺术、健康于一体的健康居住综合体；同河南馨阳健康管理有限公司合作，在县产业集聚区建设养老养生社区，倡导医养结合、休闲式养老、全方位养生的养老理念；同阿里体育合作，谋划特色体育赛事和主题体育公园建设项目。

四　推进修武大健康产业发展的政策建议

未来修武大健康产业要在深入贯彻中央关于实施"健康中国"战略要

求的基础上，积极对接各项有利政策，依托修武独特的生态环境、历史文化、中草药资源、旅游品牌等优势，充分发挥社会力量的主体作用，谋划发展以养生、养老为主的大健康产业，推动品牌效应向经济效益转化，实现以大健康产业为引领的一、二、三产融合发展。

（一）积极借鉴先进经验

定期组织相关工作人员赴海南、贵州、浙江等先进地区进行参观考察，学习同类地区在发展健康＋旅游方面的有益经验。例如海南省在 2016 年提出要建立基本覆盖全生命周期、内涵丰富、结构合理的健康服务体系。以博鳌乐城国际医疗旅游先行区建设为先导，发展以个性化定制为特色的医疗健康服务项目，形成体检、健康管理、抗衰老、医疗服务、康复、养老（养护）等服务产业链。要将其中符合修武县实际情况的做法加以吸收引进。同时，结合国务院出台的《"健康中国 2030"规划纲要》、罗兰贝格编制的《修武县产业规划》以及修武印发的《"十三五"规划》，综合自身优势，进一步深入研究修武发展大健康产业的具体计划，制定《修武县大健康产业发展实施意见》。

（二）以项目建设带动产业链发展

一是有针对性地谋划项目，应根据自身实际，明确重点发展方向。对照《修武县产业规划》中提出的"健康服务""健康科技""健康生活"三大模块，结合李克强总理在全国卫生与健康大会上提出的促进健康产业与养老、旅游、互联网、健身休闲、食品的五大融合要求，更新修武大健康产业思维导图，丰富大健康产业类型，确定符合修武实际情况的完整大健康生态产业链，继而从产业链规划入手，梳理对接企业与项目，进行有针对性的重点谋划，有的放矢地做强做大大健康产业规模。二是做好项目引进工作，在积极开展招商引资工作的同时，跟紧已初步达成合作意向的项目，及时沟通确保项目不中断，尽快落地具体地区。三是做好项目服务工作，针对已落地项目要主动了解企业在建设过程中遇到的困难，积极协调帮助企业解决实际问题，确保项目健康发展。

（三）把握"互联网＋"发展机遇

随着"互联网＋"行动计划在经济社会中持续推进，互联网为许多传统经济注入新鲜活力，也促进了一大批新经济的产生和发展。未来大健康产业的发展同样离不开大数据的支撑与互联网的广泛促进作用。这是大健康产业发展的必然趋势与修武县在未来发展中需要把握的重大机遇。智能医疗产业近年来取得的快速进展就是很好的例子，许多地区和企业也已经开始积极实践，鱼跃医疗依托互联网在慢性病管理领域建设了医云健康平台。公司还计划与阿里健康在智能健康硬件领域展开全面合作，比如医患互动、远程健康咨询等。修武县也应在大健康产业发展中积极促进其与"互联网＋"深度融合，依托互联网，为植根于当地丰富中医药资源而形成的医疗、保健药品提供更为广阔的销售空间，为对修武县大健康产业有投资、消费需求的潜在客户提供更好更便捷的服务。

（四）持续优化大健康产业发展环境

多措并举发展大健康产业。一是要积极主动争取支持，修武县大健康产业仍处于探索阶段，应提高认识，尽快形成相关职能部门通力协作的格局，继而提升合力，主动出手，向上争取政策支持，获取政策上的引导和业务上的支持，获得自上而下贯通的发展动力。二是要放宽市场准入，充分发动社会力量，适当降低准入门槛，充分鼓励社会资本、境外资本等以多种形式来修武县投资大健康产业。三是对于优质企业及项目要给予切实有效的帮助，在价格、财税、用地等方面提供政策支持，营造良好的投资发展环境。四是加强对大健康市场的监管，并健全完善退出机制。大健康产业正处在多样化多模式发展的新阶段，对于正确的发展方向要有着清晰的认识和把握，有效监管对地区大健康产业的可持续健康发展意义重大。五是要重视宣传，扩大影响，凭借云台山的名牌效应，打好"旅游＋健康"这张牌，通过带动效应吸引社会目光，扩大修武县大健康产业知名度。

参考文献

1. 刘蕾、鄢章华：《大数据背景下大健康产业的小应用发展模式研究》，《管理现代化》2016 年第 3 期。

2. 李江、刘文蕾、梁钰：《中国大健康产业全要素生产率分析》，《中国人口·资源与环境》2015 年第 2 期。

3. 肖远平、王伟杰：《大健康产业背景下民族医药民俗的传承与保护研究》，《中南民族大学学报》（人文社会科学版）2016 年第 4 期。

4. 黄惠勇：《谈大健康产业创新发展模式》，《湖南中医杂志》2017 年第 3 期。

5. 孙抱朴：《"森林康养"是我国大健康产业的新业态、新模式》，《商业文化》2015 年第 22 期。

6. 胡启相、金振辉、李晞叶等：《加快推进云南生物医药和大健康产业发展对策措施建议》，《云南科技管理》2017 年第 1 期。

7. 汪云兴、阮萌、何渊源等：《提升深圳大健康产业能级研究》，《特区实践与理论》2016 年第 2 期。

B.8
云台山景区发展现状
分析与提升对策研究

杨志波*

摘　要：　"旅游立省"是河南文化强省战略中的关键一环，云台山风
景区作为河南五星级景区之一，在河南旅游产业发展中具
有重要的地位。针对目前云台山景区发展存在的产品同质、
利益纠纷、旅游方式固化等突出问题，本文提出跳出传统
模式、推行全域旅游，突出文化资源、打造山水品牌，错
位发展、优化景点空间布局，加快景区旅游产业转型升级
等政策建议。

关键词：　云台山　景区建设　转型升级

　　近几年，随着人们生活水平的不断提升，旅游业的作用日益突出，
旅游业的发展也受到了国家和各级地方政府的高度重视，2009 年 12 月 1
日，国务院颁布 41 号文《国务院关于加快发展旅游业的意见》，对旅游
业提出了全新定位，指出要把旅游业培育成国民经济的战略性支柱产业
和让人民群众更加满意的现代服务业，41 号文件是新时期国务院对旅游
业发展的第一个文件，标志着旅游业的发展正式上升为国家战略。2011
年，国务院颁布《关于支持河南省加快建设中原经济区的指导意见》，

---

* 杨志波，河南省社会科学院工业经济研究所助理研究员，博士。

明确指出要打造华夏历史文明传承创新区。其实早在 2004 年，河南省就提出了建设文化强省的发展目标，"旅游立省"作为河南文化强省战略中的关键一环，大力发展旅游业不仅可以提高服务业的比重，带动服务业上规模上水平，而且还可以有效推动工业、农业的转型升级，促进全省一、二、三产业协调发展。2011 年 8 月，焦作市第十次党代会明确提出着力打造国际知名旅游城市的奋斗目标，之后，修武县又出台了《修武县促进旅游业转型发展优惠政策》，极大地鼓舞了旅游企业的发展壮大和旅游业的发展。

一　云台山景区的基础条件优势与发展现状

云台山风景区位于河南省焦作市修武县境内，总面积 280 平方公里，是集世界地质公园和国家级风景名胜区、全国文明风景旅游区、国家首批 5A 级旅游景区、国家森林公园、国家级猕猴自然保护区、国家水利风景区、国家自然遗产等于一身的风景名胜区。

（一）云台山的基础条件优势

1. 地理与交通条件方便

云台山位于南太行南麓，是中国第二地势与第三地势交会处。修武县西北方向与山西省晋城市交界，北部与山西省陵川毗邻，东北及东面与河南省新乡市辉县搭界，西部和西南与焦作市郊区相连。云台山四周交通路线发达，公路方面有 S306、S233 连通郑焦晋高速公路、晋新高速公路，2016 年 11 月 18 日郑云高速全线通车，把郑州到云台山的时间从一个半小时缩短为 40 分钟，云台山也真正成为郑州的"后花园"，焦作、郑州、新乡、洛阳等河南省重点城市有到云台山的大巴；铁路纵横毗邻，开通了北京、武汉到云台山专列，从郑州到焦作、修武的城铁仅需 30 多分钟。

2. 历史文化文脉厚重

典型文化主要有宗教文化、民俗文化、武术文化、名人文化等。其中宗教文化方面儒、释、道三教并存，有玄帝宫、云台观、万善寺、静影寺、百家岩寺、青龙王庙等宗教活动场所；民俗文化方面有重阳登高、金顶圣会、端阳斗百草、七夕祭牛乞巧等民俗活动；武术方面主要有猿仙通背拳，和太极拳、八极拳并称为焦作市三大拳种；名人文化方面以"竹林七贤"为主要代表，此外还有汉献帝、"药圣"孙思邈、王维、张良、岳飞等帝王将相、百家名流。

3. 地质地貌独特，山水相容

在地质构造上，云台山太古界、元古界、古生界和新生界地层齐全，在裂谷作用大背景下形成的"云台地貌"是新构造运动的典型遗迹。山水资源丰富，融为一体。河流有纸坊沟河、山门河、清水河、青龙洞河、东大河；水库主要有马鞍石水库（子房湖）、群英水库（翡翠湖）、青龙洞水库（青龙湖）；瀑布有云台天瀑、天门瀑、丫字瀑、黑龙瀑、九连瀑、白龙瀑、黄龙瀑等；泉水主要有王烈泉、珍珠泉、明月泉、长寿泉、咕咕泉、倒流泉等。众多的河流、湖泊、泉水为云台山增添了灵气，山与水的完美结合是云台山景区的独有特点。

（二）云台山景区旅游发展现状

从景区市场现状来看，2016年云台山接待游客538万人次，实现游客接待量连续5年高位增长，创下历史新高，实现门票收入4.8亿元，完成税收1亿多元，同比增长10.3%。从客源分布来看，省内客源在2013年首次超过省外客源，并且呈现了逐步增加趋势，2016年省外云台山客源市场前十名依次为山东、河北、山西、江苏、安徽、陕西、北京、湖北、天津、内蒙古。出行组织方式方面，旅行社组织和自驾游各占40%左右，受政策影响，最近几年单位组织所占比例逐年下滑。从认知途径来看，媒体广告、亲朋好友、旅行社宣传是游客获得景区认知的三种主要模式，其中广告媒体占比最高，大约为40%，其次为亲朋好友介绍推荐，大约为35%，也体现了云台山景区良好的口碑效应。从游玩时间来看，4月至10月是云台山景区旅游旺季。其中，6月和9月为旺季中的小淡季。

从景区产品现状来看，云台山景区主要分为两大类，第一大类是山水观光，第二大类是地质科普、猕猴项目、宗教登山等。山水观光路线大致为：红石峡—潭瀑峡—泉瀑峡—猕猴谷—万善寺—叠彩洞—茱萸峰。地质科普旅游路线大致为：地质奇观红石峡—"U"形峡谷泉瀑峡、潭瀑峡—全国青少年科普教育基地地质博物馆；休闲度假旅游路线大致为红石峡—子房湖动感飞艇—凤凰岭玻璃栈道。

从景区产业现状来看，门票收入仍旧是云台山收入的主要来源，占总收入的47%，其次是景区内部交通、电瓶车、动感飞艇、玻璃栈道等收入。住宿主要以乡村宾馆、家庭旅社为主，难以满足不同类型旅游者的住宿需求，大约40%的旅客选择在修武县和焦作城区住宿。从产业管理来看，住宿和餐饮这两个景区服务中最重要的环节，基本上都是由景区本地居民自主经营。

从景区管理现状来看，2013年9月26日《河南省云台山景区保护条例》立法，规定云台山景区管理委员会为景区的管理机构和执法主体，负责景区的保护、利用和统一管理工作，厘清了景区管理体制，杜绝了分头执法、分头管理，从体制上有了保障。目前云台山景区管理局下设办公室、计财科、规划建设科、宣传科、保卫科五大科室保障景区顺利运营。成立了焦作云台山旅游发展有限公司和焦作云台山旅游股份有限公司经营景区旅游产业。

从景区服务现状来看，云台山景区始终坚持以游客需求为中心，以感动每一名游客为目标，抓精细服务、形象服务、延伸服务、感动服务，先后开展服务礼仪、业务知识、标准化管理、岗位大练兵等全员学习培训活动，实施变讲解员为"空姐式"服务员等一系列工作措施，逐步提升以"感动游客"为目标的管理服务水平；开展旅游市场秩序综合治理活动，不断加大对倒票逃漏票、家庭宾馆喊客拉客、私搭乱建、黑车黑导、摊点商户违规经营等影响旅游市场秩序的违法违规行为整治力度，为游客营造了安全、和谐的旅游市场环境。

从景区市场营销来看，云台山围绕不同群体研究消费需求，积极创新营销方式，实现全员营销、精准营销。按照静态广告变为动态广告、静态资源变为动态资源的思路，不断更新营销理念，巩固强化传统市场，积极开拓新市场。加强渠道维护和建设，巩固好旅行社、传统媒体等老渠道，利用各种资源，开发新媒体、电商、自驾俱乐部、企业集团客户等新渠道。谋划实施云台山航空旅游、中国汽车越野巡回赛、九九登山节、创意艺术沙画、婚纱摄影、美国大峡谷之旅抽奖活动等营销项目，靠创意营销的引爆力，进一步提升景区市场知名度和占有率。

从智慧景区建设来看，2006 年云台山就被国家住建部列为全国首批 18 家数字化试点建设景区之一，之后，陆续投入 1.5 亿多元，全面推进云台山数字景区建设，建设了景区基础网络、智能监控系统、门禁票务系统、电子巡更系统、GPS 车辆调度系统、车载无线监控系统、停车场管理系统等面向景区管理的信息化系统，并于 2011 年被住建部评为国家风景名胜区数字化示范基地。2012 年，国家旅游局选定云台山为全国智慧旅游景区建设试点单位，2013 年，焦作市政府又将云台山智慧景区建设纳入"焦作市十大建设信息化专项行动计划"给予重点支持。目前在原有景区的基础上已经建成三维地理信息系统、LED 智能发布系统、应急无线广播系统、车辆识别系统、景区无线 WiFi 系统、电子商务系统、游客应急求助与救援系统、旅游气象服务系统等，基本满足了对景区的科学管理和对游客的精细服务与精准营销需求。

从标准化服务来看，随着现代旅游业的发展，标准化已成为景区实现科学管理、规范旅游市场经营秩序、提高服务质量和管理水平的重要技术手段，已成为旅游行业提高自主创新能力、增强核心竞争力的有效途径。在标准化工作理念的指导下，2006 年云台山在全国率先实施标准化管理，全面引入标准化管理模式，建立了涵盖服务质量、安全卫生、环境保护等 658 项标准的《云台山风景名胜区旅游标准化管理体系》，被国家旅游局编入《旅游景区管理制度汇编》向全国行业推广。2011 年被国家标准委评为国家级服务业标准化试点单位，2012 年被国家旅游局评为全国旅游标准化示范单位，2014 年云台山又从全国 176 家单位中脱颖而出，作为河南省唯一一家全国服务标准化示范单位，被国家标准委评为全国服务业标准化示范项目，在全国旅游行业树立标准化管理示范和引领地位。2014年12月，云台山制定的《旅游景区数字化应用规范》国家标准发布实施，在全国旅游景区中推荐使用，还编制了《地质公园地质遗迹保护规范》和《景区内部旅游客运交通管理规范》两项河南省的地方标准。目前已经形成了"以满足游客需求为核心的质量标准化经营管理模式"，让云台山在业界和广大游客中形成了良好的品牌和口碑，也树立了云台山的核心竞争力。

从项目规划建设来看，云台山围绕行业趋势和市场需求，整合、对接优势资源，找出二次创业、转型发展的新路径，解决产品老化单一、产业链条短、综合效益低、传统门票经济等问题。加速推进在建项目，包括凤凰岭、青龙峡、茱萸峰三条索道，云台山和五家台两个加油站，县城游客中心等6个项目。实施二销转化项目，围绕解决淡旺季冷热不均、白天资源没有在晚上利用、春节游缺乏产品等问题，实施夜游云溪谷、特色小吃城和3D环球影院等3个项目。积极谋划战略项目，包括七贤培训康养小镇项目、巴士房车小镇项目、陪嫁妆村高端民宿改造项目、兵盘村高端民宿酒店等4个项目。通过一批休闲度假体验型项目的实施，形成产品吸引力、产业拉动力，不断丰富旅游产品和产业业态，创新培育发展新动能，实现多元化、产业化旅游经济的转型发展。

二　云台山景区发展面临的机遇与问题

（一）云台山景区的发展机遇

1.国家政策大力鼓励旅游业发展

国务院41号文《国务院关于加快发展旅游业的意见》确定了旅游业在国民经济中的战略地位，《国民旅游休闲纲要》将旅游业的战略地位转化为实际行动，中共中央近年来多项大政方针也为旅游业发展提供了政治保障。国家旅游局2015年全国旅游工作会议报告中，明确指出"商、养、学、闲、情、奇"是旅游六大新要素，为我国景区建设发展思路指明了方向。

2. 收入水平提升催生旅游需求

根据国家统计局公布的 2016 年国民经济与社会发展统计相关数据，2016 年中国人均 GDP 已经达到 8000 多美元。另据发改委预计，2025 年左右，我国或步入高收入国家行列。根据国际旅游发展经验，人均 GDP 超过 3000 美元就已进入休闲旅游时代，旅游产品将呈现出低碳、复合、近邻、两闲的特点，休闲旅游将成为居民基本需求，云台山应抓住这一机遇，向观光、休闲、养生、度假等复合型景区转型升级。

3. 国家战略提供二次腾飞机遇

焦作作为一个传统的资源城市，曾经严重依赖于自身拥有的丰富煤炭资源，但是资源枯竭的现实逼迫焦作积极向旅游城市转型，成功实现了由"煤城"向"中国优秀旅游城市"的飞跃，成为我国资源枯竭型城市社会经济转型升级成功的典范。中原经济区国家战略的实施再次给焦作转型升级发展带来了历史机遇，2012 年 1 月，河南省政府印发《焦作市建设中原经济区转型示范市总体方案》，明确提出将焦作市打造成国际知名旅游城市和中原经济区经济转型示范市。

（二）云台山景区发展存在的问题

尽管云台山通过十几年的发展取得了一定的成绩，但是目前也面临着转型发展的任务和挑战。如市场竞争日益激烈、利益协调难度大、旅游方式老化、产业基础薄弱等问题。

从空间竞争的角度来看，云台山面临大黄河、南太行、天上太行（山西）的竞争，分布在南太行的安阳、新乡、济源、焦作聚集了太行山最美的景区，是太行山旅游的热点。这些景点大都以山水观光旅游为主，景点容易同质。云台山虽然近些年由于强势的宣传和良好的服务口碑在同类景区发展中处于领先地位，但是，近年来，南太行其他景区也相继加大了开发力度，丰富旅游产品。例如新乡联合境内 9 个南太行景区推出了新乡南太行旅游度假区的品牌，发展势头很好。

从利益的纷争协调来看，一方面，由于云台山景区地理空间较大，存在大片农田、林地、村庄，多年来当地居民已经形成了靠山吃山、靠水吃水的生活习性，目前形成的几大服务片区，已经无法满足未来的市场需求，因此，在云台山未来景点建设与产业开发过程中，势必存在多方利益协调的挑战。另一方面，由于云台山横跨河南、山西两省，自从旅游经济效益产生以后，就云台山景区开发问题，两省就一直存在争议，虽然国家相关部委几次发文解决，但是许多遗留问题仍旧没有得到妥善解决。

从产品类型的同质性来看，景区品牌定位有待进一步打造、旅游亮点有待进一步开发。景区此前品牌定位一直以山水景观为主，如最具代表性的红石峡、潭瀑峡、泉瀑峡等。这在南太行旅游景区中同质化严重。目前旅游已由过去的观光游迈向休闲、养生、度假、体验游，景区没有更有特色的品牌定位、没有独特的旅游亮点项目，将会大大降低对游客的吸引力。

从旅游方式来看，游客在云台山的旅游方式固化、老化，标准化的接待模式相对比较刻板，大巴车直达红石峡、小寨沟、茱萸峰三点一线式的旅游方式，容易导致旅游时间和空间被高度压缩，造成无法留住游客从而产生更大的经济效益，难以满足未来现代游客休闲游体验游的需求，发展菜单式的休闲旅游线路是云台山转型升级的必经之路。

从旅游产业基础来看，多年来云台山一直以门票和景区内交通为主要收入来源，其他的旅游产业主要依托几个服务区内的村民自发建设，在旅游产业六要素中"吃、住、购、娱"发展缓慢，存在档次低、业态土的现实问题，已经难以满足当今的市场需求，由于旅游产业基础薄弱，云台山每年近300万游客的消费能量无法释放，如何提挡升级，从门票经济转向产业经济，丰富业态是云台山产业开发的重点所在。

三 促进云台山景区转型发展的对策建议

（一）跳出传统模式，推行全域旅游

传统风景名胜区的发展模式是产品"点线观光"、产业"内景外区"。

首先，云台山在发展战略上应跳出传统景区发展模式，进行全域化旅游开发。从"点线旅游"向"板块旅游"直至"全域旅游"转变，将山水、人文、乡野、古村、民俗、产业打造成为旅游吸引物。其次，实施云台山旅游产业振兴战略，一方面，全方位延伸产业链，创造新的价值增长点；另一方面，提升现有旅游产业，实现现有旅游产业转型升级，构建云台山特色旅游要素产业体系。带动区域旅游融合产业、旅游联动产业全方位发展。形成以云台山景区为核心，云台山区域资源融合发展，修武县配套旅游服务形成联动产业的区域旅游产业格局。

（二）突出文化资源，打造山水文化品牌

云台山文化底蕴深厚，百家岩是中国山水园林文化从宫廷走向民间的发祥地，是"竹林七贤"隐居之地，是历史上著名文人墨客寄情山水之地；著名诗人王维曾在云台山留下"独在异乡为异客，每逢佳节倍思亲"的千古佳句；云台山还是中国宗教传道授法之地。未来应进一步挖掘云台山的文化价值，将山水与文化相结合，突出"竹林七贤"清修度假、太行宗教登山观光、文人雅士朝圣寄情，打造中国第一山水文化品牌。产品开发方面应注重突出休闲云台山、养生云台山、户外云台山、山乡云台山、产业云台山的特点。其中，休闲旅游产品的开发是对云台山传统山水观光产品的一种有益补充，也是云台山转型升级的重要标志。可以依托子房湖、青龙湖、峰林峡打造戏水、游船等水域休闲项目，依托晋豫商道打造古道休闲项目，依托重阳登高、万善寺、陪嫁妆等打造民俗休闲项目，依托子房村和云台小镇打造休闲购物项目等。

（三）错位发展，优化景点空间布局

云台山旅游区从空间上来看主要是由东部云台山和西部青龙峡两大风景名胜区构成，两大板块从资源上同属南太行山，皆突出峡谷山水风光，降低了云台山旅游的吸引力与发展空间，并从内部产生客源竞争。未来应将上述两个板块错位发展，东部从峡谷山水观光走向山水文化休闲，主要是针对中

高端度假人群，以"竹林七贤"文化为背景，依托百家岩周边环境优势，开发东部云台山养生度假板块。以真庆宫为起点，途经万善寺、云台观、玄帝宫，开辟云台山宗教登山旅游中轴线。西部从传统山水观光走向漫游太行老家，以峰林峡优质的自然山水环境为基础，以南太行观光旅游、生态科普旅游、野生动物旅游、山地休闲度假旅游为主要特色，打造猕猴与人类共生家园样板。依托村落文化背景和区位条件，对区内的双庙、平顶窑、土领、反头岭、陪嫁妆等村庄进行文化包装，打造古村落乡村中国板块。东部、西部在格局上应形成互补，共同支撑云台山景区发展。

（四）延伸产业链服务链，加快景区旅游产业转型升级

旅游要素产业是指与旅游活动相关程度比较密切的产业和部门，主要包括旅游餐饮业、旅游住宿业、旅游娱乐业、旅游购物、旅游交通等产业和部门。一是要依托云台山的独特文化，打造依赖于文化的文化主题系列餐饮，例如"竹林七贤"宴、万善寺素斋、土领公社菜、双庙文武举人家宴、陪嫁妆婚宴等特色餐饮。二是要依托当地土特产，突出"绿色、生态、有机、健康"等特点，将农村特有的土鸡、土鸡蛋等结合山野菜、牛羊肉、有机菜、淮山药等用乡村最土的方式烹制，突出乡村乡野特色。三是在管理方面，应将所有餐饮饭馆酒店纳入统一管理并分类，建立以客户为中心，时刻把握高端客户需求的高端菜、快捷有效的订餐服务大众菜、委托专业团队打造的特色类餐饮体系。对于旅游住宿、旅游娱乐、旅游购物来说，云台山景区管理局应与相关部门加强合作，制定和完善地方行业管理条例，由相应部门实行统一管理、审定、核查，杜绝宰客、不正当竞争等现象，保证旅游市场的规范运作和健康发展。

（五）构建原生态景区，维持可持续发展

云台山景区应遵循"以天为本"的保护理念，围绕美丽中国建设，深化生态文明体制改革，坚持资源开发与生态环境的可持续发展，保持原生态自然环境，保护传统文化氛围，尊重云台山历史积淀，尽可能地减少人为因素

的破坏和现代化建筑的增加。通过旅游业的发展和带动，建立生态文明制度，调控云台山产业格局，提升生态环境质量，确立生态战略地位，实现"蓝天、碧水、青山、净土"的优化目标，为云台山景区的发展提供秀美宜人的生态环境。在旅游开发建设方面，应充分尊重云台山的自然肌理，游览设施、产业设施的布局应因地制宜、依山就势、溯本逐源；使景区建筑物与生态景观相协调，建筑风貌与自然环境、文化氛围相融合；保持传统村落的建筑风貌、生产和生活方式、民俗传统，主推原味山村；从整体上建设一个有山水、有传说、有居民、有村落、有乡野、有宗教的南太行原生态旅游景区。

参考文献

1. 刘荣：《基于产品生命周期理论的旅游产品结构优化研究——以焦作云台山为例》，《地域研究与开发》2011 年第 6 期。

2. 李锋：《基于双重空间的后开发景区成长性研究——以焦作云台山为例》，《旅游学刊》2007 年第 10 期。

3. 朱迪迪：《浅论焦作云台山旅游文化建设》，《新西部（理论版）》2016 年第 8 期。

4. 屈永超：《焦作市云台山旅游经济发展提升研究》，《商场现代化》2015 年第 18 期。

5. 金慧慧：《焦作云台山景区发展过程中的问题研究》，《当代旅游旬刊》2012 年第 2 期。

6. 金新胜、李雪龙：《对如何进一步提升焦作云台山旅游文化竞争力的思考》，《决策探索月刊》2011 年第 12 期。

7. 张锦：《基于 SWOT 分析的云台山旅游发展对策探讨》，《江苏商论》2016 年第 11 期。

8. 焦丽娜：《实施标准化发展战略助推云台山转型升级》，《标准生活》2016 年第 7 期。

9. 袁诚、侯哲灏、陈景祺：《中国 5A 级景区分布特征及其经济效应探讨》，《地域研究与开发》2015 年第 4 期。

10. 张祥忠：《信息化时代旅游文化景区建设思考》，《品牌研究》2015 年第 9 期。

11. 王明：《简析以体验式旅游为导向的景区规划方法》，《北方经贸》2015 年第 2 期。

B.9
修武县创新旅游产业发展
模式的思路与对策

林凤霞*

摘　要： 适应旅游市场的新变化，顺应"互联网＋"的新趋势，必须进一步创新修武县旅游产业发展思路。通过强化规划引导、建立旅游综合管理体制、加强基础设施建设、创新旅游开发运营管理模式、强化人才支撑，大力培育健康养生旅游、休闲度假旅游、文化旅游、工业旅游等新兴业态和新产品，为修武旅游产业发展培育新动能，实现旅游产业发展空间的拓展、发展速度和质量效益的提升，并带动修武经济社会文化整体发展水平的提升。

关键词： 旅游产业　全域旅游　"旅游＋"　"互联网＋旅游"

　　修武县旅游产业的发展有很多有利的条件，如有得天独厚的自然景观，境内大小奇峰70多处，拥有红石峡、潭瀑峡、泉瀑峡、子房湖、万善寺、百家岩、叠彩洞、青龙峡、峰林峡等众多旅游景点，特别是云台山景区不仅集全球首批世界地质公园和国家首批5A级旅游景区、国家级风景名胜区等1个世界级、10个国家级称号于一身，还是全国自然山水景区中唯一的驰名商标；有悠久的历史文化积淀，中华始祖、炎黄二帝在此留下了传说和遗

＊ 林凤霞，河南省社会科学院副研究员。

迹；杜甫、李白、白居易、王维等人都曾经到修武游山玩水，王维更是留下了"每逢佳节倍思亲"的千古名句，百家岩是魏晋时期"竹林七贤"隐居地；有源远流长的医药文化传承，"医圣"张仲景和"药王"孙思邈长期在此行医采药，留下了药王洞等历史古迹；有优越的生态环境，修武是"中国长寿之乡"，全县森林覆盖率为30.9%，高出全国9.3个百分点；空气质量达到国家一级标准，特别是北部云台山景区空气负氧离子含量达到每立方厘米1.1万个，超过世界卫生组织划定的清新空气标准10倍。这些年来，修武县旅游产业总体发展势头是好的，但与世界科技、经济、社会发展与旅游市场的要求仍有较大的差距。如旅游资源开发粗放；旅游资源整合能力不足、旅游产业创新动力与能力欠缺，一些旅游企业缺乏高素质的管理、经营人才，管理技术落后，等等，诸多因素制约了修武旅游业的快速发展。因此，在国家全域旅游战略指导下，创新旅游产业发展理念和发展模式显得极为重要。

一 修武县创新旅游产业发展模式的外部动因

经过多年的发展，修武县凭借优质的旅游资源已经成为全国知名的旅游经济强县。但是，随着旅游需求多样化、品质化、大众化的到来，修武县依靠景点和宾馆饭店等传统发展要素的发展模式已经越来越不适应旅游市场需求的新变化新趋势，而新一代信息技术的广泛应用、现代化综合快捷交通体系的构建、全域旅游战略的提出等也给旅游发展理念、旅游产业组织、旅游业态、旅游产品、旅游管理模式、景点投资模式等创新提供了重要机遇与条件。修武县旅游产业有必要抓住互联网快速渗透、全域旅游快速发展等机遇，适应旅游市场需求的变化，创新发展思路、转变发展模式，实现旅游发展增长动能的转变。

（一）旅游市场需求的新变化新趋势

随着时代的变迁和经济社会文化的发展，我国旅游市场需求呈现新的变化，如旅游意愿的大众化、常态化，特别是随着休假时间增多、带薪休假制度的实行，人们的出游率和出游频率显著提升；旅游动机的多元化，传统的观光旅游不再是唯一动机，养生、健身、养老、探险、购物、农家体验、科普考察等休闲度假需求日益增多；旅游需求的个性化、高端化，旅游动机的多元化意味着经营者必须对旅游市场、旅游产品、旅游服务进行细分；旅游主体散客化，传统的旅行社服务弊端日益明显，自驾游、自助游等自由旅游方式越来越受到人们的喜爱；旅游距离近程化，从时间角度来看，由于旅游时间受到假日时间长短的影响，周末短期和城市周边短途旅游比较受欢迎。这些旅游市场的新变化新趋势必将要求旅游企业推出新业态、新产品、新模式，而新的业态、新的产品、新的模式也为区域旅游产业和旅游企业发展提供了新动能。

（二）新一代信息技术的广泛应用

随着网络宽带技术、大数据、虚拟现实技术、云计算、物联网、5G 技术、人工智能等的发展，人们的生产生活开始快步进入"信息时代""智能时代"，互联网倒逼包括旅游业在内的传统产业生产要素重组、业态创新、产品创新、模式转变、服务效能提升。同时，互联网也对旅游业创新发展形成重要支撑。例如，旅游企业可以利用数据分析精确预测游客的需求变化和旅游市场的发展趋势，创新旅游产品；旅游企业可以对景区进行智能化管理，提升服务效能；通过旅游电子地图、搜索引擎，游客可以及时、准确、方便地查找旅游信息，甚至可以通过 360°实景来虚拟地体验旅行的过程；通过线上服务，游客可以预订旅游产品和相关交通酒店服务，实现在线支付等；景区 WiFi 覆盖，游客可以在游玩时随时上网，实时听取景点介绍；游客通过微信、博客，发表旅行感受，等等。旅游与互联网的深度融合已经成为一股不可阻挡的时代潮流。

（三）现代化综合快捷交通体系将缩短时空距离

交通是沟通旅游需求和旅游供给的纽带和桥梁。通过近几年的努力，郑焦铁路、武云高速贯通运营,修武公路路网结构和通行能力得到明显改善。目前,郑太高铁的第一段郑焦城际铁路已经开通运行,郑焦城际铁路修武站将成为南通郑州航空港经济综合实验区、北连云台山乃至山西晋城的重要站点,境内的新月铁路、长济高速连接京广线、焦柳线、京港澳高速、连霍高速等国家交通大动脉,初步形成了网络式、圈层式的现代化综合快捷的交通体系。方便快捷的交通基础设施将缩短时空距离,给修武抓住河南、山东、河北、北京、天津、山西等就近的客源需求创造了机会和条件。

（四）国家全域旅游战略为修武旅游产业发展模式创新提供了机遇

2017 年我国政府工作报告提出,要"完善旅游设施和服务,大力发展乡村、休闲、全域旅游",这是全域旅游首次写入政府工作报告,标志着全域旅游已经从地方实践和学术研究上升为国家战略,也表明旅游业已经成为我国的战略性支柱产业,全域旅游战略以及国家《关于促进旅游业改革发展的若干意见》《关于进一步促进旅游投资和消费的若干意见》相关政策的出台将从理念到实践给修武旅游业创新发展模式形成重要引导与支撑,有利于修武这个旅游大县加快景城融合步伐,大力推动全域旅游,带动大健康、大文化等产业发展。

二　修武县创新旅游产业发展模式的总体思路与重点方向

（一）创新旅游产业发展模式的总体思路

顺应旅游市场的新变化与世界"互联网＋"发展新趋势,以国家全域旅游战略为指导,以转型升级、提质增效为主线,以融合发展为主攻方向,通过深化旅游管理体制改革、切实加强旅游基础设施建设、积极创新旅游开发运营模式与管理模式等,大力培育健康养生旅游、文化旅游、休闲度假旅游、体育旅游、乡村旅游、购物旅游、工业旅游、农业旅游、学生科普旅游、旅游地产等新兴业态及新产品，全力打造国家级旅游度假区、全域旅游示范县，切实推动旅游产业发展与信息化、新型工业化、农业现代化、城镇化的无缝连接，努力实现经济效益、社会效益和生态效益相统一，尽快形成旅游产业快速发展的新动能，大力拓展旅游发展的新空间，最终以旅游产业发展水平的显著提升带动修武经济社会文化等整体发展水平的提升。

（二）创新修武旅游产业发展模式的重点领域及方向

立足资源优势与产业基础，着力推动旅游产品结构优化，满足大众化、个性化旅游需求。一是推动云台山精品景区建设，带动大旅游产业发展；二是积极推进"旅游＋"战略，尽快在"旅游＋信息化""旅游＋健康养生""旅游＋文化""旅游＋购物"等方面取得深入进展，推动旅游产品从单一观光型向观光休闲度假复合型转变，推动旅游产业从单一产业链向产业融合发展转变。

1. 打造云台山精品景区

着力推动云台山景区转型升级，以精品景区知名品牌效应带动修武旅游产业跨越发展。重点实施云台山国际旅游度假区、云台山综合改造提升、世贸天阶欧亚风情小镇、云上的院子乡村度假小镇、云台山培训康养小镇等项目，创新开发运营管理模式，丰富业态产品，推动旅游与休闲度假、健康养生、运动等融合发展，打造有国际影响力的观光、休闲、度假、健康、养生目标地。

2. 大力发展健康养生旅游

以适应老年人多层次个性化的养老需求为目标，依托修武森林覆盖率高、山区空气负氧离子含量高等生态资源优势，以及旅游品牌优势、中草药资源优势、养生文化优势、医药文化优势等，大力推进"旅游＋健康养老"发展。加快健康养生类项目谋划布局，建设集"文化体验＋健康养生＋度假休闲"等多功能于一体的健康养生产业集聚区，全力打造"修武医疗大健康经济生态圈"。

3. 大力发展文化旅游

修武厚重的宗教文化、名人文化、民俗文化、养生文化、玄学文化、武术文化等，为打造云台山"文化圣地"、开发丰富多彩的文化旅游产品提供了条件。依托千年古县、圆融寺、绞胎瓷原产地、太极圣地等自然和人文资源，着力推进"旅游＋文化"融合发展，打造以云台山为核心的有国际影响力的文化旅游目的地，重点建设圆融寺文化旅游产业园区、北京万创七贤古镇、云台山太极文化、中国绞胎瓷小镇、云台山民宿村落、百家岩文旅演艺等项目，全面提升区域居民的精气神。

4. 积极发展休闲度假旅游

适应居民休闲度假的新需求，推动休闲度假与旅游活动的融合发展。加强休闲设施建设，提升休闲旅游服务能力，优化休闲旅游布局，推动景区由旅游观光目的地向生态宜人休闲旅游目的地转变，推动城区功能由单一行政中心向人文生态休闲旅游综合体城区转变。积极开发山水休闲、文化休闲、农业休闲、民俗休闲、休闲商业等特色产品，重点支持云台山国际旅游度假区、青龙峡旅游休闲度假服务区、温泉度假小镇等项目建设。

5. 积极推动体育健身旅游发展

加强体育竞技、休闲健身与旅游的融合互动发展，鼓励引导有条件的体育运动场所向游客开展体育旅游服务。迎合户外运动市场发展的需求，利用山区景区现有资源，规划国家登山健身步道、自驾车营地、体育探奇主题公园、户外运动中心等项目，开发野趣休闲、登山攀岩、滑翔伞、露营探险、徒步越野、丛林穿越、场地越野、滑翔伞、热气球等户外运动健身产品。

6. 开发购物旅游产品

重视旅游纪念品的创意设计，提升其文化内涵和附加值，培育能够体现地方特色的旅游商品品牌，重点加大对土特产、七贤文化纪念品、地方特色工艺品等特色纪念品的开发力度。建设具有地方特色的购物街，优化购物网点布局，规范旅游纪念品市场，扩大购物旅游收入。依托农产品、中药材、特色文化等优势，引导特色餐饮、主题酒店发展，重点鼓励万善寺斋菜馆、大水峪人民公社、平顶窑有机菜馆、双庙村文武状元宴等主题菜馆，支持一斗水乡村民宿、云台小镇云台客栈、七贤山居度假聚落、双庙村农家小院等特色酒店发展。

7. 稳步推动乡村旅游发展

依托修武优美的山水环境，一斗水、东岭后、龙门等美丽乡村，特色民俗活动、非遗项目等，挖掘文化内涵，突出生态优势与乡村特色，扎实推进乡村旅游富民工程，发展一批有历史传承、文化底蕴与地域特色的旅游名镇名村，带动贫困地区脱贫致富。重点建设一斗水禅修村落、历史老村双庙村、云台人家客栈、陪嫁妆艺术村落、军事古村平顶窑、净影避暑小镇、新农村建设土岭新村等项目。

8. 创新发展工业特色旅游产品

突出工业体验主题，依托现有的汽车、电子信息等特色产业集群和产业基地，通过实施改造升级、建立研发中心、产品展示中心等方式，培育发展生产体验、科普观光、休闲购物等新业态新产品，形成一批"旅游＋工业"的示范项目，实现旅游业与工业融合互动，重点建设中铝企业转型示范园、工业旅游小镇等项目。

9. 创新农业观光体验旅游产品

挖掘修武农业资源的旅游价值，结合美丽乡村建设，开发"旅游＋农业"项目，发展现代高效农业观光旅游，建成河南生态农场旅游的第一旅游目的地。重点建设台湾台一神农同根园、陆台生态农业观光园暨海峡两岸科技合作中心、神农湖及台创园水系建设、高山农业园、奇异植物花卉药材植物园、牡丹产业园、遗产农业园、怀药农场等项目，吸引游客前来观光观赏、生产体验、休闲娱乐、品尝购物、疗养度假等，使旅游者通过观光现代农业获得丰富的农业体验和享受。

10. 开展学生研发旅游

依托修武自然和文化遗产资源、工矿企业，建设一批研学旅行基地，增进学生对自然科学、传统文化、爱国主义和乡情、县情、省情、国情等的认识，培养其社会责任感和实践能力。重点建设云台山地质博物馆新馆、晋豫古商道等项目。

11. 推动智慧旅游发展

抓住互联网发展的政策机遇，实施"互联网＋旅游"工程，强化物联网、云计算、大数据等信息技术在旅游服务中的应用，推动旅游与互联网的融合创新。完善智慧旅游软硬件设施，一是建立修武旅游大数据中心，挖掘外部数据资源及运营商数据，为全域旅游发展提供科学的数据决策支持；二是开发运用基于移动通信终端的旅游应用软件，构建智慧旅游营销平台，开展"智游修武"移动客户端、微博、微信的普及和推广工作，提供无缝化、即时化、精确化、互动化的旅游信息服务；三是鼓励旅游企业开发应用信息化软件，建立智慧旅游管理体系，打造智慧旅游。重点支持建设云台山国际旅游信息港等项目。

三　促进修武县旅游产业模式创新的对策

旅游市场已经从"大众观光"阶段向"大众休闲""个性体验"阶段转变，要强化规划引导、建立旅游综合管理体制、加强基础设施建设补齐短板、创新旅游开发运营管理模式、强化人才支撑等，推动修武县旅游产业的创新发展、跨界发展、融合发展。

（一）创新规划理念，强化规划引导

要发挥旅游的引领作用，推动"旅游＋产业""互联网＋旅游"取得实质性突破，必须强化顶层设计，把全域旅游发展理念贯彻到产业发展、城乡建设、土地利用、生态保护、人才建设等各类规划中，加强全域资源整合，调动全域要素，优化全域旅游布局，强化旅游共治共管，实现旅游引领下的"多规合一"，实现规划的有机衔接与协调。

（二）建立旅游综合管理体制

破除全域旅游发展的体制机制障碍，在建立综合管理体制方面先行先

试。一是建立由县委、县政府牵头的旅游产业发展领导协调机构，增强旅游产业发展综合协调和资源要素统筹能力，重点加强土地、人才、宣传等方面的统筹协调，协调处理好相关部门的分工和利益问题，避免发改委、财税局、国土局、农林水、工信局、统计局、交通局、环保局等各自为政。二是建立旅游警察、旅游巡回法庭等旅游监管机制，推动旅游业与交通、餐饮等关联部门的共同治理。

（三）加强旅游基础设施建设，补齐发展短板

加强现有景区内道路、厕所、停车场、信息化服务、标志标牌、应急救援、安全监管、供水供电、垃圾处理等公共基础设施与配套设施建设，建设一批精品景区、智慧景区。集中力量新建一批特色旅游目的地。完善全域交通基础设施，进一步改善通景区、景区间的交通条件，建立便捷的综合交通体系。同时，还要推进特色酒店、主题餐饮、娱乐、购物等服务业发展，提高对高端客源的吸引力。

（四）创新开发模式

一是坚持综合开发。加强资源整合和景区综合设计，开发出具有综合性特征的旅游产品，满足旅游者在一次特定的旅游过程中多元化的需求。二是坚持开放型开发。利用旅游品牌效应，吸引产业投资基金、社会资本、高端人才、国内外知名旅游开发商与运营商投入到修武旅游资源的开发中来。三是坚持绿色开发，加强旅游资源与生态环境保护。

（五）创新运营模式

一是实施旅游品牌化战略，围绕云台山这一核心品牌，建立由旅游产品品牌（山水游、文化游、运动游、乡村游、农业游、工业游、民宿游）、旅游目的地品牌、旅游纪念品品牌、旅游活动品牌等组成的区域旅游品牌体系。扩大品牌效应，在旅游淡季举办主题活动，形成旅游新卖点，拉动经济发展。二是创新营销模式，树立区域整体营销、全员营销、

全媒体营销、智慧营销理念。成立旅游协会，组织开展整体策划营销推介；引导本地居民、旅游从业人员利用自媒体等多种形式宣传区域旅游形象；积极利用新媒体进行营销；建立智慧旅游营销平台，扩大修武知名度。三是推动企业管理创新，鼓励企业利用先进的管理技术、信息技术推动管理智能化、现代化。

（六）强化人才支撑

人才是旅游产业创新发展的基础，特别是新的开发运营模式需要大量高素质的人才来担负。因此，实施"人才强旅、科教兴旅"战略，改革教育、培训与人才制度，完善人才发展的体制机制十分必要。一是大力发展旅游职业教育；二是与高校合作建立旅游人才教育培训基地，加大对旅游经营管理人才及其他从业人员的培训，提升其素质与能力，推动其知识更新；三是实施高层次旅游人才引进计划，重点围绕大健康、大旅游、大文化等领域，通过采取柔性引进、建立企业创新服务团等形式，尽快引进集聚高层次创新人才和创新团队；四是完善旅游人才使用与评价制度。

参考文献

1. 张文建：《市场变化格局下的旅游业态转型与创新》，《社会科学》2011 年第 1
   期。
2. 厉新建、张凌云、崔莉：《全域旅游：建设世界一流旅游目的地的理念创新——
   以北京为例》，《人文地理》2013 年第 3 期。
3. 石培华：《"旅游+"是实现全域旅游的重要路径》，《中国旅游报》2016 年 5 月
   11 日。
4. 王玮萱：《发展全域旅游焦作加速发力》，《焦作日报》2017 年 3 月 2 日。
5. 王能强：《依托区域优势打造"印江旅游"新模式》，《科技情报开发与经济》
   2014 年第 10 期。
6. 孔维虎：《县域内全域旅游模式研究——以贵州六盘水市钟山区为例》，《现代商
   贸工业》2016 年第 24 期。

7. 邢剑华、石培华：《从理念到实践——重视以科技创新推动落实全域旅游发展》，《旅游学刊》2016 年第 12 期。

8. 何建民：《旅游发展的理念与模式研究：兼论全域旅游发展的理念与模式》，《旅游学刊》2016 年第 12 期。

9. 焦彦、徐虹：《全域旅游：旅游行业创新的基准思维》，《旅游学刊》2016 年第 12 期。

10. 蒙欣欣：《解析全域旅游发展模式》，《旅游纵览（下半月）》2016 年第 4 期。

11. 梅艺华、周园源、王乐等：《基于"互联网＋全域旅游"融合模式研究——江西省旅游产业融合模式剖析》，《中国市场》2016 年第 47 期。

产业升级篇

Upgrade Industries

B.10
修武县工业发展态势分析与展望

赵西三*

摘 要： 2016 年以来，修武县坚持以民心导向推进产业强县建设，突出规划引领，围绕传统产业改造和新兴产业培育，推进产业结构优化和新旧动能转换，工业稳增长调结构增效益取得积极成效，有力支撑了全县经济健康平稳发展，这主要得益于修武县在产业规划、创新驱动、两化融合、招商引资、优化环境等方面的创新举措。面向未来，修武突出转型发展攻坚战，坚持"借势提升、融合拓展"的总体思路，培育一批新的产业增长点，探索结构更优、质量更高、效益更好、优势充分释放的发展路子。为此，修武县需要在实施转型攻坚行动、构建新型产业体系、培育壮大产业集群、积极承接产业转移、推

---

* 赵西三，河南省社会科学院工业经济研究所副所长、副研究员。

广先进制造模式、搭建开放合作平台等方面持续发力。

关键词：　工业发展　产业转型　结构优化　修武县

2016 年，面对错综复杂的经济形势，修武县抢抓供给侧结构性改革战略机遇，坚持以民心导向推进产业强县建设，突出规划引领，以"景城融合产业攻坚活动"为契机，围绕传统产业改造和新兴产业培育，推进产业结构优化和新旧动能转换，工业稳增长调结构增效益取得积极成效。

一　修武县工业发展态势分析

（一）工业经济平稳增长

2016 年，全县规模以上工业企业达到 109 家，规模以上工业增加值完成 57.9 亿元，同比增长 8.7%，与 2015 年相比增速明显下滑，下滑了 4.2 个百分点，高于全省 0.6 个百分点，高于焦作市 0.8 个百分点，在焦作六县市中位列第 2。从月度表现看，如图 1 所示，虽然没有延续上年持续回升的势头，但总体保持平稳，尤其是下半年以来基本遏制住了继续下滑趋势，工业稳增长成效明显，有力支撑了全县经济健康平稳发展。

（二）行业表现明显分化

在工业运行总体平稳增长格局下，受市场变化和需求升级的影响，行业表现明显分化。如图 2 所示，2016 年修武县高新技术产业增加值完成 28.7 亿元，同比增长 29.4%，居焦作六县市第 1 位，高于 2015 年同期 7.8 个百分点，远远高于规模以上工业增加值增速。装备制造业、食品和农副产品加工业、纺织业、铝工业等四大支柱产业表现明显分化，装备制造业同比增长 58.4%，比 2015 年加快 27.8 个百分点，铝工业增速仅为 2.5%，低于上年

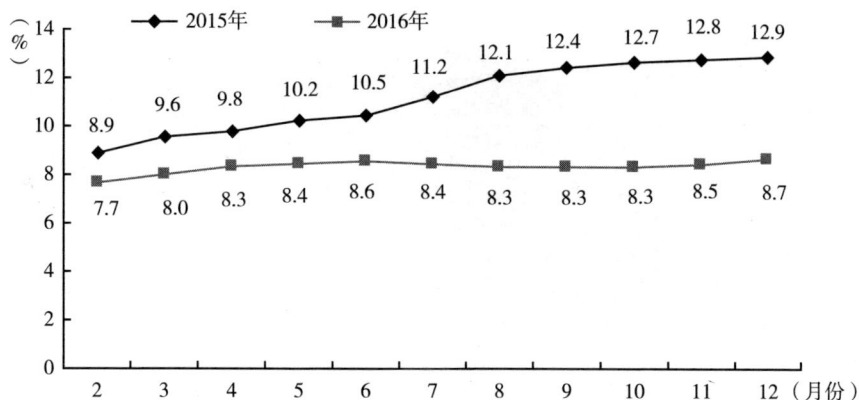

图 1 修武县规模以上工业增加值同比累计增速

3.8 个百分点，纺织与食品产业陷入负增长，与 2015 年 15% 以上的高速增长相比明显减速。

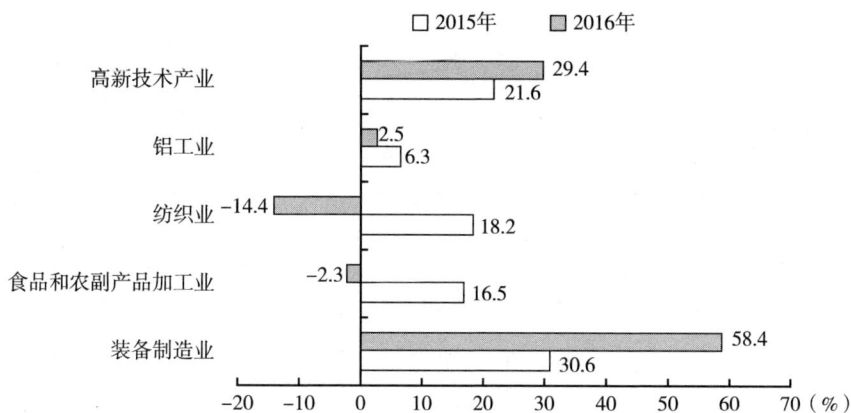

图 2 支柱产业及高新技术产业增加值增速

装备制造、食品和农副产品加工、纺织、铝等四大支柱产业增加值占全县规模以上工业增加值比重分别为 35.7%、25.8%、11.9% 和 17.0%，合计高达 90.4%，四大支柱产业分化发展格局反映了全县产业结构优化态势。

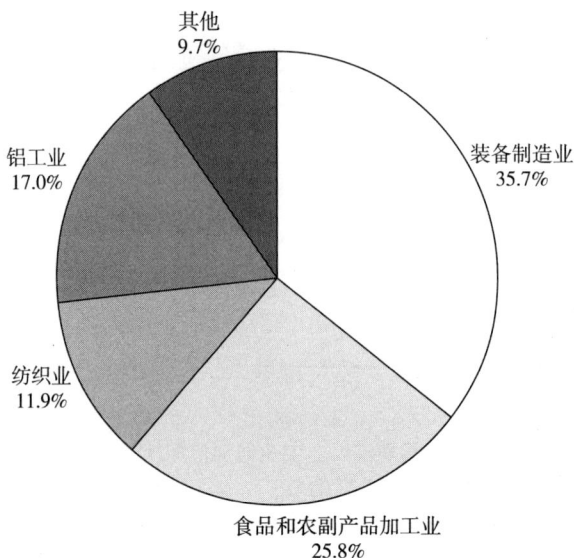

图3 2016年修武县支柱产业占比

（三）企业效益持续向好

2016年规模以上工业企业实现主营业务收入320亿元，同比增长13.0%，实现利润总额16.9亿元，同比增长14.8%，比2015年提高3个百分点，利税总额18.4亿元，同比增长14.7%，比2015年提高4.8个百分点，利润和利税总额增速均列六县市第1位（见图4）。从利润率（利润总额与主营业务收入之比）看，2016年全县利润率为5.3%，比2015年提高了0.1个百分点。从四大支柱产业利润看，装备制造、铝工业利润同比增速分别达到50.6%和68.4%，纺织业同比下降22.2%，食品和农副产品加工业微弱下降0.4%，表现出分化趋势。

（四）集群优势更加凸显

依托产业集聚区推进优势产业集群发展，产业集聚区成功晋升为一星级产业集聚区。如图5所示，2016年，产业集聚区拥有规模以上工业企业71

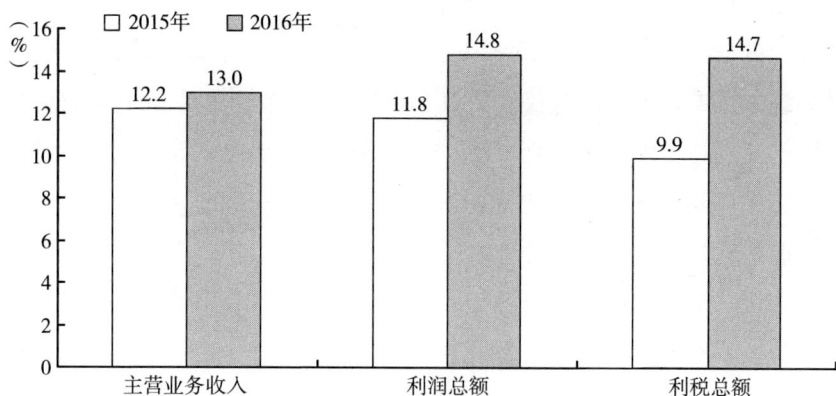

图4 规模以上工业企业主要效益指标

家，占全县规模以上工业企业的65.13%，规模以上工业增加值完成54.9亿元，占全县规模以上工业增加值的94.97%，比2015年提高了2.88个百分点，完成工业投资109亿元，同比增长39.2%，占全县工业投资总额的93.40%。

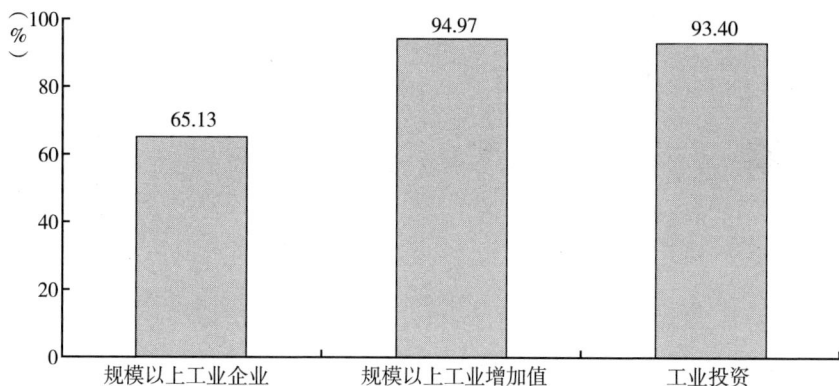

图5 产业集聚区主要指标占全县比重

特色产业集群初步呈现，汽车零部件产业园、光电产业园集聚效应初显。汽车零部件产业园"整体开发，集群引进"模式在全省推广，集聚了金程、建升、永丰等十几家汽车零部件企业，重点与郑州汽车产业基地配套，是东风日产、郑州日产、海马汽车、奇瑞汽车等整车企业的主要零部件供应商，占据国内市场份额 20% 以上，产品涵盖了汽车车身和底盘冲压件、传动系统、行走系统、电气仪表、汽车内饰等 30 余项 1 万多个品类。光电产业园已经进驻了鑫宇光、奇力新、中云通讯、皓宇通讯等企业，光通信元件、电感元件等细分领域产能分别占全球 40% 和 60% 的份额。金水—修武特色工业小镇开工建设，首批 9 家郑州市优质企业入驻，主要产品包括高端数控跑步机、全自动数控混合设备、全自动数控磨具专用设备、数控高温实验炉、数控节水灌溉设备、智能化粮食烘干设备等，成为河南省"飞地经济"合作典范。

二 修武县推进工业发展的举措与经验

（一）坚持规划引领

修武县聘请国际知名咨询机构罗兰贝格公司编制了县域产业发展规划，站位全球高起点谋划县域产业转型发展，主动适应经济新常态和产业竞争新格局，突出打造郑州"势中心"，围绕比较优势，链接全球资源，全面融入郑州，拓展产业链条，构建新型产业体系，找准全球产业发展趋势与本地产业资源优势的最佳结合点，为工业项目谋划和招商引资理清了思路。

（二）突出创新驱动

修武县深入实施创新驱动发展战略，以创新驱动促进产业转型和产品升级。2016 年，实施市科技项目 10 项，组织创新能力较强企业开展"科技创新奖"申报工作，支持域内企业与高等院校和科研机构组建产学研合作平台，抓好各类众创空间服务平台建设，落实各项科技奖励政策。3 家企业通过国家高新技术企业初审，3 项科技成果被鉴定为国内领先水平，2 项成果分别获得省、市科技进步二等奖，全年申请专利 287 件，其中发明专利 16件，专利申请量增速连续三年位居全市第一。目前，全县有国家级高新技术企业 4 家、省科技型中小企业 32 家、院士工作站 1 家、省级工程技术研究中心 2 家、市级工程技术研究中心 20 家，是县域产业转型升级创新发展的核心支撑平台。

（三）推动两化融合

抓住当前我国大力推动智能制造和网络经济发展的历史机遇，积极对接"中国制造 2025"、"互联网＋"行动，从信息化工业化深度融合中培育产业转型新动力。作为两化融合的组织部门，2016 年，商工委先后组织 8 家企业申报《2016 年河南省智能制造试点企业》、《河南省"互联网＋"协同制造重点建设项目》、机器人产业"十百千"推广示范企业等，并编制重点"两化融合"项目进展情况表，及时解决项目推进中存在的问题，对伊赛牛肉生产线产品质量追溯二维码升级改造、大用公司基于供应链信息化管理系统优化等重点项目实施全程跟踪服务，确保项目按时上线运行。通过推动制造业信息化、智能化、网络化改造提升，为工业企业转型升级提供新支撑。

（四）创新招商模式

深入研究新常态下区域产业转移的逻辑变化，探寻出平台思维、无中生有、"云台山＋"等 14 条符合区域发展实际的招商隐蔽规律，绘制招商引资思维导图，进一步细分产业、明确企业、明确路径，对招商引资一线干部进行系统培养和知识更新，邀请国内著名专家和企业家针对新兴产业、前沿信息、经典案例等进行专业培训，并汇编《修武县开放招商操作手册》，指导专业化干部开展招商工作，提高招商人员整体素质。支持企业参加各类产业对接活动，如组织维科重工参加工业设计大赛暨设计服务与制造融合发展经验交流活动，组织县双 50 企业参加"德国机会——投资德国与中德企业合作专题培训交流会"，组织维科、龙昌等企业参加中国（郑州）产业转移系列对接活动。2016 年，共对接龙头企业 50 家、隐形冠军 144 家、前沿先锋 144 家、初创企业 118 家，第十一届豫商大会期间成功签约亿元以上项目 8 个，总投资 112.8 亿元，招商成效位列全市第二，招商精准度持续提升，一批质量高、带动性强的项目已经签约或落地，新项目的入驻为县域产业发展和结构优化提供了新动能。

（五）优化发展环境

修武县始终把优化环境作为促进发展的"生命线"来抓，创造性地开展企业家"暖心工程"，陆续出台了《修武县企业家"暖心工程"实施办法》《关于优化企业发展环境工作机制》《关于支持工业发展的30条意见》等惠企政策，获得了企业家的高度认可。在企业服务中，实行县级领导、县直单位、科级干部"三位一体"分包联系重点企业全覆盖，实行全方位、全程式跟踪服务，认真落实服务承诺制、首问负责制、全程代办制，全面落实"两不见面"机制，建立难题隐患和"两不见面"工作台账，减少企业"来回跑""两头跑"情况的发生。

三 修武县工业转型发展前景展望

（一）面临的形势

1. 机遇与有利条件

修武县工业转型升级创新发展面临重大机遇和有利条件，其中有三个方面修武县需要深入研究，积极对接，借势借力，搭上发展快车。

一是河南国家战略叠加效应凸显。近几年国家战略规划和战略平台陆续落地河南，2016年中原城市群规划成功获批，国家明确支持郑州建设国家中心城市，中国（郑州）跨境电子商务综合试验区、中国（河南）自由贸易试验区、郑洛新国家自主创新示范区、郑洛新"中国制造2025"试点示范城市群、国家大数据综合试验区等战略平台获得国家密集批准，共同构成了引领带动全省经济社会发展的战略组合，2017年4月，省委办公厅、省政府办公厅联合印发了《关于统筹推进国家战略规划实施和战略平台建设的工作方案》（以下简称《工作方案》），聚焦"三区一群"〔郑州航空港经济综合实验区、中国（河南）自由贸易试验区、郑洛新国家自主创新示范区和中原城市群]，构建支撑河南省未来发展的改革开放创新三大支柱，为县域经济转型发展提供了新平台，修武县如何对接国家战略、用好各项支持政策是需要深入研究的，尤其是要研究各类战略规划给本地产业升级和招商引资带来的机遇和影响。

二是焦作市整体纳入郑州大都市区。继2016年底国务院批复同意中原城市群规划后，2017年1月，国家发改委陆续发布了《关于印发中原城市群发展规划的通知》和《关于支持郑州建设国家中心城市的指导意见》，提出推动郑州与开封、新乡、焦作、许昌四市深度融合，建设现代化大都市区，《郑州大都市区空间规划》正在编制。焦作市把郑焦深度融合作为战略谋划的重点，各区域均在研究郑州的发展脉络和环郑州区域的发展方向，找准自身与郑州对接的结合点，修武与郑州之间在产业链上下游、价值链高低端上存在着一定的产业极差，也就存在着学习空间和转移空间，修武聘请给郑州做发展规划的罗兰贝格做县域产业发展规划，在规划衔接上已经先走一步，作为国家中心城市的郑州，面临着空间结构的调整与优化，与周边地区产业对接将进入一个新的阶段，修武工业如何在承接产业转移、链接创新资源、对接金融资本等方面找准融入郑州的切入点，构建优势彰显、配套协作的现代产业分工合作体系，是修武未来必须把握的战略机遇。

三是先进制造模式加速渗透。"中国制造2025"实施以来，智能制造、绿色制造等工程实施指南陆续公布，《关于深化制造业与互联网融合发展的指导意见》《发展服务型制造行动指南》《智能制造发展规划（2016～2020年)》等陆续出台，一大批试点示范项目全面展开。伴随着互联网经济的蓬勃发展，工业企业在智能化、网络化、绿色化、服务化等方面不断提升，尤其是沿海地区制造业企业在制造模式和业态创新方面做了大量基础工作，制造业形态发生了巨大改变。河南出台了《中国制造2025河南行动纲要》以及智能制造、服务型制造、绿色制造等专项行动计划，一批省级试点示范项目顺利实施。修武传统产业比重大，作为旅游资源和生态资源比较丰富的区域，又把大健康产业作为引领性产业，修武工业转型升级必须探索出一条不同的发展道路，智能化、绿色化改造提升空间巨大，如何对接国家和河南省的相关政策，用好支持资金，利用各类互联网平台资源改造提升县域传统工业，需要深入研究。

2. 挑战与制约因素

从当前产业发展趋势和区域发展实际看，修武县抓住三大机遇和有利条件实现换道超车，还面临着三个关键挑战与制约因素。

一是理念转变问题。产业转型首先要破观念之坚，新常态下全球产业发展的内在逻辑发生了巨大变化，正在由基于投资的产业发展模式向基于创新的产业发展模式转型，尽管2016年以来传统产业发展在价格上涨的背景下有所好转，但是，依靠传统产品和传统方式获得新发展的阶段已经过去，政府部门和企业家都要深刻认识到这一点，深入贯彻发展新理念，尤其是智能化、网络化、服务化、融合化等产业发展新理念已经快速渗透，智能装备、云制造、个性化定制、服务型制造的普及速度快于我们的想象，修武县传统产业比重大，新技术、新业态、新模式等发展相对缓慢，企业家需要尽快更新理念，接受新事物，把企业带入新轨道，实现换道超车。

二是创新与人才问题。产业转型升级靠的是创新资源和高端人才，这对于县域经济来说都是稀缺资源，一般来说，县级层面缺乏大城市的发展环境和平台，对高端人才吸引力弱，这是县域产业发展面临的普遍问题。未来区域经济和产业的竞争就是人才的竞争，国内各区域人才争夺战愈演愈烈，各地纷纷出台高端人才引培计划和优惠政策。在郑州大都市区格局下，许昌、开封、新乡等地对郑州研发资源和高端人才的吸引力也在持续增强，未来修武县产业升级需要产品开发、工业设计、智能制造、互联网、金融等领域的高端人才，如何引进、培育、留住高端技术人才，实现产业链与创新链的无缝对接，是一个大问题。

三是资金支撑问题。当前，传统产品、传统业态发展式微，面临着技术改造、产品升级等机遇，企业处在转型发展的关键时期，有资金支持企业就可能度过转型期获得新的发展空间，没有资金支撑的企业可能就会消失。当前，全国范围内存在着金融资本与实体经济脱离问题，企业融资难、融资贵现象普遍存在，外部金融环境制约明显。对于县域经济来说，如何为转型升级中的企业提供更广阔的融资渠道，也是迫切需要破解的难题之一。

（二）前景展望

面向未来，修武工业转型升级、创新发展需要找准产业发展趋势与本地基础优势的最佳结合点，坚持"借势提升、融合拓展"的总体思路，走出一条结构更优、质量更高、效益更好、优势充分释放的发展路子。所谓"借势提升"，就是借国家战略规划、郑州大都市区等平台的势，通过打造郑州"势中心"，积极对接郑州乃至全国、全球的产业和研发资源，提升本地产业链、创新链、价值链，培育一批新的产业增长点。所谓"融合拓展"，就是坚持走制造业、服务业与农业融合发展的新路子，立足于打造郑州大都市区的旅游健康休闲中心谋划相关产业，引导企业拓展产业链、价值链，打通一、二、三产产业链条，提升产业链整体竞争力。

围绕这一思路，修武工业经济未来将形成以结构优化促进稳定增长的局面，工业经济总体平稳增长，产业产品结构继续优化。分领域看，传统产业改造实现"三个提升"，装备制造智能化服务化水平明显提升，汽车零部件模块化供货能力明显提升，铝工业附加值明显提升，产业链条进一步延伸拓展。新兴产业培育方面，在大健康、电子信息、三次产业融合创新等领域，形成一批新的增长点。

四　推进修武县工业转型发展攻坚的对策建议

（一）围绕重点实施转型攻坚行动

按照河南省打好转型发展攻坚战的战略部署，立足打造产业转型发展攻坚先行示范区，充分发挥县产业攻坚小组的作用，坚持重点发力与全面推进相结合、短期突破与长期转型相结合、适应性调整与前瞻性培育相结合，突出"以四新促四化"，按照产业具有区域标志性、行业标杆性、规模支柱性的要求，结合自身实际，坚持有所为有所不为，选择铝、装备、汽车零部件、电子信息等重点产业领域开展攻坚，力争培育一批创新引领型企业、引领型平台、引领型产品和引领型人才团队，形成若干具有优势和特色的地标型产业，引领县域产业发展进入新轨道。建议实施企业家转型攻坚培训行动计划、聚贤人才引培计划等，提高人力资本素质，支撑产业转型攻坚。

（二）依托优势构建新型工业体系

突出高端化、绿色化、智能化、融合化方向，打破三次产业边界，坚持传统产业与新兴产业、制造业与服务业互动发展，依托区域资源和产业优势，构建新型产业体系。建议以大健康产业为引领，积极培育壮大电动汽车、健康设备、光电子等新兴产业，改造提升装备、材料（铝）、汽车零部件等传统产业，大力发展电子商务、现代物流等生产性服务业，挖潜农业、服务业和本地旅游资源对工业转型升级的带动作用。引导龙头企业和各类社会资本、银行机构联合设立产业发展基金、产业并购基金、创投基金等，支持本地特色优势产业转型创新发展。

（三）突出特色培育壮大产业集群

立足本地特色产业，促进企业集聚和产业链对接，壮大特色产业集群，重点推进"一区两园"差异化特色化发展，推动产业集聚区"一区多基地"发展，培育壮大汽车零部件、光电子、电动汽车、铝深加工等多个特色产业基地。加快推动中铝转型示范园、热电综合利用产业园两个特色产业园区建设，依托中铝企业，以氧化铝、铝精深加工产业为主，围绕汽车轻量化、高档装饰板材、赤泥综合利用等上下游产业，实施延链补链工程。依托神华电厂，打造高利用、低耗能、低排放的经济园区，引进新型建材、超硬合金等项目入驻。另外，可以依托旅游和特色农副产品，就地提高产品深加工度，打造一批田园综合体。

（四）融入郑州积极承接产业转移

利用修武与郑州的产业级差，立足打造郑州"势中心"，抓住郑州国家中心城市建设过程中的产业外溢效应，培育形成对接郑州的前沿板块。目前郑州市医药、汽车零部件、电子信息、家居、服装等制造环节外溢效应明显，梳理金水—修武特色工业小镇建设经验，积极与郑州市以及航空港、高新区、郑州经开区等对接，联合推进招商引资、共建产业园区，培育"飞地经济"。

（五）聚焦关键推广先进制造模式

聚焦关键领域、关键环节、关键产品，推进设备换芯、生产换线、机器换人，打造一批智能工厂、智能车间、智能工位，培育个性化定制、服务型制造、绿色制造等先进制造模式。重点在汽车零部件、电子信息等产业领域，支持优势企业纳入国家或省级先进制造模式试点示范，引导企业提高产品智能化水平，支持制造型企业依托互联网创新制造服务模式，向高附加值环节拓展，培育一批系统集成商和综合解决方案提供商，形成示范带动作用。

（六）站位全球搭建开放合作平台

开放招商仍然是当前县域经济发展的一个重要抓手，支持各类企业参加各类国际和专业展会，充分利用中国焦作国际太极拳交流大赛暨云台山旅游节（简称"一赛一节"）推介本地优势资源优势产业，推动本地企业依托"一带一路"以及中德、中白等国际合作机制与国外企业建立合作关系。支持本地优势企业与外部科研机构联合建立开放式创新平台。利用郑焦融合发展机遇，支持行业领先型企业组建郑州大都市区产业联盟或者企业家交流平台。

参考文献

1. 中国社会科学院工业经济研究所：《中国工业发展报告（2016）》，经济管理出版社，2016。

2. 金碚：《工业的使命和价值——中国产业转型升级的理论逻辑》，《中国工业经济》2014 年第 9 期。

3. 陈辉：《河南省打响工业转型发展攻坚战》，《河南日报》2017 年 1 月 12 日。

4. 辛文珂：《以民心导向推动产业强县建设　为实现修武"十三五"坚实跨越而众志成城》，《焦作日报》2016 年 9 月 30 日。

B.11
修武县产业集群发展的
现状分析与升级策略研究

刘晓萍 *

摘　要：　修武县自2008年大力发展产业集聚区以来，以载体建设推动产业集群在数量上、规模上、产业结构上实现快速发展。但也存在龙头企业带动不强、创新驱动力不足、市场发挥功能不到位等制约因素。推动修武产业集群升级的对策建议主要有：重点壮大优势特色产业集群，实施"聚链、强链、延链、补链"工程，打造实现创新驱动发展的高端平台和先进制造业强县等。

关键词：　产业集群　区域经济　修武县

一　修武产业集群的发展现状

（一）特色产业优势彰显

2013年以来，修武围绕电子信息、汽车零部件，先后规划建设了光电产业园、电子工业小镇、汽车零部件产业园等"区中园"，着力培育特色产业集群。目前，初步形成了以江苏金程为龙头的汽车零部件产业集群，入驻

---

* 刘晓萍，河南省社会科学院工业经济研究所副研究员。

企业长期与中国一汽、中国二汽、上海大众、东风日产、海马汽车等知名汽车制造企业合作，产品涵盖 30 大类一万多个品种，2015 年 9 月汽车零部件产业园被评为全省"整体开发、集群引进"十大产业集群；以鑫宇光科技为龙头的光电产业集群，入驻企业均是富士康、三星、华为、海信等知名企业的配套厂商，光通信元件产能占全球 40% 的份额，电感元件产能占全球 60% 的份额。

（二）综合实力大幅提升

2016 年，修武产业集聚区完成主营业务收入 309.2 亿元，是 2009 年的 17 倍，成为全县经济新的增长极；完成税收收入 1.05 亿元，是 2009 年的 5 倍，成为全县税收的主要支撑点；从业人员 2.1 万人，较 2009 年增加了 1.8 万人，年企业职工工资发放 6.5 亿元，成为全县实现转移就业的主渠道。目前，产业集聚区拥有 4 个国家级高新技术企业、16 个省科技型中小企业、1 个院士工作站、2 个省级和 13 个市级工程技术研究中心，环宇石化、鑫宇光科技先后在"新三板"挂牌，成为全县创新创业推进基地。

（三）载体设施日趋完善

作为产业集群发展的主要载体，产业集聚区建成区面积达到 5.19 平方公里，基础设施建设逐步完善，成功晋级为一星级产业集聚区，先后荣获省级"最具产业竞争力产业集群金星奖""最具投资法治环境产业集聚区""河南省产城一体化发展示范集聚区"；被市政府授予"全市先进产业集聚区"。截至目前，南片区与县城紧密相邻，搭建了"七横七纵"的路网框架，供水、排水、强电、弱电、燃气等管网配套到位；一期 9 栋 6 万平方米多层标准化厂房、1400 套公租房、1 座日供气量 2 万立方米的天然气供气门站、1 座日处理 2 万立方米污水的污水处理厂、2 个 35 千伏和 1 个 110 千伏变电站、1 个集行政服务和规划展示于一体的综合服务中心已经投入使用，二期 11 栋 11 万平方米多层标准化厂房、1 万平方米的商务中心、1.7 万平方米的"和谐"公租房小区、10 万平方米的馨梦圆小区等项目正在紧张施工。西片区位于县城西部，已经搭建了"两横两纵"的路网框架，金源路、光源路、纬一路、玮三路及配套管网正在施工，逐步拉开拉大发展框架，提升园区承载能力。

（四）服务机制日益健全

修武率先在全省推行了服务企业"两不见面""企业安心生产日"工作机制，并按照"全员服务、专兼结合"的原则，对集聚区内所有项目进行责任分包，从项目洽谈、签约落地、手续办理、投资建设、生产经营等环节全程服务、一包到底，对在建企业，每天深入一次施工现场；对投产企业，每周至少入企一次，帮助企业解决生产经营中遇到的难题，加快了企业发展。2016 年，修武又出台了"支持工业发展 30 条意见""企业家暖心工程实施方案""'三位一体'分包重点项目"等一系列服务措施，除在财政支持、融资服务、要素保障等方面对企业给予大量政策扶持外，凡在修武投资的客商还享有"云台绿卡""健康疗养""培训考察""子女就学"等特殊礼遇。

二 修武产业集群发展存在的制约因素

（一）龙头企业带动不强，产业链整合难度大

在推动产业集群快速发展中，修武面临的突出问题之一就是市场开拓能力强、辐射带动面大、具有完全自我研发能力的龙头企业数量偏少，即便是江苏金程、鑫宇光科技等一批现有龙头企业中，能真正充分发挥培养行业核心竞争力、引导中小企业进行配套供应生产、进行产业链式发展作用的企业也较少，与产业链上中小企业的关系更多还处于松散型的状态，甚至有些还存在较为激烈的竞争关系，龙头企业发展的关联、配套、协同效应尚未充分发挥。

（二）创新驱动力不足，竞争优势断档风险突出

在修武产业集群发展中，更多产业发展仍然依靠投资驱动和规模扩张，产业结构中高新技术产业占比仍然偏低，低端产业、低劳动力成本、高能耗的传统商业模式占主导，新兴产业、新型项目明显不足，有"制造"无"创造"，创新驱动后继乏力。一方面，部分企业在依靠中低端产品便可获得不错的利润的发展现状下，对传统经济增长方式和原有企业发展模式的依赖仍很强，缺乏创新激情，新产业、新产品更新换代慢。另一方面，创新机制和创新网络尚不完善，研发机构和研发队伍较为缺乏，服务于产业创新的科技产业规模较小。总而言之，以要素为主体的传统竞争优势正在逐渐丧失，而以技术为核心的新竞争优势尚未形成，产业升级和可持续发展能力受到严重影响。

（三）市场发挥功能不到位，政府职能定位存在误区

修武在加快集群发展的政府职能定位上存在一定误区，土地、资本等要素供给不足，成为集群经济进一步发展的瓶颈，严重影响了市场在资源配置方面的决定性作用。一是产业集聚区近些年作为推动区域经济发展的平台，主要依靠土地经营和各种优惠政策措施进行招商引资，而在依据本地特点构思产业集聚区的产业结构、建构中介服务体系、建立劳动力教育培训机构等方面缺乏全面的规划与有效的行动。二是县域内金融机构少，融资门槛高、程序复杂、方式单一，缺乏社会类金融主体，金融市场体系不完善。

三　推动修武产业集群升级的路径分析

（一）由规模扩张向创新驱动转变

规模扩张是产业集群发展初期的必经阶段，但是经过多年发展，依靠廉价劳动力和低成本优势在国际产业分工中获得的竞争优势已无法延续，提升

自主创新能力成为产业集群重塑竞争优势的关键环节及核心竞争力，尤其面对新常态下经济处于低谷阶段，修武产业集群发展不能再走规模扩张的路子。我国近年来提出了建设创新型国家和自主创新的发展战略，以创新驱动型产业集群拉动自主创新进而拉动经济增长，也成为当前重要的经济发展战略。因此，推进产业集群由规模扩张向创新驱动转变，是修武产业集群升级的主要方向。当前，修武应着力打造一批落实创新驱动发展战略的高端平台，支持产业集聚区等园区培育研发中心区，把智能化、绿色化、服务化作为提升产业竞争力的技术基点，推进各领域新兴技术跨界创新，以技术的群体性突破支撑引领新兴产业集群发展，推进产业质量升级。

（二）由企业堆积向集群融合转变

近年来，产业集聚区等发展载体在建设中往往倾向于同类或相似企业在空间上的扎堆聚集，产业链的无缝对接以及企业间的分工协作尚未实现，产业集群效应远未显现。面对当前日趋激烈的竞争环境以及多重新经济业态的冲击，修武产业集群升级必须要从企业堆积向集群融合发展转变。一方面，以推动链式企业集聚发展为目标，推进修武产业集群升级应着力在相关产业高加工度环节、增值环节、瓶颈环节、配套环节上寻求突破，鼓励龙头企业把一般性配套环节外包出去，引导大中小型企业间建立分工合作关系。另一方面，以集群内产业融合发展为目标，围绕汽车及零配件制造、光电、智能制造等产业，依托行业龙头企业，推进产业链上游向下游延伸扩展、价值链由低端向高端攀升；积极利用高新技术对传统制造业的渗透融合，依托传统产业加快发展战略新兴产业，带动产业集群升级。

（三）由硬基础投入向软环境塑造转变

产业集群发展既需要良好的"硬环境"，更需要良好的"软环境"。尤其从目前产业转移的趋势看，企业对土地、政策优惠、非熟练劳动力等低成本要素的敏感度降低，对配套体系、服务体系等高端要素和软环境的需求上升，宽松的软环境日益成为产业集群发展的首要条件。而长期以来，修武在产业集聚区等各类产业园区建设中重视交通、场地、基础设施等硬件资源的投入和建设，往往忽略氛围、信任、合作关系、技术交易市场等软环境的培育和发展，因此，由硬基础投入向软环境塑造转变，以环境升级带动产业集群升级是推进修武产业集群升级的路径之一。政府要回归到软环境建设上，着力加强土地保障、融资平台建设、人才引进等软件要素建设，以较好的软环境弥补硬设施尚不完善的相对劣势。

（四）由政策优惠向制度配套转变

长期以来，由于资源禀赋、比较优势和产业基础同质性强，河南产业集群发展中普遍存在着"以邻为壑"的竞争，为了完成考核指标任务，不同区域之间争相模仿和过度运用产业优惠政策，割裂了产业集群与区域创新体系的关联，阻碍了区域核心竞争力的形成。因此，推进修武产业集群升级必须由政策优惠向制度配套转变，加快构建符合产业集群演进规律的推进机制。政府应通过转变职能、制定产业政策、培育良好的市场环境和服务体系、建设配套要素市场等方式着力消除产业聚集发展的制度壁垒。尤其在产业政策的制定上，应更加关注研发投入、新产品开发、产业链培育、服务体系建设等指标。

四 推动修武产业集群升级的对策建议

（一）突出龙头带动，重点壮大优势特色产业集群

从国内外发达地区的经验来看，产业集群的整体竞争力在于龙头企业的集成带动能力。目前，尽管汽车零部件、光电产业围绕主导产业初步形成了专业园区，但多是一些装备制造项目的简单集中，尚未形成一批以龙头企业为核心、产业分工合作网络完善的产业集群。因此，修武产业集群的发展应继续以"一区两园"为载体，以集聚化、链条化为重点，发挥中州铝厂、神华国能、万方铝业三大国企优势，围绕铝深加工、汽车零部件、电子信

息、智能成套装备等主导产业，在加快提升龙头企业核心竞争力的基础上，积极承接国内外发达地区相关行业产业链上关键零部件项目及高端项目转移，引导核心企业周边及省内外的主要配套协作厂商集聚园区，从而为修武工业构建起若干"蜂巢型"特色优势产业集群。

（二）突出延链提效，重点实施"聚链、强链、延链、补链"工程

产业集聚发展的目的是形成真正的产业集群，产业链无缝对接，企业间分工协作，未来一个时期，修武产业集群发展必须要从企业堆积向产业集群转变，通过实施"聚链、强链、延链、补链"工程，着力在高加工度环节、增值环节、瓶颈环节、关键环节、配套环节上寻求突破，引导大中小型企业间建立分工合作关系，推进产业链上游向下游延伸扩展、价值链由低端向高端攀升，提高产业的延伸度和链接度。重点推进多氟多与龙瑞汽车合作，发挥其龙头带动作用，引进新能源汽车零部件配套商，同步引领现有汽车零部件企业转型升级、就近配套，打造新能源汽车全产业链；重点依托圣昊铝业等9家铝加工企业，鼓励与大型企业合作重组，拉长铝精深加工产业链条，快速形成"氧化铝—铝液—铝棒、铝杆—高端铝型材"的完整产业体系；重点依托鑫宇光科技，引进上下游光通信产业项目，形成"光元器件—模组—整机—装备"的光通信产业链条。

（三）突出自主创新，重点打造实现创新驱动发展的高端平台

当前，经济发展的动力已经由要素驱动转换为创新驱动，对于产业集群发展而言，持续发展将更加注重培养自主创新能力。面对复杂的宏观经济环境及消费结构升级换代趋势，产业集聚的重点是促进创新和新产品开发。因此，修武产业集群发展应依托集聚区等发展载体，打造一批落实创新驱动发展战略的高端平台。如依托修武产业集聚区，探索打造修武中央科技区，促进企业研发中心和各类科研机构向心集聚，吸引大型企业区域性研发中心入驻，努力打造省内一流的知识密集型产业高地和研发创新中心。

（四）突出质量提升，重点打造先进制造业强县

经过多年发展，修武产业集聚发展已经迈过了规模扩张阶段，下一阶段要切实把重点转到质量和效益上来，加快新型工业化发展进程。在全省全力展开新一轮先进制造业发展的环境下，围绕五大制造，重点发展以高加工度产业和高技术产业为主体、技术装备水平先进、集群化特征明显的先进制造业，围绕智能制造、新材料、节能环保等战略性新兴产业优化资源配置、强化政策支持，围绕汽车零部件、光电等传统支柱产业综合运用延伸链条、技术改造手段进一步化解过剩产能。

参考文献

1. 河南省政府办公厅：《关于加快培育发展新兴产业集群的实施意见》，2017 年 3 月。
2. 河南省政府办公厅：《"百千万"亿级优势产业集群培育工程行动计划》，2015 年 4 月。
3. 刘晓萍：《河南产业集群发展的现状、问题及升级趋势》，《决策探索》2015 年第 7 期。

B.12
修武县服务业发展现状分析与升级策略研究

李婧瑗*

摘 要: 修武县充分利用得天独厚的服务业资源优势,围绕多产业融合发展的总体战略,并通过精准招商、提供资金等要素保障促进服务业实力逐步增强,取得明显成效。目前,修武县服务业增加值持续加快增长,对经济的支撑能力逐渐增强,已经初步形成以大旅游、大文化、大健康为主的"3+X"服务业特色产业体系。展望修武服务业发展升级趋势,通过合理规划,布局发展全面的服务业体系,创建具有特色的服务业品牌,实施服务业质量提升工程,积极培育发展新兴服务业,寻找服务业经济增长新动能。

关键词: 服务业 产业升级 修武县

一 修武县服务业发展现状

近年来,修武县服务业发展成绩显著,第三产业增加值持续加快增长,固定资产投资积极性较高,发展空间较大。目前,修武县服务业正在形成以大旅游、大文化、大健康为主,现代物流、电子商务、现代商贸、餐饮住宿、房地产等其他服务业为辅的"3+X"服务业特色产业体系。

---

* 李婧瑗,河南省社会科学院工业经济研究所实习研究员。

（一）基本情况

1. 服务业增加值持续加快增长

第三产业增加值是反映服务业发展的核心指标。如图1所示，2015年全年，修武县第三产业增加值为40.7亿元。2016年全年，修武县第三产业增加值为47.6亿元，比2015年增加6.9亿元，同比增长16.95%。分析可得，近两年修武县第三产业持续加快发展，呈现每季度、每年产业增加值较快增长的良好发展势头。

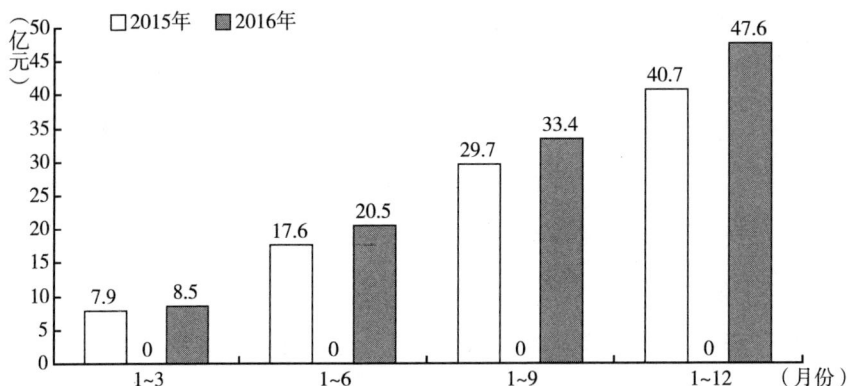

图1　2015、2016年修武县第三产业累计增加值

数据来源：修武县统计局。

根据统计结果，2015、2016年共八季度，修武县第三产业增加值增速在焦作六县区排名位次中，取得3次排名第二、3次排名第一的优异成绩（见表1）。分析可得，修武县充分发挥地区自然优势、人文优势、交通优势等，第三产业发展速度在焦作六县区中处于领先水平。

表1　2015、2016年修武县第三产业增加值增速在焦作六县区排名位次

	第一季度	第二季度	第三季度	第四季度
2015年	6	1	1	2
2016年	5	2	2	1

2. 服务业投资积极性较高

如图 2、图 3 所示，2015 年全年，修武县第三产业固定资产投资额达 58.6 亿元，第三产业固定资产投资占总投资的比重为 39.0%，全年平均占比 37.7%，超过三大产业总和的 1/3。2016 年全年，修武县第三产业固定资产投资额达 51.4 亿元，第三产业固定资产投资占总投资的比重为 29.2%，全年平均占比 33.5%，与 2015 年相比，呈现整体趋缓下滑现象，第三产业投资热度稍有减弱。

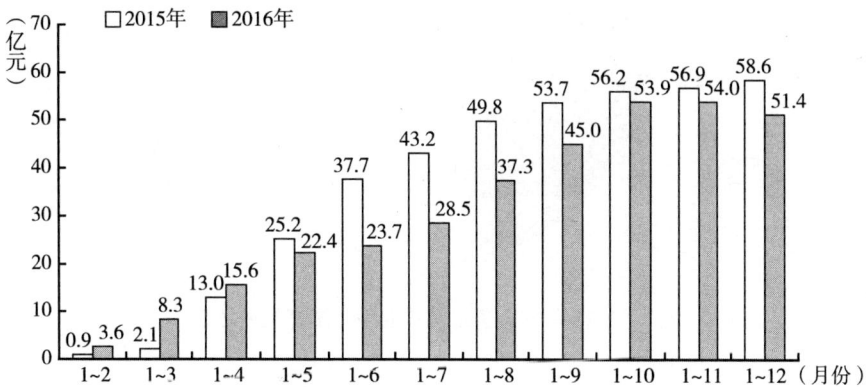

图 2　2015、2016 年修武县第三产业固定资产投资累计数

数据来源：修武县统计局。

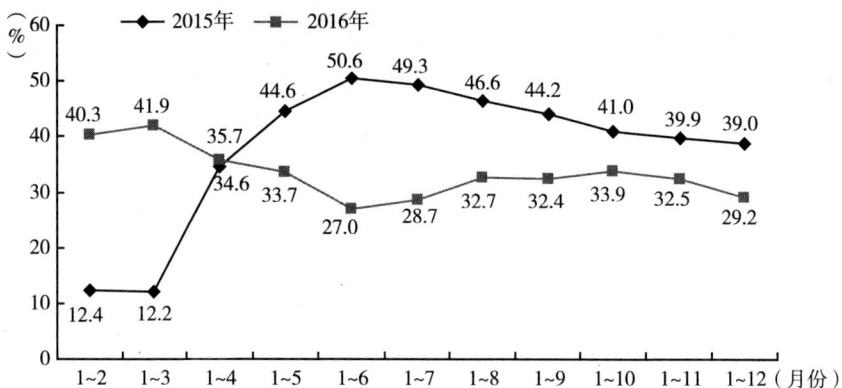

图 3　2015、2016 年修武县第三产业固定资产投资占总投资比重

数据来源：修武县统计局。

139

如图4、图5所示，2015年，修武县第一、第二、第三产业固定资产投资比例分别为7%、54%和39%，第三产业比重落后于第二产业，两者相差

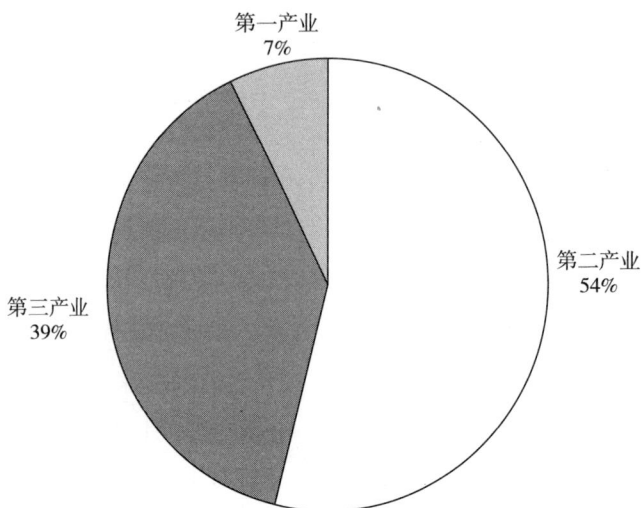

图4　2015年修武县三大产业固定资产投资比例

数据来源：修武县统计局。

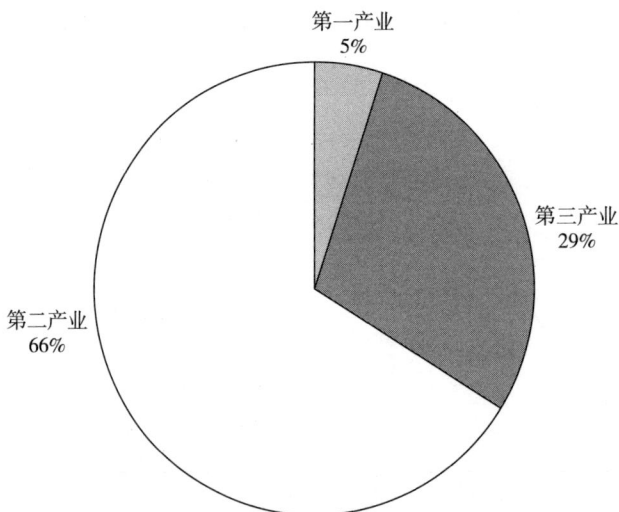

图5　2016年修武县三大产业固定资产投资比例

数据来源：修武县统计局。

15%。2016年，修武县第一、第二、第三产业固定资产投资比例分别为5%、66%和29%，第二产业比重更加凸显，而第三产业比重缩水至不到总投资额的1/3。分析可得，修武县招商引资及资本流向仍以工业为主，第三产业投资积极性值得关注，仍然具有较大的投资发展潜力。

（二）形成"3＋X"特色产业体系

修武县服务业正在形成以大旅游、大文化、大健康为主，现代物流、电子商务、现代商贸、餐饮住宿、房地产等其他服务业为辅的"3＋X"服务业特色产业体系。

1．大旅游

修武县历史悠久，人文荟萃，风景秀丽，景色宜人。境内有国家首批5A级旅游景区云台山（含青龙峡、峰林峡）、4A级景区圆融寺，以及全国重点文物保护单位当阳峪窑址、胜果寺塔、百家岩寺塔和汉献帝禅陵等景区景点数十处。修武县先后被命名为中国最佳旅游名县、全国旅游竞争力百强县和河南省唯一旅游综合改革试点县等（见表2）。

表2　修武县旅游奖项情况

	时间	奖项称号	评选单位
1	2007.01	中国最佳旅游名县	第二届中国旅游营销年会组委会
2	2011.12	全国旅游竞争力百强县	中国城市经济学会、中国旅游出版社、北京盛世唐人旅游规划设计院
3	2013.03	中国最具海外影响力县	香港《大公报》
4	2014.04	影响世界的中国文化旅游名县	人民网、《中国旅游报》、中华文化促进会旅游文化研究中心
5	2014.06	焦作市旅游工作先进县市区	焦作市政府
6	2015.01	中国绞胎瓷之都	中国工艺美术协会
7	2015.06	最美起航地	中国航空运动协会
8	2015.10	河南省乡村旅游示范县	河南省旅游局
9	2016.02	入围全国首批创建国家全域旅游示范区名单	国家旅游局

2014 年以来，根据旅游产业发展形势，修武县调整旅游发展思路，提出"旅游引领、融合发展、产业集聚、全域旅游"的工作理念，从着力加强景区建设向景城融合、全域旅游转变，旅游业由单一观光型向休闲度假型转变、由门票经济型向产业经济型转变、由集聚发展向点线布局转变。三年来，修武县累计接待游客 2000 多万人次，旅游综合收入 106 亿元，有效推动了修武从旅游大县到旅游强县的目标转变。

2. 大文化

修武县按照"打造不可思议的地域文化、发展独具特色的旅游文化、营造独一无二的产业文化"的思路，全面提升文化软实力，正在建设成为全省特色鲜明的文化产业高地。

修武传统文化基础扎实厚重。通过深入挖掘道教上清派创始人魏华存、全真道龙门派师祖刘海蟾等为代表的道教文化，发掘古人的养心、养生、养性之道；通过加强绞胎瓷系列产品研发、展示及销售，开展陶瓷文化宣传、研讨交流，发展壮大瓷文化；依托"竹林七贤"隐居地，深度挖掘和发展魏晋文化；依托韩愈、孙思邈等名人，规划韩文公祠、孙思邈采药处等项目，发展壮大名人文化；发挥千年古县底蕴优势，规划商周文化园项目，展示商周古文化；依托圆融寺建筑群，发展佛教文化。

3. 大健康

修武县把健康产业作为战略性新兴产业予以培育，明确了同旅游相结合，以健康服务业为引领，带动一、二、三产融合发展的总体思路，确立了同建设中国旅游超级目的地相衔接，构建以健康服务为核心、以健康科技为延伸、以健康生活为支撑的闭环产业生态体系，打造以云台山为核心的修武文化旅游健康产业集聚地的战略目标。

围绕总体思路和战略目标，秉承平台思维，聚力院士经济、融合发展、龙头带动、联盟集聚，将修武县的核心资源——云台山作为平台向全世界开放，全面推动健康产业发展，取得明显成效。在 2015 年第八届健康中国论坛上，修武荣获"中国养生地"称号。

二 修武县服务业发展的经验与举措

修武县充分利用得天独厚的服务业资源优势，并将资源优势合理转化为服务业竞争实力和持续发展力，围绕多产业融合发展的总体战略，按照促进三次产业融合，推动服务业提质增效的总体思路，并通过精准招商、提供资金等要素保障增强服务业综合竞争力。

（一）充分发挥服务业资源优势

资源是产业发展的重要生产力。修武县具有独特的生态优势、文化优势、医药优势和区位优势，为服务业发展创造了良好的资源条件。第一，生态优势。修武是宜居城市，是"中国长寿之乡"，全县森林覆盖率达30.9%，空气质量达到国家一级标准，境内多处泉水经第三方认证机构检测达到天然矿泉水标准；修武还是全国绿化模范县、国家生态建设示范区、中国最美小城、国家卫生县城、国家园林县城，荣获河南省人居环境范例奖。第二，文化优势。修武县具有源远流长的健康养生历史文化传统和民俗，孕育了以"药王"孙思邈、"医圣"张仲景、四大怀药为代表的中医药健康养生文化，以道教上清派创始人魏华存为代表的道教健康养生文化，以"竹林七贤"为代表的自然健康养生文化。第三，医药优势。修武县是中药宝库，野生及人工栽培的人参、天麻、连翘等药材品种多达800余种，以地黄、菊花、山药、牛膝"四大怀药"最为著名。第四，区位优势。修武县地处郑州、新乡、焦作三座城市的中心地带，境内的新月铁路、长济高速连接京广线、焦柳线、京港澳高速、连霍高速等国家交通大动脉；郑太高铁的第一段郑焦城际铁路已经开通运行。郑云高速、郑焦城际铁路贯通后，距郑州仅17分钟高铁、40分钟高速，距上海虹桥枢纽5小时高铁。修武县充分利用服务业资源优势，并将资源优势合理转化为服务业综合竞争力和持续发展力，以达到服务业资源的最优化分配和利用。

（二）多产业融合发展促转型

服务业面广线长，涵盖了国民经济行业分类中的多个门类。既有与生产制造密切相关的生产性服务业，还有与国计民生息息相关的生活性服务业、公共服务业等。多产业融合发展强调既要与工业、农业结合大力发展生产性服务业，也要与新型城镇化结合突破发展生活性和公共性服务业。修武县围绕多产业融合发展的总体战略，按照促进三次产业融合，推动服务业提质增效的总体思路，以大健康产业统筹先进制造业、高成长服务业和现代农业，实现一、二、三产业融合发展。以建设"中国超级旅游目的地、中国养生地核心区、中国产业融合发展示范区"为核心，抢占高成长服务业制高点和主动权。依托修武县得天独厚的自然禀赋、人文传统和发展基础，紧紧围绕"大健康"这一核心主题，以现代服务业为龙头，大力推进旅游业、工业、农业转型提升，打造主题鲜明、特色突出、效益显著的产业业态、产业链条和产业集群，构建全县产业发展战略大格局。通过打造特色鲜明的山水旅游、乡村旅游休闲产品，建设具有地域特色的景观旅游村镇；以金融、科技、信息服务改造提升传统服务业，促进服务业内部行业深度融合。多产业融合发展，不仅能够突破传统范式的服务业创新，而且可以促进全新的融合型产业体系的形成，催生巨大的复合经济效益。

（三）服务业精准招商引资

修武县为加快发展服务业，着力培育引进产业新业态，促进经济提质增效，增强经济发展后劲，精准组织服务业招商引资工作。顺应新常态下招商引资工作新要求，坚持理念创新、方式创新、政策创新、服务创新，并结合修武县服务业发展现状，以招引生活性服务业和新兴服务业为主线，强化产业招商、专业招商、精准招商、联动招商，开展多层次、多渠道的招商洽谈活动，引进一批投资规模大、产业配套强、附加值高的服务业项目，加快形成新的增长点。通过谋划推进服务业招商，加强招商战略研究，立足服务业主导产业地位，突出服务业延链、补链、强链，积极探索招商新方法，拓展招商新思路。第一，深化"走出去"招商。围绕景城融合与中国超级旅游目的地建设，结合特色商业区文化旅游服务业、商务服务业的功能布局，大力开展文化旅游、商务服务、高端养生等高成长性服务业项目招商工作。第二，定向精准对接招商。建立专业化、市场化招商机制，以服务业各行业核心要素为载体，从各自招商需求出发，紧扣项目线索和合作意愿，瞄准国内大型服务业企业，精心筛选确定重点目标企业，定向开展招商活动。第三，强化以商招商。进一步加强已落户客商的沟通联系，通过已落户客商掌握一部分客商信息，主动上门对接。

（四）资金要素有力保障

由于服务业发展的特殊性，资金要素的数量和规模会直接影响服务业发展的质量和水平。在服务业发展中的重要项目、薄弱环节、关键领域和新兴行业，有力的资金保障能够帮助促进服务业的市场化、社会化、产业化发展。修武县充分利用支持服务业发展的各类财政资金，探索采取建立产业基金、PPP 等模式，支持发展面向大众的服务业发展模式，带动社会资本加大投入。第一，争取服务业专项建设资金。修武县根据国家和省政策性资金投向，重点支持处于产业化起步阶段，市场前景好的新兴服务业，着力围绕服务业发展抓好项目资金争取，确保争取资金工作实现新突破。重点围绕特色商业区、云台山文化旅游园区、伊赛牛肉冷链物流等现代物流项目、百家岩寺塔保护设施建设等项目做好服务业发展引导专项资金争取工作。第二，推进政、银、企、社会资本合作。改善服务业发展环境，引导各类社会资本加大对服务业的投入力度。着力推进政银企合作，通过推进企业进入多层次资本市场，降低融资成本，实现直接融资，为服务业发展提供金融保障；通过积极探索 PPP 模式，破解服务业资金瓶颈问题。鼓励、支持民间资本参与服务业发展，完善投融资政策，促进民间资本规范有序参与服务业市场。充分发挥市场在资源配置中的决定性作用和更好地发挥政府作用，逐步使社会力量成为发展服务业的主体。

三 修武县服务业发展趋势展望

随着服务业在国民经济中占比的逐步增加和居民生活水平的进一步提

升，服务业发展将会面临更多的机遇，包括政府对服务业发展的鼓励性政策、巨大的生活性服务业消费市场和现代服务业的迅猛发展。结合修武县服务业发展现状，展望修武县服务业在未来几年的发展趋势，仍然会坚持三大主导产业地位，并均衡发展其他服务业，载体的支撑能力也会逐步增强。

（一）发展面临的环境

1.政府鼓励服务业发展

第一，国家层面。2015年11月，国务院办公厅印发《关于加快发展生活性服务业促进消费结构升级的指导意见》，提出围绕人民群众对生活性服务的普遍关注和迫切期待，着力解决供给、需求、质量方面存在的突出矛盾和问题，推动生活性服务业便利化、精细化、品质化发展。第二，省级层面。2014年，河南省人民政府印发《关于建设高成长服务业大省的若干意见》《关于进一步促进服务业发展若干政策的通知》，提出着力发展壮大高成长性服务业，培育发展新兴服务业，改造提升传统服务业，并出台涉及综合性、物流、旅游、文化、健康服务等领域的各项政策措施。2016年12月，河南省人民政府办公厅印发《河南省"十三五"现代服务业发展规划的通知》，提出强化与区域中心城市产业协调与对接，主动承接中心城市服务需求溢出，积极发展旅游休闲、健康养老等产业。

2.巨大的生活性服务业消费市场

2017年以来，受宏观环境变化影响，中国工业经济增长稍有放缓，服务业已经成为国民经济和吸纳就业的第一大产业。经济社会发展呈现出更多依靠消费引领、服务驱动的新特征。随着居民收入水平的提高，不仅支撑起个人消费能力的增长，同时也促使消费结构不断升级，消费者更加注重生活质量的提升和所得到的服务质量。此外，信息网络技术不断突破拓展了生活性服务消费新渠道，新型城镇化等国家重大战略实施扩展了生活性服务消费新空间，人们对生活性服务的需求日益增长，对服务品质的要求不断提高。而部分生活性服务业有效供给不足、质量水平不高、消费环境不佳，难以满足人民群众日益增长的服务需求。只有利用消费结构升级，拉动服务业发展，提高对服务业发展的要求，才能进一步激发服务业新的发展空间。

3.现代服务业发展势头迅猛

现代服务业伴随着信息技术和知识经济的发展而产生，以现代科学技术特别是信息网络技术为主要支撑，用现代化的新技术、新业态和新服务方式改造传统服务业或者产生新兴服务业。现代服务业创造需求，引导消费，向社会提供高附加值、高层次、知识型的生产服务和生活服务，资本、人才等创业创新要素也在向现代服务业不断集聚。从全国看，现代服务业正呈现出发展更快、活力更强的良好势头。随着互联网与经济社会的深度融合，互联网经济蓬勃兴起，互联网和相关服务业融合发展的"互联网＋制造""互联网＋教育""互联网＋医疗"等现代服务业正在实现服务业的转型升级。以东南沿海为例，人们对休闲养生型的旅游、度假、绿色食品，对高品质的教育、文化、医疗等需求越来越旺盛，催生了一大批新兴服务业，例如总部经济、休闲旅游、科技服务、健康服务和智慧快递等服务业迅速崛起。

（二）发展趋势展望

根据国内外经济环境，以及修武县服务业发展态势，预计未来几年，修武县服务业三大主导产业地位将会进一步巩固，同时其他服务业均衡发展，服务业的载体支撑能力也会逐步增强。

1.主导产业进一步壮大

当前，修武县已经形成以大旅游、大文化、大健康为主导的服务业特色产业体系。加快发展壮大主导服务业，巩固三大支撑产业，是修武经济增长持续发力的重要保障。第一，树立"全域旅游"理念，推进旅游产品从单一观光型向现代观光休闲度假复合型转变，旅游市场由旅游过境地向生态宜人休闲旅游目的地转变，城区功能由单一行政中心向人文生态休闲旅游综合体城区转变。第二，按照"打造不可思议的地域文化、发展独具特色的旅游文化、营造独一无二的产业文化"的思路，做大做强传统文化、突出发展特色文化产业、积极发展文化创意产业、推动文化产业和教育互助发展。第三，依托云台山品牌效应和生态资源，推动健康产业与文化旅游、医疗保健、养老养生等产业协调发展，构建集健康咨询、养老服务、康复护理、健康旅游、保健养生、健康产品制造等于一体的健康产业链，全力打造中国养生地核心区。

2. 其他服务业均衡发展

第一，现代物流。推进修武公铁联运物流港项目建设，发展冷链、绿色食品、汽车及零部件、电子产品等行业物流，发展特色农产品物流。第二，电子商务。规划电子商务产业园，重点围绕主导产业、特色农产品、现代物流等领域，建设行业电商服务平台，并大力发展农村电子商务。第三，现代商贸。加快商业综合体、商业步行街等项目建设，加快改造提升沿街商业，规划旅游商品市场项目，加快发展新兴商业业态，积极开展O2O（线上线下）经营。第四，餐饮住宿。发掘培育地方特色小吃品牌和"老字号"企业，建设一批标志性餐饮饭店；推动酒店住宿分层错位经营，规划不同风格的特色酒店。第五，房地产。坚持消化存量和优化增量相结合，优化调整住房供给结构，建立购租并举的住房制度，促进房地产业兼并重组，提升居住环境和住房品质。

3. 载体支撑能力逐步增强

围绕建设全省特色服务业大县，修武完善提升服务业发展载体，形成"一区、四园"的服务业发展布局。第一，"一区"：全力建设特色商业区。围绕特色商业区功能定位，积极引进文化旅游、电子商务、云计算、大健康等一批重点项目落户。规划郑焦城际铁路修武西站配套设施、云台古镇等项目建设。完善基础设施支撑能力，加快宁城路西延、峰林大道南延等工程进度。第二，"四园"：规划四大特色文化旅游园区。以云台山山水、"竹林七贤"人文为主的云台山文化旅游园区；以圆融寺为主的宗教文化旅游园区；以绞胎瓷制作和文化展示、传承为主的绞胎瓷文化产业园区；以太极文化传承、创新为主的云台太极文化健康园区。

四　修武县服务业升级策略研究

修武县发展服务业优势多、潜力大，但总体上，服务业发展潜能释放仍然不足，服务业结构不够合理，服务供给能力亟待提升。通过合理规划、布局发展全面的服务业体系，增强服务业与其他产业的融合发展能力，创建具有特色的修武县服务业品牌，实施服务业质量提升工程，并紧抓产业跨界融合发展新机遇，积极培育发展新兴服务业，寻找服务业经济增长新动能。

（一）发展全面的服务业体系

根据对修武县服务业发展现状分析可得，修武县服务业主要以大旅游、大文化、大健康为主的生活性服务业为支撑，而生产性服务业发展明显滞后，服务业对工业等其他产业的支撑能力较弱。构建全面、均衡的服务业产业体系，寻找新的服务业增长动能是修武县服务业发展壮大的重要途径。充分发挥修武县生态、资源和后发优势，坚持市场化、高新化、融合化和集聚化导向，围绕工业、服务业发展需要积极布局物流、商贸、电子商务、科技服务等各类生产性、生活性服务业。加快生产性服务业发展作为调结构、促增长的重大举措，作为扩大内需、增进就业、改善民生的重要途径，努力推动生产性服务业向中、高端发展，在更深层次、更高水平上推动服务业与工农业有机融合，引领产业向价值链高端提升，加速经济提质增效升级，增强修武县经济综合竞争实力。突出关键环节着力推动改革创新、集聚发展、平台建设、市场主体和项目建设，积极构建与工业化、城镇化相协调的服务业发展新格局，努力形成具有修武特色的现代服务业产业体系，全面提升服务业发展质量和水平，加快推动服务业跨越式发展。

（二）创建服务业特色品牌

"云台山"旅游业及周边产业是修武县服务业的主要品牌，通过包装、宣传，其品牌影响力及美誉度逐渐增加。然而，修武县其他服务业品牌仍处于成长期，缺乏有特色的品牌认知度和辨识度。修武县服务业需培育壮大服务业骨干企业，树立一批服务业品牌。联合质监局、工商局、商务局等行业主管部门全力推进服务业标准化建设，引导企业主导或参与行业、国家和国际标准的制定和修订。对"中国驰名商标"、"河南省服务品牌"和"河南省著名商标"的服务业企业，按照有关规定给予奖励。对服务业品牌和标准化建设突出的企业（项目）予以扶持。将服务业品牌和标准化建设作为服务业考核的重要内容，在服务业考核工作中新增"品牌和标准化建设"考核事项，有力促进服务业相关工作开展。多部门联动，加快推进旅游、养老等行业品牌创建，加快推进行业品牌质量提升。同时，通过名牌产品、著名商标等品牌创建活动，进一步推进修武县服务业行业和企业行为的规范化、标准化，进一步提高服务质量和服务业发展水平。

（三）提升服务业质量水平

服务业在产业分类中排名第三产业，是人们在满足一定的物质及硬件条件后而发展的体验性产业。所以，服务业的服务质量水平是服务业发展的核心和关键。与国内外先进服务业发展相比，修武县服务业整体发展水平仍然较低，在产业结构中的占比低于发达地区，生产性服务业发展水平不高、结构不合理，科技、人才等要素竞争力较弱。修武县服务业仍然处于资源依赖性被动发展阶段，而服务质量本身还不能完全满足消费者的服务需求。修武应组织实施服务业质量提升工程，以大旅游、大文化、大健康产业为示范点，从重视服务经济效应逐步转变为重视消费者体验，从低水平化服务质量逐步转变为中高端服务供给。服务业是"以人为本"的行业，是最需要人才支撑的行业。应将开发和储备人才资源作为发展服务业的基本方略，纳入经济社会发展总体规划。当前，应从被动发现人才转向主动聚集培养人才，从满足当前需要使用人才转向着眼未来竞争培育人才，以人才优势推动修武服务业做大、做强、做优。

（四）培育发展新兴服务业

服务业发展升级需要创新支撑，把握产业跨界融合发展新机遇，促进战略性新兴服务业与制造业、互联网应用、城市建设深度融合发展。鼓励企业开展科技创新、产品创新、管理创新、市场创新和商业模式创新，增加优质产品和服务的有效供给，推动传统服务业升级，促进新兴服务业态涌现，实现服务业结构优化调整。在"互联网＋"时代，注重推进云计算、移动互联网、大数据、节能环保等技术开发应用，助力发展文化创意产业；加快发展互联网金融等新兴业态，发挥其服务小微企业、提高金融普惠性的积极作用；创造新的市场需求，建成充满活力、富有效率、更加开放的现代服务业体系，为"大众创业、万众创新"增添动力和活力。鼓励企业以提升服务品质为导向，增加优质新型产品和服务，以有效供给带动需求，培育、挖掘新消费增长潜力。引导大健康、文化旅游、服务贸易、专业服务业等企业向价值链高端发展。

参考文献

1. 陈学桦：《修武抢滩服务业赢发展先机》，《河南日报》2016年8月19日。
2. 李建华：《旅游"触网"促修武转型》，《河南日报》2015年5月7日。
3. 谭洪波、郑江淮：《中国经济高速增长与服务业滞后并存之谜——基于部门全要素生产率的研究》，《中国工业经济》2012年第9期。
4. 王丹：《推动河南服务业迈向专业化和高品质》，《河南日报》2016年4月22日。
5. 王自芳：《河南服务业发展面临的问题分析及对策研究》，《黄河科技大学学报》2016年第3期。
6. 张勇、蒲勇健、陈立泰：《城镇化与服务业集聚——基于系统耦合互动的观点》，《中国工业经济》2013年第6期。

B.13
修武县农业供给侧结构性改革研究

李国英*

摘　要： 农业供给侧结构性改革的实质就是通过"三优一降一补一新"来淘汰落后产能，提升行业集中度，进而形成结构合理的农产品有效供给，提升国际竞争力，改革的核心思想是改变传统的农业生产经营模式，重塑以市场化服务为核心的机制，带动农业产业化发展。其背后蕴含的深层次内涵是农业产业效率的提升、农业现代化、信息化等一系列农业产业发展趋势。其中，推广"互联网+"技术，建立农产品信息平台，大力发展精准农业和农村电子商务、农村互联网金融等新业态都是实现有效供给的重要手段。推进修武县农业供给侧结构性改革，特别要注意立足本地区的资源禀赋和区位优势，明确区域发展定位和主攻方向，坚持创新、协调、绿色、开放、共享等新发展理念，牢固树立短板意识，坚持问题导向，着力培育新主体、打造新业态、增添新动能、拓宽新渠道，以农业转型升级带动现代农业强县建设。

关键词： 农业供给侧结构性改革　新业态　"互联网+"　精准农业农村电子商务

农业供给侧结构性改革的背后是中国农业政策要义的调整。中央提出农

---

* 李国英，河南省社会科学院农村发展研究所副研究员。

业供给侧结构性改革的初衷，主要是基于重要农产品的供求关系已经从总量上的矛盾转变为结构性的矛盾以及"小规模高成本、生产与消费的矛盾激化、粮食财政负担越来越重"三个不可持续问题。

在全球贸易体系日趋完善、农业技术水平不断提高、中国经济总量世界领先的当下，国内农业的供需矛盾已经逐步向产业链下游转移，量的矛盾逐步削弱，但精深加工、可追溯、高质量标准化的农产品供给相对不足，这也正是过去几年我国粮食连年增产但进口需求却不断攀升的主要原因。传统农业上游资源属性较强，供给端对行业的影响远大于需求端。所以目前农业改革的着力点是"要在确保国家粮食安全的基础上，着力优化产业产品结构"；切入点是让市场力量引导结构调整，减少无效供给，"最终目的是满足需求"；近期来看是有效化解部分粮食作物（如玉米等）产能过剩，提升主要口粮自给率，从更重要的远景来看则是通过资源整合完成产业升级，培养富有国际竞争力的民族品牌，甚至在未来有能力通过"一带一路"把国内优质农产品和农业技术服务输出到全球。

河南省修武县地处郑州、新乡、焦作和山西晋城市的中心地带，位于中原城市群半小时经济圈内，郑焦城际铁路开通后，修武到郑州航空港经济综合实验区仅需17分钟，交通便利，区位优势明显。在县委、县政府倡导的以民心导向推动产业强县建设过程中，农业供给侧结构性改革已取得了初步成效：为适应市场需求，通过宣传、引领和合作社带头等方式，积极引进优质强筋小麦等新品种，大力推广微生物绿色防控等新技术，主粮生产的集约化、专业化水平不断提高；对接河南省农经社投资5000万元建立的10万亩优质小麦产业体系建设项目，建立了繁育强筋优质小麦基地，该项目是集种子供应、配方施肥、收购于一体的订单农业，实现了相关产品的有效供给；根据本县优势产业发展布局，积极加快以五庆面业为主的面业集群和以大用、伊赛为主的肉品集群建设，提升了相关产业的核心竞争力，加强品牌建设，提高市场占有率；培育了以云台冰菊为代表的农业产业新亮点，加速推进一、二、三产业融合发展；以台创园建设为契机，以云台山游客资源为依托，通过招商引资和以商招商等方式，大力发展休闲观光生态农业，目前已有15家休闲企业入驻修武，拥有云台冰菊基地等28家观光、旅游、休闲、新技术引进推广等现代农业示范点；通过全域旅游示范区建设，实现了地区由单一的自然景观旅游向特色文化体验旅游的转型升级，同时挖掘与提升景区内旅游文化产品的附加值，为农村剩余劳动力提供了就业岗位，促进农业产业化向纵深方向发展。

一 农业供给侧结构性改革的基本内涵

推进农业供给侧结构性改革，激活资源要素潜力，解放和发展农村生产力，培育壮大新动能就成为当前和今后一段时间内我国农业政策改革和完善的主要方向。2017年中央一号文件发布，再次提到要"积极推进农业供给侧结构性改革"，提出要"把深入推进农业供给侧结构性改革作为新的历史阶段农业农村工作主线"，同时明确了改革的目标、方向、底线等重大问题。作为农业大省，供给侧结构性改革也是河南省委、省政府关注的重点，在2016年度的省"两会"上，特别提到要强化河南省的供给侧结构性改革，而农业供给侧结构性改革则是供给侧结构性改革的重要方面。所以，对于各地方政府而言，正确理解供给侧结构性改革的内涵要义，找准农业供给侧结构性改革的主要着力点、关键切入点、基本立足点，对理清各地区农业发展思路，进一步激发农村发展内生动力，补齐"四化"同步发展的"短板"，让农民平等参与现代化进程，意义深远而重大。

（一）农业供给侧结构性改革的必要性：高库存与有效供给不足并存

农业供给侧改革被称为"结构性改革"，是基于我国农业生产当前面临的主要问题是结构性过剩和结构性紧缺：一方面，由于政策性收储机制的存在，托市政策扭曲了农产品价格的形成机制，一些农产品如玉米等产能严重过剩但仍在盲目扩产，造成这部分农产品库存高企、价格承压下行；另一方面，一些优质农产品供给严重不足，不得不长期依赖进口，对外依存度不断升高，还有一些农产品由于生产成本高昂而进口价格倒挂，成为无效供给。这种阶段性的供过于求和有效供给不足并存的农产品供求格局，实际上造成了生态资源及农业资金的巨大浪费。而农业供给侧结构性改革，核心就在于理顺农产品定价机制，推进粮食等重要农产品价格市场形成机制和收储制度改革，在保障粮食安全的前提下进行产业转型与升级，完成农业产业价值链的延伸，最终提高有效供给。

（二）农业供给侧改革的路径：短期去库存，长期降本增效

农业供给侧改革是对农业全产业链的价值重塑，改革路径分为去库存和降低成本增加效率两大主线。其中，去库存是短期目标，降低成本增加效率是长期目标。具体举措如下。

1. 解决部分附加值不高的初级农产品的高库存。通过产品价格市场化和种植结构调整，加速价格形成机制的市场化，去化过剩、低效产能，鼓励发展农业精深加工，同时通过互联网技术、双向物流及冷链物流等改善农产品流通环节。

2. 通过"三权分置"加速土地流转进程，将小农经济转化为现代化集约化农业生产，提高生物技术在农业领域的应用，以化解土地地力下降、自然灾害风险、环境污染等一系列问题和矛盾，从而长期提高各地区的农业土地产出率、资源利用率和劳动生产率。

3. 配合一、二、三产业融合（发展农产品深加工业，延长农产品生产链条，利用现代信息技术改善农产品市场流通体系，发展乡村旅游、特色小镇、休闲农业等新业态）和农业现代化升级（规模化、机械化、绿色化、科技化），以实现降低成本、增加效率。

（三）农业供给侧结构性改革涉及领域

基于目前我国农业生产中结构性失衡的严峻现实，应该把强化需求导向

和市场导向作为农业供给侧结构性改革定位和改革的方向。目的是以"去库存、降成本、补短板"为主来提高我国农业的市场竞争力。其涉及的关键领域为：传统种植业与养殖业的供给侧结构调整；推进农业绿色生产、清洁生产；通过科技创新提高农业生产效率；发展农业新产业新业态。其改革的重点是：增加绿色农产品供给，完善农产品价格形成机制，以土地改革为主的农村产业制度改革，着力优化农业产业产品结构，提高农业全产业链收益，以保证农业生产者增收。

1. 以"生物农业＋智慧农业"为方向，加快农业现代化发展进程。"生物农业"主要是相对于"化学农业"而言的。在历史上化学农业对我国农业的发展起到了很大的作用，基本上解决了老百姓的温饱问题，保证了我国的粮食安全。但也产生了诸多的负面效应，如地下水污染严重、农产品品质下降、地力下降等。随着生物科技与农业的加速融合，如何利用生物技术更好地提高农产品种植、养殖效率，并降低生产成本、减少污染将是未来农业的发展方向之一。而"智慧农业"就是充分运用现代信息技术成果，集成应用计算机与网络技术、物联网技术、音视频技术、3S技术、无线通信技术及专家智慧与知识，实现农业可视化远程诊断、远程控制、灾变预警等智能管理，利用现代信息技术着力解决我国农业粮食安全和食品安全两大问题。

2. 以发展农业信息化和互联网化为必要武装，打造现代高效农业。现代农业的核心就是高效，而高效农业离不开信息技术的支持。随着农业生产成本的持续上升，以往依靠大量资源投入的高成本、低效益、粗放式农业发展道路难以为继。粮食的高库存、日益严峻的资源约束与环境保护问题也在倒逼我们加大在农业信息化方面的投入力度。

3. 促进一、二、三产业融合发展，大力发展"第六产业"。"新理念"落实到农业生产领域，就是要延伸产业链，以新型城镇化和农业现代化协调并进作为重要载体，推进一、二、三产业融合发展，以结构性改革强农、惠农。而一、二、三产业融合发展的本质就是以工业理念发展农业，其落脚点是加强农业领域的制度创新、技术创新和商业模式创新，进而推动农业的产业化发展水平。具体体现为产业链前端由分散经营向适度规模转变，产业链中端由粗放加工向精准农业转变，产业链后端由市场脱节向以市场为导向转变、由传统销售向触网电商模式转变。

4. 以新动能、新业态打造农业发展新的增长点、农民持续增收的动力源。新动能就是传统动能中的新模式（推进适度规模经营、建设现代农业产业园）以及农业发展新业态（如乡村休闲旅游、农村电商、现代食品、宜居宜业特色村镇）等。归根结底，推动农业生产由"保量"向"提质"转型的动能就是新动能。而所谓壮大新产业新业态，拓展农业产业链价值链，背后是对于农业产业内涵的丰富，是为农业产业延伸、农民收入提升寻找新方向、新增量，也是在国内消费水平不断提高、以互联网应用为代表的农业信息化方兴未艾的大背景下提出来的。这意味着不仅仅是传统的农业深加工、农业产业链一体化的发展模式，还包括以农村电商、休闲农业等为代表的农业新业态也是今后我国农业现代化发展的主要方向。

5. 以"三权分置"改革重构农村土地权利体系。土地是农业生产最核心的要素，2016 年 10 月，中共中央办公厅、国务院办公厅印发了《关于完善农村土地所有权承包权经营权分置办法的意见》，将土地承包经营权分解成为承包权和经营权，实行所有权、承包权、经营权分置并行，这是我国在新形势下继 20 世纪 80 年代实施的家庭联产承包责任制后的第二次重大制度创新。土地三权分置改革的逻辑是在确保农村用地集体所有的前提下，把使用权剥离出来，可以预见未来一个时期内我国农村土地三权分置改革将会大力推进下去，这是实现农业规模化和农业供给侧改革的先决条件，是一场自下而上的引致性制度创新，有助于解决劳动力和土地资源的有效配置、进一步释放农业生产活力。

二 推进修武县农业供给侧结构性改革的重点难点

和我国大部分地区一样，修武县农业发展方式中不健康、不可持续、缺乏竞争力的矛盾不断积累，供需错配、成本过高、透支资源、农民增收难四大问题始终横在眼前，成为转变农业发展方式，推动农业产业化经营，促使传统农业向现代农业转变的主要障碍。推进修武县农业供给侧结构性改革，特别要注意立足本地区的资源禀赋和区位优势，明确区域发展定位和主攻方向，坚持创新、协调、绿色、开放、共享等新发展理念，牢固树立短板意识，坚持问题导向，着力培育新主体、打造新业态、增添新动能、拓宽新渠道，以农业转型升级带动现代农业强县建设。针对修武县的农业发展实际，在今后一段时间内，应重点抓好以下几个方面的问题。

（一）促进"三产融合"，推进农业结构调整，为农民解决增收问题

从全国农产品的价格走势来看，2016 年初担心的农产品供过于求、库存增加及价格下行压力大导致农民收入有所下降的问题并没有出现，但整个农民收入会有增速减小的态势，特别是修武县玉米种植面积占秋粮种植面积比例较大，在市场价格形成机制改革过程中，价格可能会出现下跌。这就需要地方政府出台各项措施鼓励农民调整种植结构，引导农民根据市场需求进行生产，增加优质绿色农产品供给，扩大优质小麦，经济作物如花生、棉花、瓜菜等的生产，适度调减籽粒玉米种植面积，扩大青贮玉米试点面积。同时要深挖农业内部潜力，促进一、二、三产业融合发展。多渠道增加农业经营者的收入，具体实现方式包括鼓励涉农企业或新型农业经营主体利用互联网等新兴模式，鼓励适度规模经营，同时也要积极引导农业经营主体将产业链延伸至农业技术服务、物流、加工、养老、旅游等领域，从而打造一、二、三产业融合发展新格局。

（二）发展"精准农业"，加快科技创新

精准农业是一种现代动态管理系统，它体现的是一种科学合理化的农业管理思维。精准农业改变了农业生产活动的粗放、小规模的生产方式，将其变革为一种精细、大规模的生产方式，真正提高了农业生产的效率，同时将

生产规模扩大，降低了生产成本。

2017年农业部将重点开展大田种植、设施园艺、畜禽养殖、水产养殖4类数字农业建设试点项目，结合产业类型，支持精准作业、精准控制设施设备、管理服务平台等内容建设。工业化的规模、精细化的管理、数字化的运营是未来现代农业发展的大趋势，信息技术的精准应用将大幅提高劳动生产率、降低人力成本，修武县要特别注意抓住这一发展机遇，利用国家层面的技术和资金支持，迅速推动本地区相关农牧产业由资本密集型向技术密集型转型升级。

（三）以"特色小镇"建设助推都市生态农业发展

都市生态农业是把三次产业融合而成的新型交叉产业，是集生产、体验、娱乐、购物、生态于一体的综合高效现代农业，能有效带动城乡资源双向流动，是实现城乡一体化发展的重要载体。基于修武县的生态优势、旅游优势、文化优势、医药优势以及区位优势，可以把特色小镇和城乡一体化示范区作为都市生态农业的重点，利用"旅游+""生态+"等商业模式，推动各产业的深度融合，为都市生态农业发展探寻破题之策。建设特色小镇和城乡一体化示范区既能吸引周边劳动力就业，辐射式带动周边经济发展；也能通过相互交流和人才转移促进产业集聚效应，降低企业沟通成本，促进技术创新。

（四）以"三权分置"明晰土地产权，助力农业供给侧结构性改革

农业供给侧改革的核心在于提升农业生产效率、促进规模化生产，而适度规模经营是其重要手段之一。农业适度规模经营的首要问题是"土地从哪里来"。十八届三中全会进一步确定了土地流转方向，从"所有权、经营权"并行模式改革发展为"所有权、承包权、经营权"分置并行模式，就是在保证土地所有权不变和稳定土地承包权的前提下，让土地经营权能够进行市场化流转，土地向家庭农场等新型经营主体集中。

在过去农地产权不清晰的情况下，农民因有失去承包权的顾虑即使闲置

土地也"不敢流转",而新型农业经营者也会因为经营权的不稳定而不敢签署长期的租地合同,造成了土地资源的浪费和影响土地集中成片种植进程,加大了农业规模化经营的难度。而在"三权分置"并行模式下,不论经营权如何流转,集体土地承包权都属于农民家庭,同时经营主体依照流转合同取得土地经营权后其从事农业生产的各项权利均会得到法律的保护。

(五)以"互联网+"重塑农业产业链,助推一、二、三产业深度融合

农业离互联网最远,却也最具想象空间。在推进一、二、三产业融合发展,进行农业现代化改革的过程中,"互联网+"与农业产业的深度融合就成为农业产业现代化转型升级的重要手段和媒介。实践证明,由农业信息化引发的农业互联网生态圈建设、农用物资电商平台、农产品电商平台和农村互联网金融提供的类金融服务等新业态能显著提高农业全产业链整体效率,促进现代技术与农业的有机融合,成为各地区拓展农业下游消费,开拓新的销售渠道和路径,打通信息流、资金流、物流的重要手段。

(六)形成线上线下融合、农产品进城与农资和消费品下乡双向流通格局,以促进电子商务的发展

商务部等六部门在2016年3月印发了《全国电子商务物流发展专项规划(2016~2020年)》,明确提出要提高电子商务物流标准化和信息化水平,加快中小城市和农村电商物流的发展。这些措施将会极大地降低农村到城市间的物流成本,从而破除农村电商发展中的物流瓶颈,能够有效促进农村电商的发展。

目前,阿里巴巴、京东和苏宁三大电商都在县乡以O2O的模式铺设农村双向物流体系,在这个过程中,政府的作用至关重要。因为农产品生产主要是以农户为主,存在生产流程不规范、运输成本较高、缺乏完善的质检以及较高的追责成本等问题,三大电商平台大多采取的是"电商平台+地方政府+运营商"的"1+1+1"的运作模式,需要以地方政府作为信用担保人。

三 推进修武县农业供给侧结构性改革的对策建议

修武县地处郑州、新乡、焦作和山西晋城市的中心地带，位于中原城市群半小时经济圈内，郑焦城际铁路开通后，修武距离郑州航空港经济区仅需17分钟，交通便利，区位优势明显。伴随着五大国家战略的深入实施和"一带一路"建设的快速推进，拥有丰富自然资源、生物资源的修武县有着丰厚的基础优势、便利的现实环境和巨大的发展潜力空间，修武县应借此机遇，深入推进农业供给侧结构性改革，以改革促调整，以创新促发展，厚植优势，着力提高农产品的质量、效益和市场竞争能力，构建结构更加合理、保障更加有力的农产品生产加工供给体系。

（一）以农地股份合作社为媒介，促进农业适度规模经营

农地股份合作社是在治理上实现农地"三权分置"的有效组织途径，同时也是破解对农地承包权和经营权的分置结果以及农地处分权从流转权到抵押权细分的两难约束的重要路径，因此建立与发展农地股份合作社是值得各地方政府探索的一个重要方向。由于优越的区位优势和旅游资源，修武县大多数农户已经多年在城镇从事二、三产业，具有稳定的收入，土地的社会化保障功能已经弱化，农民有长期转让土地经营权的意愿。在农地确权后，可以通过建立农地股份合作等形式，推进整村、整区域土地流转，实现农业规模化经营。同时，在政府层面建立农地股权交易平台，引导农民在集体经济组织内依法自愿有偿转让土地承包经营权和集体资产收益分配权。

（二）把"物联网"作为推动修武县"智慧农业"建设的抓手

物联网技术下农户自动化种植、养殖，农资生产企业通过各种传感器来监控并采集下游信息，将获取的海量农业信息进行融合、处理，最后通过智能化操作终端，实现农资产前、产中、产后的过程监控、科学

决策和实时服务。物联网还可以帮助农民及时发现农资产品使用过程中出现的问题，并及时反馈至农资生产商。而农资物联网化也使得农资生产企业从依赖于上游订单的生产模式转向以智能分析为主导的生产模式，大大优化了农资生产端的资源配置，并用于指导农业经营者的生产与实践。

（三）大力发展电子商务，铸建修武新型农村"软实力"

农村电子商务是新常态下贯彻落实五大发展理念和供给侧结构性改革的具体举措，已经成为提升农村流通现代化水平、解决"三农"问题和扶贫攻坚的重要手段，关系到农村经济社会健康发展和2020年全面建成小康社会目标的按时完成。修武作为典型的内陆地区，有着比较优越的区位、交通优势和丰富的农产品资源，针对农产品进城的痛点在于村民缺乏销售上架和运营能力，村镇特色产品无法外售的实际情况，鼓励现代农业龙头企业和农民专业合作社充分利用互联网技术打造电商平台，助推企业发展。特别是要通过引进阿里巴巴集团电商龙头企业这个契机，促进全县中小电商集聚，带动全县农村电子商务快速发展。在此基础上，加强与其他大型电商平台特别是三大电商平台的合作力度，在打开农村电商消费市场，即把商品销往农村市场的同时，帮助农村的农产品打开城市市场的"上行"通路，形成具有修武特色的覆盖干货、加工品、休闲农产品全种类的农产品电子商务产业格局。

（四）强化现代农业新业态的多样化拓展

通过政策制定，积极支持与引导繁荣农村、富裕农民的新业态、新产业，把修武的绿水青山变为农民的"金山银山"。在农业供给侧改革过程中，要更加注重挖掘农业的非传统功能，充分利用修武县特别是云台山生物资源优势，大力推进都市生态农业、乡村休闲观光农业、文化创意农业、营养健康农业、养生养老农业等形态的发展，满足人们对农业的多功能需求，着力提升农业的价值创造能力，可在以下方面发掘并形成修武县新的农业增长点。(1)发展精准农业,实行订单生产。从农产品终端消费开始,利用互联网和大数据以及修武县便利的交通等优势逆向推动产业融合,构建农产品从田头到餐桌、从产品到终端消费无缝对接的产业体系;(2)打造体验型新业态。推进农业与旅游、教育、文化、健康养老等产业深度融合,发展农家乐、采摘园、开心农场等体验型业态。

(五)培育支持人才引进,提高农村电子商务水平

目前修武县在培育农民合作社、示范性家庭农场、种粮大户已取得一定成效的基础上,特别要注意加大对"新农人"的引进和培育力度。所谓"新农人",从狭义的概念上讲,是指以互联网为工具,从事农业生产、流通、服务的人,其核心是"农业+互联网"。广义的"新农人",指的是具备互联网思维,服务于"三农"领域的人,其核心是"三农+互联网"。他们大多受过高等教育,具备宽阔思维、创新思路以及管理能力,兼具互联网意识,愿意回到农村开创自己的事业。"新农人"的引入将大幅改善修武县农村市场的人才层次,并起到非常好的示范效应,进而逐步带动本地农业产业的转型升级和农业互联网化的发展。根据修武县的实际情况,可以把"新农人"的培育重点放在返乡创业的本地大学生和返乡创业的外出务工者上,他们在外边打工、学习,开阔了眼界,掌握一定的信息和销售资源,出于对家乡的热爱也愿意为家乡的发展做出贡献。同时支持这部分群体创业也是修武县委、县政府响应国家"双创"政策的需要。

(六)完善农业产业链上各利益主体的联结机制,让农业经营者共享三产融合发展的增值收益

加大对大用集团、伊赛牛肉有限公司、云台山农业科技有限公司等的扶持力度,鼓励这些企业到农村地区建设稳定的原料生产基地,完善跨区域农产品冷链物流建设。以本地龙头企业带动促进农村电子商务发展,大幅度提高这些本土涉农龙头企业的竞争力和效益,同时鼓励这些企业通过创新发展订单农业、积极发展股份合作等方式实现农民稳定分享产业链利益,充分体

现农民的主体地位，使农民更多分享农村一、二、三产业的增值收益。鼓励这些企业利用现代信息技术特别是互联网技术构建产销一体化体系并扩大优势农产品出口。具体措施如下：通过建设农产品生产基地附近的新兴农业园区打造"生产基地＋中央厨房＋餐饮门店"、"生产基地＋加工企业＋商超销售"等产销一体化模式；借力国家"一带一路"、河南"跨界电子商务实验区"建设，通过在综合电商平台上建立"修武特色馆"，鼓励龙头企业自主建立"垂直电商平台"等方式让修武县的"四大怀药"等特色农产品走向世界。

参考文献

1. 李国英：《"互联网＋"背景下我国现代农业产业链及商业模式解构》，《农村经济》2015 年第 9 期。
2. 和龙、葛新权等：《我国农业供给侧结构性改革：机遇、挑战及对策》，《农村经济》2016 年第 7 期。
3. 吴立、刘哲铭：《寻找农业现代化中的 Tenbagger》，《安信证券》2015 年 11 月 6 日。
4. 安信证券：《中国农业现代化路径》，《资本市场》2016 年第 4 期。
5. 国务院办公厅：《国务院办公厅关于推进农村一二三产业融合发展的指导意见》，《中华人民共和国国务院公报》2016 年 1 月 20 日。
6. 农业部：《中共中央、国务院关于落实发展新理念加快农业现代化实现全面小康目标的若干意见》，《中华人民共和国农业部公报》2016 年 2 月 20 日。
7. 国务院办公厅：《中共中央、国务院关于落实发展新理念加快农业现代化实现全面小康目标的若干意见》，《中华人民共和国国务院公报》2016 年 2 月 29 日。
8. 李光磊：《智慧农业生根发芽》，《金融时报》2015 年 2 月 3 日。

B.14
修武特色农业发展报告

刘依杭 *

摘　要：　特色农业作为现代农业发展的重要内容，是推进农业供给侧
　　　　　结构性改革、增加农民收入的重要途径，也是实现区域优势、
　　　　　提高农产品竞争力、促进区域现代农业发展的关键所在。近
　　　　　年来，在一系列行之有效的落实措施推动下，修武特色农业
　　　　　发展取得了较好成效，但也面临着一些比较突出的矛盾和问
　　　　　题。当前和未来一个时期，推进修武特色农业发展，要坚持
　　　　　以市场需求为导向，以效益为中心，着力加强特色农业产业
　　　　　结构和产业链调整，在促进特色农业生产规模化、组织化和
　　　　　标准化等方面努力。

关键词：　特色农业　产业化发展　区域布局　农业竞争力

近年来，随着我国农业发展的逐步转型与升级，居民生活水平得到
了显著的改善和提高，主要农产品消费已摆脱长期短缺的态势。但随着
农产品供需关系的变化，提高农业效益、优化农产品结构、增强农民收
入已成为当前突出的问题。近年来，国家针对这些问题提出了重要指导
性意见，并与有关重大战略相融合。调整的主要方法则以市场需求为导
向，切实发挥各地农业比较优势，形成区域布局合理、规模日益扩大的
特色农业规模化、专业化格局。修武作为传统农业县，发展特色农业、

---

* 刘依杭，河南省社会科学院农村发展研究所实习研究员。

改造传统农业、调整农业产业结构、提升农业产业化经营竞争力已成为当前农业发展的必由之路。

一 修武特色农业发展的基本情况

修武县位于河南省西北部，东与辉县、获嘉县相连，西与博爱县、焦作市衔接，南至武陟县，辖8乡1区187个行政村，总人口28.09万人，地域面积622平方千米。2016年，全县粮食播种面积48.7万亩，粮食总产量达27.24万吨。

（一）粮食总产持续增长，为特色农业奠定了良好的基础

近年来，修武以打造"粮食高产强县"为目标，认真组织开展粮食高产创建活动，通过引进新品种、推广高产集成技术等，粮食高产创建连续6年创造17项国家纪录，获得全国粮食生产先进县荣誉称号。2014年小麦高产创建打破5项全国纪录，高产攻关田实收单产达到821.7公斤，实现了我国冬小麦单产的历史性突破。2016年建立小麦万亩高产创建示范片7个、千亩丰产方10个、百亩攻关田20个、超高产攻关点50余个。同时组织全县农技人员包乡包村示范户，深入田间实地指导示范户落实浇水、追肥、病虫害防治等高产集成配套技术，为特色农业发展奠定了良好的基础。

（二）农业龙头企业发展迅速，品牌基地建设取得实效

修武基于当地农业资源优势，大力发展龙头企业。2016年，全县农业产业化龙头企业达到76家，其中农产品加工企业55家，规模以上龙头企业40家，建成产业化龙头企业省级1家、市级23家，农产品加工企业实现销售收入35.1亿元。形成了以龙头企业为主导，覆盖全县特色农业优势产业群，逐步建立健全了市场化运作机制，培育出一批龙头企业，打造出一批知名品牌，有效提升了对当地经济发展的支撑作用和对农民就业增收的示范效应。近年来，修武着力发展台创园特色农业，发挥台创园品牌，吸引优秀企

业落户园区，完善园区水电路等基础设施，重点建设同根源智能化农业休闲创业园和牡丹产业园等特色农业项目，完成农产品检验检测中心建设，搭建产供销平台，为园区企业提供高效服务，发挥了龙头企业带动效应以及形成了产业扶贫脱贫辐射效应。

（三）特色农业与关联产业互动增强，有力带动地方经济发展

修武得天独厚的自然条件为花卉种植和农产品加工集聚的快速发展奠定了基础，初步建立了以生态度假小镇打造休闲农业观光旅游为主导产业，集农、林、牧、副、渔等大农业项目于一体，以现代农业展示、教育实践、拓展训练等为内容的多位一体的现代农业风情小镇体系，成为推动修武农业农村经济结构调整、农民增收的有效途径。同时，随着特色农产品加工和农业旅游等相关产业迅速发展，农业产业链的扩展也大大提高了农业综合效益。利用以五庆面业为主的面业产业集群和以大用、伊赛为主的肉品集群建设，2016 年全县面业、肉品重点产业集群销售收入达到 55 亿元，其中伊赛肉品产业集群实现营业收入 31.4 亿元，大用肉品集群实现营业收入 19.6 亿元，发展带动农民就业近 2.7 万人，带动农户 2.3 万户，大力促进了农民收入的稳定增长和农村剩余劳动力的有效转移，走出了一条引领农民快速致富和谐发展的新路。

（四）农业服务体系日益完善，美丽乡村建设快速推进

经过多年的探索发展，修武初步形成了以公共服务机构为龙头，以农村中介组织、专业合作组织等农业企业为补充的相对完善的多元化服务体系。2016 年，修武农民专业合作社达 404 家，入社成员 11163 户，占全县农户总数的 20.1%，辐射带动农民 2.65 万户；家庭农场 61 个，其中规模经营百亩以上家庭农场 34 个、示范性家庭农场省级 2 个、市级 4 个、县级 10 个；专业种粮大户 115 户，其中规模种植百亩以上专业种粮大户91 户，千亩以上 4 户；促进了全县农业服务体系的完善和特色农业发展的进程。同时，修武开展美丽家园建设以来，县乡村三级先后投入资金

4000 余万元，用于改善农村人居环境，有效调动起农民和企业发展特色农业的积极性和主动性。

（五）农业科技水平稳步提升，农产品质量安全监管成效显著

近年来，修武围绕春季麦田管理、三夏三秋生产、秋季作物田间管理等，及时制定春季麦田管理意见、三夏三秋生产技术咨询和秋季作物田间管理意见等，编制《病虫情报》20 多期，对各乡村农业生产进行指导；通过利用农广校培训阵地和开展万名科技人员包万村为重点，在农作物生长关键环节中组织农技人员进村入户开展技术指导，进一步提升了农民科技素质和科技致富本领。在农产品质量安全方面，修武有农业标准化示范区 15 家，其中省级 2 家、市级 8 家；农产品质量安全检测室 16 家，形成了县乡统筹监管的农产品质量安全体系，年检测农产品 2000 多批次，保障了全县农产品的质量安全，成功创建国家农产品质量安全县。

（六）招商引资不断增强，休闲观光农业有效发展

目前，修武拥有面积 11.07 万亩、位居全国第二的台湾农民创业园区。以台创园建设为契机，以云台山旅游资源为依托，通过大力招商引资和以商招商，修武休闲观光现代农业得到了大力发展，现已有 15 家休闲企业入驻修武。目前修武拥有观光、旅游、休闲、农事体验、采摘、新技术引进推广等现代农业示范点如冰菊基地、红利丰、金瑞园、云台人家采摘园、青云农庄、陆台科技产业园、韩庄生态园等 28 家。修武通过开展全域旅游示范区建设，不断完善接待设施、提高接待能力，通过为农民提供就业岗位、促进劳动力转移，实现了农业增效、农民增收，有效推动了现代农业的发展。

二 修武特色农业发展过程中存在的主要问题

经过多年发展，修武特色农业取得了积极成效，但同时也存在着一些问题，需要引起高度重视。

（一）资源性约束日益凸显，特色农产品发展空间趋于狭窄

在修武自然区域内的各种资源条件的影响下，修武培育出许多高品质、多层次、多样化的特色农产品。但由于农产品生产依赖性强和区域资源的特殊限制等因素，特色农产品难以实现大规模扩张。同时，修武发展特色农业用地较少且地块分散，不利于吸引企业入驻发展，导致特色农产品发展缓慢，优势产业和特色农业资源发展水平难以显著提高。

（二）科技创新和应用水平不高，特色农产品更新换代慢

由于修武特色农业科技支撑力不足，特色农业规模普遍偏小，在很长一段时间内并没有得到重视，农业技术研发体系和特色农业的发展不能有效融合，小规模化特色农业难以适应现代农业化水平，且生产能力和研发技术相对滞后。此外，修武特色农业种类多、覆盖范围广，需要运用先进的生产机械和生物技术，但目前修武现代技术供应体系仍难以满足当前各种农技的需要，使得产出的特色农产品尚未有效摆脱传统生产方式，还处于生产技术相对落后阶段。同时，对特色农产品的培育程度较为缓慢，引种育种、嫁接等农技类工作发展程度不高，基本处于自然发展和自我更新的状态，严重制约了特色农产品生产力的提升。

（三）产品深加工能力不足，产业链延伸效果不明显

现阶段修武特色农业产业链扩展延伸程度低，主要处于初级产品生产加工环节，没有形成完善的产业效应，大部分农产品仅进行简单包装后再加上土特产名称。此外，特色农产品生产加工滞后，商品化处理能力不高，缺乏行业龙头的带动。由于生产加工水平普遍偏低，生产出的产品参差不齐。生产规模化、组织化程度低，与现有农业龙头企业和农民合作社联结机制不紧密，企业与农民间的联系不密切，而农民专业合作社经济实力较弱，农民收入增长的动力机制不强，合作社发展仍有待规范化和系统化。另外，由于缺乏技术咨询、种子培育和市场营销等相

关农业社会化服务体系，对特色农业产业链条的延伸和扩展造成了严重的制约。

（四）宣传力度欠缺，传统特色品牌市场开拓能力不强

虽然近年来修武特色农产品品牌建设已取得了初步成果，但由于行业标准、品牌认知度以及品牌宣传推广等因素比较落后，修武特色农产品"走出去"能力不强。特色农产品品牌建设还需不断加强和改进，虽然一些产品已注册商标品牌，但大多品牌影响力仍然不强、产品之间同质性较多，极大制约了品牌在市场中发挥的作用；在品牌建设、推广以及立法执法方面仍有欠缺，这也是制约特色农产品做大做强、树立自己品牌的重要因素。与此同时，由于缺乏具体操作措施和完善的政策性引导，对当地特色农产品宣传力度不足、品牌建设不稳、消费导向不强，特色农产品在市场中占有率极低。

三 修武特色农业发展的目标与模式

当前，我国农业农村发展环境正在发生深刻而复杂的变化，修武特色农业正步入关键时期，只有把握客观规律，找准科学定位，明确发展方向，才能依靠资源优势和传统优势做大做强特色农业，提升特色农产品竞争力。

（一）特色农业发展的基本目标

特色农业的发展必须要与当地区域资源禀赋密切结合。修武发展特色农业要以下三个基本目标为引导：一是以大力促进农民增收，不断提高农民生活水平和质量为根本目标，这也是充分调动农民参与特色农业发展建设的积极性和提高特色农产品质量的有效手段，只有以农民增收为核心，才能有效加快土地流转，加快农业农村结构性调整，从而有力推进特色农业的发展建设。二是以恢复生态环境为目标，修武发展特色农业必须以生态环境保护为前提，通过发挥生态效益的影响从而促进特色农业发展的可持续性和稳定

性。三是以改善农村生产生活条件为目标，这也是实现农业强、农民富、农村美的最终目标，通过利用特色农业发展并与之相结合相适应，从而带动整体农业经济发展水平的提高和农民生活水平的改善，以及推动新农村建设、推进农村基础设施的完善，从而促进统筹城乡发展。修武发展特色农业要依据以上三种模式进行不断探索和优化，从而促进修武特色农业的可持续发展。

（二）特色农业发展的主要模式

1. 区域农业模式与创新组织结构模式相结合

区域农业模式是根据不同地区区域特征进行合理的布局和分工，从而发展具有当地特色和比较优势的农产品，形成具有当地特色的生产专业化产业带。修武在发展特色农业上首先要找准自身定位，把握好区域性特点，打破原有的传统农业生产方式，推进农业产业结构优化升级，形成与创新型组织结构相结合的发展模式。然而，推进特色农业产业化其关键并不在于技术指导和价格竞争方面，主要在于组织结构模式间的组合与调整，创新组织结构模式不仅要通过利用区域特色来引导农产品生产，而且还要利用基层农民自身的创新实践经验来推动农产品的多样性发展。与此同时，修武在创新农业组织结构模式上，要充分发挥政府对其主导作用，通过宏观调控和创新农业组织结构模式的共同推动引导，使其农业生产要素配置更加合理化，从而带动修武特色农业发展从量到质的变化。

2. 示范农业模式与市场主导模式相结合

特色农业由于其自身发展条件和选择性差异，在技术和资金方面要有很大的支持和保障，修武抓好特色农业实现农业跨越式发展，就必须以农业供给侧结构性改革为主线，大力发展高标准、高水平的现代化农业示范园，利用示范基地的成功实践，引进吸收、试验示范和推广普及新技术，实现大面积推广。另一方面，修武特色农业的发展要以现代农业市场体系为主线，通过农产品市场的培育和引进以及与示范农业模式相结合，实现特色农业综合效应最大化。

四　加快修武特色农业发展的对策建议

修武在加快特色农业发展方面取得了一定的成效，也积累了一定的经验。但从当前特色农业发展的新要求来看，还需从推进农业产业链、提升科技化水平等方面综合施策，从而不断发展壮大修武特色农产品产业。

（一）加强特色农业产业链建设，促进农业转型升级

特色农业作为修武现代农业发展的重要组成部分，要按照优质、高效、生态、安全的要求突出现代农业的特征，应通过加快土地流转和家庭农场等农业发展方式，整合传统农业产业链条、延伸特色农业产业链条，发挥特色农业示范方、示范带等方面的基地建设，走出一条区域布局优化、三产互动协调的发展道路。一是以发挥资源优势为基础，大力发展农产品物流业和精深加工业，突出主打产品；二是增强特色农业在经济发展中的主导地位和文化内涵，将特色农业发展与区域经济结构、生态环境保护以及传统习俗文化相结合[①]。扩大特色农业市场竞争力和可持续发展能力，打造生态宜居型休闲农业，实现特色农业生产、加工、休闲和服务一体化的全产业链升级，以此促进一、二、三产业间的有机融合。

（二）打造特色农产品品牌，发展高效特色农业

注重农业品牌的推广和应用，依托特色农业产业发展的关键技术和环节，推进农产品地标性工作，充分发挥特色农产品商标培育、整合和协作的作用，强化特色农业新品牌的开发、示范推广和产权保护工作。农产品标志是具有地域性和特征性的代表，产品质量及标准化生产等特征主要取决于农业技术的推广和生态环境因素，因此要切实推动以地域名称冠名的特色农产

[①]　柯福艳：《发展特色农业加快山区新农村建设的机理与路径》，《江苏农业科学》2013年第1期。

品发展。修武在发展特色农业中具有丰富的农业资源和深厚的历史文化底蕴，在创建农产品标志方面具有独特的地方优势。因此，在推进修武农产品标志性建设中，要注重与农业资源优势相结合，围绕特色农产品知名品牌，提高特色农产品品牌市场知名度和产业化程度，提高农业科技含量，增加农产品附加值，从而有效推动特色农业提质增效和农产品市场竞争力的提升。

（三）努力完善农产品市场体系，促进特色农业产业集群化发展

积极推动特色农业产业集群发展的关键是充分发挥生产者与企业间的带动作用①。修武特色农业的发展要着力引导、扶持、培育一批具有影响力的龙头企业，以特色农业区域化、规模化和产业化为基础，逐步发展成产供销一体化的企业集团，促进修武特色农业生产专业化分工和产业集群发展，逐步形成"企业—基地—加工—销售"一体化发展格局，在一定的地理空间上形成规模化的特色农业产业集聚区。同时，要增强企业对修武特色农业的带动能力，加快农产品市场体系建设，延伸产业链条，利用农产品商标和地理标志性资源，形成结构合理、功能完善的配套服务体系，保障修武特色农业产业化的健康发展。

（四）加快农业科技成果转化，打造特色农业新优势

加快科技成果转化，必须要有健全的知识技术、科技人才队伍和先进的管理经验等要素。因此，修武要进一步激发广大农业工作者和全社会的创新活力，积极鼓励和引导企业投入特色农业的发展研究建设，建立健全特色农业科研成果收益的长效机制。同时，要鼓励农业科技创新引领修武现代特色农业产业化研究，激发创新主体科技成果转化的积极性，完善激励机制优化人才发展环境，保障特色农业科研队伍的稳定。一方面，要加强特色农业科学研究和技术开发研究，鼓励科技人员和科研机构按照市场需求，实现特色

---

① 剡谨：《西部欠发达地区特色农业集群研究——以甘肃定西马铃薯产业为例》，《西北农林科技大学学报》2012 年第 1 期。

农业生产化和特色农业生产技术标准化。另一方面，要集中优势力量，在特色农业优质高效配套生产技术和加强绿色农业创新技术上，提升特色农业无公害综合管理技术以及农产品生态质量安全，实现特色农业技术推广体系建设的全面推进，力求取得重大突破。

（五）提高特色农业组织化程度，促进生产专业化、规模化

加大支持农业产业化资金投入及政策扶持力度。政府要在制定一系列特色产业调整和扶持奖励政策的基础上，完善企业和农户间的利益联结机制，进一步加大资金投入，鼓励引导特色农业产业化自主经营、相互扶持的原则，建立特色农业发展风险基金，实行最低价保护制度，并引导企业和农户通过股份制、股份合作制等形式建立起稳定的销售关系和利益分配机制，从而促进企业与农户间的合作与配合①。另外，要加强特色农业多元化发展，通过农业管理模式的创新提高农民组织化程度。

参考文献

1. 《中共中央、国务院关于深入推进农业供给侧结构性改革加快培育农业农村发展新动能的若干意见》，2016 年 12 月。
2. 河南省人民政府：《河南省加快转变农业发展方式实施方案》，2016 年 1 月。
3. 蒋和平：《中国特色农业现代化建设研究》，经济科学出版社，2011。
4. 燕玉海：《特色农业的"升级版"》，《农民日报》2014 年 10 月 8 日。
5. 修武县统计局：《修武统计月报》（2015 年 2 ~ 12 月，2016 年 2 ~ 12 月，2017 年 2 月）。
6. 修武县 2017 年《政府工作报告》。

---

① 吴海峰、郑鑫：《中国发展方式转型期的特色农业发展道路探索——全国特色农业发展研讨会综述》，《中国农村经济》2010 年第 12 期。

景城融合篇

Integration of Landscape City

B.15
修武景城融合建设路径研究

彭俊杰*

摘　要： 推动景城融合发展对提高城镇化发展质量，展现城市的鲜明个性和独特风格，打造生态宜居宜业新都市具有十分重要的意义。本文以修武推进景城融合建设的具体实践为基础，分析景城融合在推进区域经济发展中的地位和作用，修武县推进景城融合建设的主要做法和取得的成效，并从加快产业转型升级、强化各类载体建设、加强基础设施建设和创新体制机制等四个方面提出推进景城融合建设的主要路径。

关键词： 景城融合　区域经济　修武县

---

* 彭俊杰，河南省社会科学院城市与环境研究所助理研究员。

习近平总书记指出:"要正确处理好经济发展同生态环境保护的关系,牢固树立保护生态环境就是保护生产力、改善生态环境就是发展生产力的理念,更加自觉地推动绿色发展、循环发展、低碳发展,决不以牺牲环境为代价去换取一时的经济增长。"城市作为人口集聚的场所、社会文明进步的象征和社会经济发展的载体,在发展过程中也要处理好同生态环境保护的关系,实现城市生态系统人流、物流、信息流的稳定流动和正常交换。景城融合,就是以自然资源为灵魂,以城市建设为载体,突出自然景观与现代城市建设的有机结合,充分体现城市即是景区、景区也是城市的绿色可持续发展理念。因此,推进景城融合发展,对于支撑区域经济社会系统高效运行,展现城市的鲜明个性和独特风格,打造生态宜居宜业新都市具有十分重要的理论和现实意义。

修武历史文化悠久,生态旅游资源丰富。境内有国家首批 5A 级旅游景区云台山、4A 级景区圆融寺等景区景点数十处,先后被命名为千年古县、中国最佳旅游名县、全国旅游竞争力百强县、影响世界的中国文化旅游名县、中国绞胎瓷之都和河南省唯一旅游综合改革试点县等。2016 年 2 月,入围国家首批创建"国家全域旅游示范区"名单。旅游业在国民经济收入中的地位极为重要,2016 年全县旅游综合收入达 39.75 亿元,占比 31.85%,同比增长 13.05%,推进景城融合发展具有独特优势和坚实基础。特别是,我国确立了节约资源、保护环境的基本国策,提出了走可持续发展道路、建设资源节约型和环境友好型社会、建设生态文明等一系列战略思想和重大举措,初步形成了比较完善的生态环境保护法律法规体系,生态建设和环境保护力度不断加大。随着中原城市群战略深入推进,郑焦融合发展的思路逐渐清晰,步伐不断加快。所有这些,为修武转变发展方式,努力走出一条生态环境和经济社会协调发展的新路子,奠定了良好基础。深刻把握景城融合在推进区域经济发展中的地位和作用,系统总结修武推进景城融合建设的主要做法和取得的成效,提出未来一个时期推进景城融合建设的主要路径,对于缓解城市发展和资源环境间的尖锐矛盾,推进城镇化健康发展具有重要的参考价值。

一 景城融合在推进区域经济发展中的地位和作用

（一）有利于为推动郑焦融合发展提供战略支撑

国务院批复的《中原城市群发展规划》和《促进中部地区崛起"十三五"规划》，都明确提出了支持郑州建设国家中心城市和推动郑州与焦作、开封、新乡、许昌深度融合发展，这对于修武来说，是一个重大的发展机遇。加快郑焦融合发展，对修武统筹优化区域发展布局，进一步提升城市功能，明确城市发展定位和经济社会发展方向，深度融入郑州大都市区和中原城市群具有重要意义。推进郑焦融合发展，有利于修武按照产业链条延伸、产业相互依存的要求，加快景城融合步伐，大力推动全域旅游，带动大健康、大文化等产业发展，主动承接郑州和焦作市辐射，加快发展与郑州、焦作的产业协作配套，基础设施互联互通，公共服务共建共享，打造大郑州都市区的周末休闲度假目的地。

（二）有利于为科学推进新型城镇化提供有效途径

改革开放以来，我国城镇化不断加快发展速度，城镇化率从1978年的17.9%上升到2016年的57.35%，各地在城镇化过程中普遍采取在城镇外围建立封闭型的工业区、在城市区外建立大型居住区或新城区的发展模式，"郊区就业，城区居住"或者"郊区居住、城区就业"的现象较为普遍，不仅造成"职住分离、长距离通勤"，而且严重影响土地节约集约利用。景城融合的发展模式，是对过去"产城分离"不科学的发展理念的纠正，能够有效规避"睡城""鬼城""空城"等现象，能够有效解决城镇化进程中农村转移人口市民化以及"人到哪里去"的问题。尤其是对于像河南这样的传统农业大省和农业人口大省来说，通过景城融合示范区建设，能够推进农村富余劳动力实现"就近城镇化"，既可以避免"异地城镇化"带来的一系列经济社会问题，又可以为解决"三农"问题提供更大的空间，更符合经济社会发展实际和广大农民群众的愿望。

（三）有利于创新经济、生态、居住功能兼具的城市发展路径

景城融合强调产业发展规划、旅游规划、城镇规划、土地利用规划、生态建设规划的有机融合，强调城镇发展和产业布局紧密衔接，强调产业集聚区、城市功能区、旅游风景区、生态功能区优化布局，强调城市绿色、低碳、集约、组团、紧凑发展。通过景城融合建设，从老百姓关心的环境、交通、教育、卫生、文化等方面入手，全面提升城市规划建设管理服务水平，构建管理有序、工作方便、生活舒适、环境优美、安全稳定的城市环境。通过景城融合建设，有助于加快推动现有产业园区从单一的生产型园区向经济、社会、生态功能兼具的综合型城市转变，加快完善城市生产、居住、交通、游憩等功能，有效破解资源环境制约问题，提高土地投入产出强度，推进土地的节约集约利用，实现生态环境的保护，最终形成经济发展态势良好、社会服务功能完善、生态功能持续提升的地区。

二　修武推进景城融合建设的主要做法

（一）依托专业规划引领推进景城一体建设

始终坚持规划引领。三年来组织编制总体规划、各类园区规划、专项规划、城市设计等各类规划。先后聘请国际顶尖产业规划设计公司罗兰贝格为修武设计产业规划，聘请国家文化科技创新服务联盟、北京大衍致用旅游规划设计院编制《云台山景区旅游发展总体规划（2016～2030年）》，进一步明确了"抓两头、强中间"的景城融合总体工作思路。"抓两头"，就是抓好景区和城区协调发展。把云台山景区这个修武最大的财富、最佳的资源进一步做大、做强、做优，同时，狠抓县城的建设、发展和繁荣，重点突出产业支撑，通过抓产业集聚区建设、抓高成长性服务业和工业经济发展，着力

改变修武产业结构不合理、工业基础薄弱的局面，有效解决城区三产服务业相对滞后的局面。"强中间"，主要是抓好从云台山景区到城区的主要通道沿线区域的产业布局，积极谋划青龙大道南北延旅游专用通道建设工程，通过全长19.8公里的旅游专用通道建设，解决现有唯一的云台大道客货混流导致的脏乱差和安全隐患问题，并把云台山景区、台创园区、城区、产业集聚区有机、紧密地连在一起。

（二）依托游客消费群体建设旅游服务型城市

始终坚持把群体庞大的游客消费作为推进新型城镇化的强大"引擎"，针对城市建设滞后和旅游消费不足的"短腿短板"问题，大力完善城镇旅游服务功能。一是科学界定城市性质和功能定位。确立建设"中国超级旅游目的地、中国养生地核心区、中国产业融合发展示范区"的工作目标，明确了城市的旅游服务性质和功能定位。二是着力加快中心城区提质升级。持续深入推进"美丽家园"建设和"城乡人居环境集中整治"，不断巩固国家卫生县城、国家园林县城建设成果，完善城市基础设施，提升城区承载能力等项工作卓有成效。先后开展了背街小巷改造、城区占压"三线"违章建筑整治、环卫设施增设、解决老城改造项目遗留问题等一系列"民生城建工程"；与北京东方园林生态股份有限公司签订了一期投资6亿元的运粮河改造及生态城市建设PPP项目，包括老城区运粮河综合改造、全县绿道体系建设以及一批市政道路、雨污管网、街面整治等工程。三是着力优化旅游环境。一方面加强行业综合治理，重点对旅行社、导游员"无证经营"、"不合理低价游"、"欺诈和强迫游客消费"等违法违规行为进行整治。另一方面坚持每年开展旅游创优环境提升服务集中活动，推进旅游标识体系建设，出台《旅游道路沿线整治工作标准》，确保游客在县域内实现"无障碍"通行。

（三）依托旅游主导产业强化城镇产业支撑

立足云台山地理空间格局、山乡环境与旅游资源分布特点，构筑"一主两副七支撑"的城镇化产业支撑。一是突出云台山景区升级带动。推动云台山景区转型升级，重点实施云台山综合旅游度假区、云台山综合改造提升、云台揽胜、云台人家客栈、世贸天阶欧亚风情小镇、航空旅游小镇等项目，创新发展新模式，丰富业态内容，推动旅游、度假、健康、养生、运动等融合发展，打造国际休闲度假健康养生目标地。二是建设两大中心镇。七贤镇充分发挥临近云台山优势，重点发展旅游服务、现代商贸等服务业，加快污水处理厂和供水厂建设，主要承担云台山风景名胜区旅游服务基地和为中铝提供配套生活设施职能，力争建设成为县域经济副中心。周庄镇作为修武县对接焦作的重点镇，积极承接焦作市区转移产业，加强与焦作万方以及焦作新区的产业衔接，大力发展新型工业、现代物流、文化休闲等产业。三是打造七大项目支撑。积极推进电解铝深加工、热电生态工业园区建设、国家台湾农民创业园等项目建设，打造产业支撑；积极推进联系群众全覆盖机制、基层民主双激励机制等体制机制创新，打造组织支撑；出台了鼓励高成长性服务业发展、景城融合总规划调整完善和城镇化健康发展意见建议，打造政策支撑；积极推进郑云高速建设、郑焦高铁建设、青云大道整修等工程项目建设，打造交通支撑；进一步拓宽人才引进渠道，大力引进、培育各类人才，打造人才支撑；推进美丽县城、美丽乡村、蓝天碧水、林业生态等建设工作，打造环境支撑；强力推进金融创新平台建设，打造金融支撑。

（四）依托体制机制创新强化景城融合组织保障

成立"景城融合"项目指挥部，出台了修武县五大班子领导分包景城融合项目工作机制，将工作任务项目化，对景城融合"七大支撑"对应的相关工作，明确到一个个具体项目，以项目的扎实推进保障景城融合战略目标的逐步落实，并根据"七大支撑"项目的不同主题或板块，将任务明确到每一位牵头县领导和具体责任部门，做到职责清晰、任务明确。同时，为了保证景城融合各个项目的顺利进行，景城融合指挥部创新了工作制度，采取"以天保周、以周保月、以月保季、以季保年、跟踪问效"的办法，坚持一周一例会、一月一通报、一季一观摩，及时研究解决影响项目实施的主要问题，以强有力的组织领导，切实加大项目督导、落实力度，真正把景城融合作为全县的头等大事和"一号工程"加以推进，强化台账管理，做到了"工作任务项目化、责任分工明晰化"，为景城融合战略的有效实施打下了扎实基础。同时建立激励机制，对成绩突出的给予重奖，激励先进，鞭策后进，以确保景城融合各项工作顺利推进。

三 修武景城融合建设取得的成效

（一）经济社会健康发展

通过"景城融合"的实施和新型城镇化的推进，修武县 2016 年地区生产总值达到 124.8 亿元，增长 9.1%，位居六县（市）第一；第三产业增加值完成 47.6 亿元，增长 11.3%，位居六县（市）第一；进出口总值完成 2053 万美元，增长 48.8%，位居六县（市）第一；规模以上工业增加值完成 57.9 亿元，增长 8.7%，位居六县（市）第二；一般公共财政预算收入完成 10.41 亿元，增长 7.7%，高于市定目标 0.2 个百分点。修武县先后被评为国家卫生县城、国家级生态示范区、全国旅游竞争力百强县、影响世界的中国文化旅游名县、全国粮食生产先进县、全国文化先进县、全国平安建设先进县、全国群众体育先进单位、全省唯一的旅游综合改革试点县、全省乡村旅游示范县、全省林业生态县、全省义务教育均衡发展先进县、全省双拥模范先进县、全省促进全民创业县等。

（二）城乡面貌焕然一新

城镇化水平显著提高，全县城镇化率达到 45%，比 2010 年提高 4 个百分点。城乡规划体系不断完善，先后完成了《修武县城乡总体规划》《修武县产业发展规划》《修武县新型社区布局规划》《修武县特色商业区发展规划》等规划编制及修订工作。城乡基础设施支撑能力不断提高。公路、铁路、水系、电网、通信等各项基础设施不断完善，郑焦城际铁路投入运营，修武跨入了"高铁时代",郑云高速开工建设,与郑州的融合步伐进一步加快,城乡集聚承载能力大幅增强,建成区面积由 2012 年的 9 平方公里发展到 2016 年的 13 平方公里,城区道路密度由 4.3 公里/平方公里达到 5.3 公里/平方公里,城区绿化覆盖率 43.4%,绿地率 38.1%,新增改建农村公路78 条 140.1 公里。一斗水村荣获"2014 年度河南十佳美丽乡村"称号,平顶窑、东岭后等 5 个村入选中国传统村落。

(三)产业转型步伐加快

修武成功创建首批国家生态旅游示范区,《旅游景区数字化应用规范》上升为国家标准,被列为全省重点推进建设的十个县域旅游目的地之一。圆满完成云台山旅游节、九九国际登山挑战赛主题活动,成功举办首届中国"云台山太极论坛"、中国热气球俱乐部联赛首站云台山赛等大型赛事,在韩国首尔设立了全国旅游景区首个境外办事处。世界著名品牌大会纽约峰会把修武评选为"中国最具投资潜力特色魅力示范县",云台山景区荣获"中国森林养生基地""中国森林氧吧"称号。五年来,云台山品牌效应持续释放,全县累计接待游客 3000 多万人次,旅游综合收入累计达到 130 多亿元。

四　修武推进景城融合建设的建议

(一)加快产业转型升级,提高产业支撑能力

提升工业层次,以民心导向推动产业强县带动景城融合发展。以技术高端化、产业集群化、发展集约化为方向发展电子信息、装备制造和健康制造,做强先进制造业,以发展深加工产品群、节能降耗增效为重点改造提升传统支柱产业,以主攻核心技术、突破市场瓶颈为着力点培育战略新兴产业,增强工业的支撑能力。大力发展现代服务业,加快编制《海绵城市规划》和《全域旅游发展规划》,树立"全域旅游"理念,发挥云台山旅游品牌优势,推进旅游产品从单一观光型向现代观光休闲度假复合型转变,旅游

市场由旅游过境地向生态宜人休闲旅游目的地转变，城区功能由单一行政中心向人文生态休闲旅游综合体城区转变，构建大旅游、大健康、大文化发展格局，使之成为景城融合的重要支撑。依托台创园区，加快发展现代农业，提高农业效益。在确保粮食稳产增产的前提下，推进农业结构调整，探索多种土地承包经营权流转方式，促进适度规模经营。面向大郑州都市区和焦作、新乡等周边城市，大力发展都市休闲农业，推动与景区联动发展，打造周末休闲度假目的地，争创"全国休闲农业与乡村旅游示范县"。发展农民专业合作组织，健全农业社会化服务体系，提高农业经营组织化程度。提高农业劳动生产率，促进农村富余劳动力向二、三产业转移。

（二）强化各类载体建设，打造景城融合平台

加快产业集聚区建设，推动产业集聚区向更大规模、更高水平、更好质量发展。以热电综合利用产业园、中铝企业转型示范园建设为载体，加快形成一批特色产业集群，使其成为承接产业转移的主平台、集聚人口的主阵地。把特色商业区和四大特色文化旅游园区作为加快城区服务业发展的主要载体，以云台山山水、"竹林七贤"人文为主的云台山文化旅游园区；以圆融寺为主的宗教文化旅游园区；以绞胎瓷制作和文化展示、传承为主的绞胎瓷文化产业园区；以太极文化传承、创新为主的云台太极文化健康园区。加强历史文化传统村落的保护与修复。加大一斗水、双庙、东岭后、平顶窑、长岭等中国传统村落和古民居保护性开发力度，加大云上的院子·乡村度假小镇、云武堂、航空旅游小镇等特色小镇建设，积极推动龙门村、东岭后村、片马老村等发展民宿文化。

（三）加强基础设施建设，完善城市综合功能

加强交通对接。加快县城—云台山景区的旅游专用通道建设，连接修武城区、台创园区、云台山景区，加强景城融合各功能板块联系，丰富各类业态，打造旅游产业带，加快互动发展、联动发展。推进景城一体。在修武城区，重点实施云台古镇等项目，打造"绿树成荫、城景交融"的城市旅游

产品体系，增加县城旅游吸引力。构建"云台山（青龙峡、圆融寺）—七贤镇—台创园—县城旅游区"黄金旅游线路，使城区旅游和云台山旅游融为一体。促进服务共享。发挥县城区位交通优势，城区重点承担门票预订、咨询以及餐饮、住宿、休闲、娱乐等综合服务功能，景区重点发挥旅游、文化、生态、健康、养生、休闲等服务功能，共同打造修武旅游新品牌。加强城市生态系统建设，加快城区 20 公里绿道建设，包括沙河绿道、公园绿道以及重点驿站，加快城区和云台山景区之间 30 公里长绿道建设，包括云台大道绿道、观光农业绿道、历史文化绿道、休闲养生绿道等；以及在云台山景区内建设 50 公里长绿道，包括景区绿道、文化绿道和农家驿站等。

（四）创新体制机制，为景城融合提供活力

创新土地保障机制。实行最严格的耕地保护制度和节约集约用地制度，提高城镇建设用地效率，提高城镇化发展的土地保障能力。建立存量建设用地退出激励机制，加大城镇低效建设用地再开发力度，积极稳妥地开展城乡建设用地增减挂钩和工矿废弃地复垦利用试点，加快实施人地挂钩试点政策，充分挖掘城乡建设用地潜力。建立稳定的组织保障机制和激励机制，进一步健全完善党员干部职工直接联系服务群众全覆盖工作机制，引导党员干部走进基层一线宣传党的方针政策，收集社情民意，解决群众关心的突出问题，促进群众增收致富等。创新资金多元筹措机制。健全政府和社会资本合作机制，大力吸引民间资本参与景城融合建设。通过财政资金引导、企业和社会资本投入、政策性银行和保险资金项目贷款以及城乡居民参与等多种渠道筹措项目建设资金。

参考文献

1. 辛文珂：《加快"景城融合"发展　建设美丽幸福修武》，《焦作日报》2015 年 4 月 24 日。

2. 郑柳青：《推进乐山市景城一体化建设的探讨》，《四川烹饪高等专科学校学报》2007 年第 2 期。

3. 金鑫：《多维视角下的"景城"空间协调发展模式探索——以超山周边概念规划为例》，中国城市规划学会编《城乡治理与规划改革——2014 中国城市规划年会论文集（06 城市设计与详细规划)》，2014 年 10 月。

4. 李鑫：《景城共融下的旅游休闲集聚区控规初探——以浙江省天台山旅游休闲集聚区为例》，中国城市规划学会、贵阳市人民政府编《新常态：传承与变革——2015 中国城市规划年会论文集（10 风景环境规划)》，2015 年 7 月。

5. 王新顺：《景城融合打造现代服务业新高地》，《中华建筑报》2014 年 11 月 21 日。

B.16
郑焦融合背景下修武县推进新型
城镇化发展的总体思路与路径选择

柏程豫*

摘　要：　郑州与焦作融合发展有利于修武更好地发挥自身优势，从夯实城镇化产业就业支撑、优化城镇化空间布局、全面提升城镇建管水平三个方面着手，通过积极拓展产业发展空间、推进景城融合发展、改进中心城区建设、培育特色乡镇、建设现代综合交通网络、推进对外开放向纵深发展以及实施积极的促进就业发展战略，更有效地推进新型城镇化进程。

关键词：　新型城镇化　郑焦融合　修武县

近年来，郑州与焦作融合发展步伐不断加快，修武地处郑、焦板块之间，区位交通条件极为便利，与郑州、焦作又具有一定的互补性，把握这一机遇，充分发挥自身优势，修武县能够更有效地推进新型城镇化进程。

一　郑州与焦作融合发展步伐不断加快

郑州、焦作之间仅一河之隔，市区相距大约70公里，两市对于一体化发展的愿望和需求均十分强烈。焦作市作为资源枯竭型城市，产业结构矛盾

＊　柏程豫，河南省社会科学院城市与环境研究所副研究员。

突出，传统优势产业支撑力明显下降，新的经济增长点还没有形成规模，迫切需要借力发展，尽早完成转型升级。郑州正在加快建设国际商都，努力向国家中心城市迈进，但自身发展空间受限，黄河以南的空间已经显得十分拥挤，迫切需要跨过黄河向北发展。随着郑云高速（郑州—云台山）的开通、郑焦城际铁路的运行和迎宾路南延黄河大桥的建设，郑州与焦作联系更加紧密，在人流、物流、信息流等方面，在推进郑焦经济联动发展方面，在基础设施建设、产业空间布局方面，都有了一定程度的融合发展。而且，由于郑州和焦作两市的主要产业分别处于产业链的不同环节，优势各异，产业的上下游配套能力较强，因此在融合互补发展方面是具有明显优势的。近年来，焦作市按照产业链条延伸、产业相互依存的要求，以产业集聚区为平台载体，积极主动承接郑州市的辐射，加快发展与郑州市的产业协作配套。武陟县作为焦作对接郑州的最前沿地带，已经全面融入郑州"一刻钟经济圈"，产业方面，抢抓郑州市改造、市内企业外迁的难得机遇，集群引进磨料磨具、机械装备和汽车及零部件等一批重点项目；教育方面，成功引进郑州交通职业学院落户武陟。与武陟紧邻的温县也不甘落后，积极对接郑州发展，2015年将温县县情说明会暨项目签约仪式直接放在郑州召开，2016年与郑州市金水区成功签订飞地经济项目合作框架，成为解决两地发展瓶颈的重要举措。

修武地处郑州、新乡、焦作和山西晋城市的中心地带，位于中原城市群半小时经济圈内，区位优越，交通便利。境内有济（源）东（明）、郑（州）焦（作）晋（山西）和郑（州）云（台山）三条高速公路，分别与京港澳、连霍、二广等国家交通大动脉相连接。另有新（乡）月（山）、郑（州）焦（作）城际和新（乡）月（山）二线三条铁路线，特别是郑焦城际铁路开通后，修武到郑州航空港综合经济实验区的时间被大大缩短。再加上西气东输、南水北调在此交汇连接，水资源和能源供给充足，修武极具投资价值。此外，修武还具备优良的生态环境，全县的森林覆盖率达到28%，景区空气质量达到国家一级标准，是全国绿化模范县、国家生态建设示范区，亦可以承担起郑州、焦作的后花园和天然氧吧的功能。

在郑州与焦作融合发展不断加速的大背景下，修武应当充分发挥自身优势，把握机遇，加快推进新型城镇化发展，积极融入郑州大都市区建设、中原城市群发展进程。

二 修武县城镇化发展的现状

"十二五"时期，修武县积极践行以新型城镇化建设为引领，统筹推进城乡一体化发展，全县城镇化率达到45%，比2010年提高4个百分点，坚持高起点规划、高标准建设、高效能管理，不断完善城市的综合服务功能，着力提升城市的品位和档次，城乡面貌得到极大改善。

在规划引导方面，修武县以全域旅游发展为契机，紧紧围绕景城融合战略部署，先后完成了《修武县城乡总体规划（2011～2030)》《焦作与修武城市协调区域概念性规划》《修武县新型社区布局规划》《修武县特色商业区发展规划》《修武县特色商业区空间规划及控制性详细规划》《修武县中铝转型示范园核心区空间规划》《修武县元宝山区域空间规划》《修武县宁城西区概念性规划及重要地段（人民路）控制性详规》等规划编制及修订工作，2017年以来又完成了《修武县城乡总体规划（2015～2030)》以及《修武县热电综合利用产业园区控制性详细规划》《修武县城市西区城市设计及特色商业区空间规划和控制性详细规划》《修武县县域乡村建设规划》《修武县全域旅游发展规划》《修武县水系规划》《修武县消防专项规划》《修武县产业集聚区空间规划及控制性详细规划》等10余项专项规划的编制工作，形成了系统完善的城乡规划体系，通过加强各领域各层次规划的衔接和协调，确保城乡规划覆盖到全县每一块土地，充分发挥城乡规划的引领作用，为依法行政、新型城镇化发展提供法定的规划依据。此外，根据《国务院关于深入推进新型城镇化建设的若干意见》文件要求，修武县还编制完成了《修武县住房建设规划（2017～2020)》，以更好地完善城镇住房制度，推进农业转移人口市民化进程。

在基础设施支撑方面，公路、铁路、水系、电网、通信等各项基础设施不断完善，郑焦城际铁路投入运营，修武跨入了"高铁时代"，郑云高速开通，修武与郑州的融合步伐进一步加快。产业集聚区建设初具规模，其中与县城紧密相邻的南片区已形成"七横七纵"的路网框架，供水、排水、强电、弱电、燃气等管网配套到位；建成了一期9栋6万平方米多层标准化厂房、1400套公租房、1座日供气量2万立方米的天然气供气门站、1座日处理4万立方米污水的污水处理厂、2个35千伏和1个110千伏变电站、1个集行政服务和规划展示于一体的综合服务中心。二期11栋11万平方米多层标准化厂房、1万平方米的商务中心、1.7万平方米的"和谐"公租房小区等项目正在施工。西片区的主要路网也正在建设中。2017年以来，修武县继续加强城市道路交通设施和公共服务配套设施建设、实施城市天然气工程和城市供热工程，并围绕产业集聚区、特色商业区、热电产业园、中铝转型示范园，为促进项目落地和产业发展，大力实施高铁广场、游客服务中心以及市政道路、各类管网等基础设施建设，由修武县投资集团与河南省豫资公司合作，打包实施了10亿元的PPP项目。这使得修武县集聚承载产业与人口的能力大幅增强。

在城乡建设方面，2012～2016年，修武县建成区面积由9平方公里发展到13平方公里，城区道路密度由4.3公里/平方公里达到5.3公里/平方公里，人均道路面积由14.76平方米达到18.76平方米。公共用水普及率由85%增长到90%，燃气普及率由31%增至66%，污水处理率由80%增至90%。建成区人均公园绿地面积由13.4平方米发展到15.2平方米，绿地率由36.1%增至38.1%，绿化覆盖率由42.8%增长到43.4%。2017年，修武县继续发挥财政资金引导作用，积极争取城镇道路、污水管网、河道治理、供水、供气、环卫等上级专项资金支持；进一步明确投融资平台公司功能定位，注入优良资产，增强投融资平台公司融资能力；加强与金融机构对接，争取政策性金融机构对城市基础设施建设的支持；鼓励和吸引社会资本以独立、合资、特许经营、PPP等模式参与城市基础设施建设，其中PPP项目融资22亿元。此外，修武也非常注重统筹推进城乡一体化，新增改建农村公路78条140.1公里，结合全县8个乡镇的区位特点和村庄布局情况，按照每千人建设一个地坑式垃圾中转站、每万人配备1辆摆臂式垃圾运输车的标准，对全县的农村环卫设施进行了布点规划和全面建设。围绕美丽乡村建设，推动岸上村、一斗水村成为省级美丽乡村试点，其中一斗水村荣获"2014年度河南十佳美丽乡村"称号。平顶窑、东岭后等5个村入选中国传统村落。

三 郑焦融合背景下修武县新型城镇化发展的总体思路

修武县推进新型城镇化发展，必须以提高城镇化质量为目标，加快转变城镇化发展方式，坚持以人的城镇化为核心，确保农业转移人口能够进得来、落得住、转得出；坚持因地制宜，合理布局，提高城镇的综合承载能力，提升新型城镇化的可持续发展水平。在郑焦融合的背景下，修武县推进新型城镇化应做好以下三项重点工作。

一是夯实城镇化产业就业支撑。产业就业支撑是城镇化的基石，推进城镇化不可盲目而为，必须以城镇能够聚集的产业规模以及由此产生的就业岗位来决定农村劳动力向城镇转移的进程和规模。因此，应当把促进产业发展放在修武加快新型城镇化的突出位置，充分发挥修武的区位优势和生态旅游等资源优势，积极融入郑焦融合发展的大格局之中，找准自身定位，提升自己的专业化分工协作与产业承接能力，集聚发展特色优势产业，积极拓展创业就业空间，从而有效承载农业转移人口，实现城镇化的平稳推进。

二是优化城镇化空间布局。全面提升修武县城及产业集聚区的规划与建设水平，以集约紧凑为准则、绿色宜居为目标，通过加强公共服务设施和市政基础设施建设，吸引优质的医疗和教育机构在县城布局，进一步完善县城的产业、服务和居住等功能，从而增强其吸引集聚要素的能力，提高其综合承载能力。因地制宜有重点地发展小城镇，选择区位条件、资源禀赋或产业基础较好的镇，按照节约用地和特色鲜明的原则，完善基础设施和公共服务设施，结合当地实际发展特色产业，使其与县城一起成为新型城镇化的有效载体，形成组合有序、优势互补、整体协调的修武特色城镇格局。

三是全面提升城镇建管水平。修武县生态旅游资源丰富，交通便利，作为郑州、焦作等周边城市居民的旅游休闲度假之地，市场潜力巨大。而且，焦作在全力打造知名旅游城、国际旅游目的地，推动旅游资源大市向旅游经济强市迈进。修武县作为核心区，将得到更多政策支持，实现全面提升发展。依托这样的优势，修武县提出大力实施景区与城市融合发展战略，加强全域旅游的顶层设计，以云台山旅游带动县城和镇区的发展，以县城和镇区的发展提升云台山整体旅游水平。此举既有利于提升修武的旅游休闲文化产业，扩大产业容量，同时也给修武适应新型城镇化发展要求，全面提升城镇建管水平提供了机遇。要坚持以人为本、尊重自然、传承历史、绿色低碳的理念，推进老城区、特色商业区、镇区等的开发建设和升级改造，完善城镇功能；顺应现代城市发展新趋势，推动城镇绿色发展，强化历史文化内涵，全面提升城镇内在品质；树立服务为先理念，创新治理方式，提高社会管理科学化水平，实现城区、镇区的功能由行政、经济中心向人文生态休闲旅游综合城区转变，打造宜居宜业新城镇。

四 郑焦融合背景下修武县新型城镇化发展的路径选择

在郑州和焦作融合发展的大背景下，把握郑州建设国家中心城市以及"一带一路"倡议等重大机遇，修武县可从以下几个方面着手落实前述总体思路，全面推进新型城镇化。

一是拓展产业发展空间。依托区位优势、自然禀赋、人文传统和发展基础，加快与郑州、焦作的对接融合。联合郑州金水区打造电子信息制造业飞地经济，联合郑州高新区打造电子商务等高成长服务业孵化器，联合郑州上街区打造通用航空经济联动区，联合郑州经开区打造汽车零部件产业分园。依托云台山生态旅游资源，推动旅游产品从单一观光型向现代观光休闲度假复合型转变，促进旅游市场由旅游过境地向生态宜人休闲旅游目的地转变，先期特别要借助与郑州、焦作之间的地利之便，打造都市周末休闲度假目的地。进一步发挥云台山的品牌效应，推动健康产业与文化旅游、医疗保健、养老养生等产业协调发展，加快构建集健康咨询、养老服务、康复护理、健康旅游、保健养生、健康产品制造等于一体的健康产业链。依托产业集聚区、特色商业区、旅游景区和专业园区，瞄准文化、旅游、健康产业、先进制造业、公共服务设施等重点领域，积极承接产业转移，培育竞争新优势。

二是推进景城融合发展。持续深入开展"国家全域旅游示范县"创建工作，实现景域融合、全域旅游。加强交通对接，加快县城—云台山景区的旅游专用通道建设，连接修武城区、台创园区、云台山景区，加强景城融合各功能板块联系，丰富各类业态，打造旅游产业带，实现各板块互动发展、联动发展。促进旅游一体化发展，在修武城区重点实施云台古镇等项目，打造"绿树成荫、城景交融"的城市旅游产品体系，增加县城旅游吸引力；构建"云台山（青龙峡、圆融寺）—七贤镇—台创园—县城旅游区"黄金旅游线路，使城区旅游和景区旅游融为一体。促进服务共享，发挥县城区位交通优势，城区重点承担门票预订、咨询以及餐饮、住宿、休闲、娱乐等综合服务功能，景区重点发挥旅游、文化、生态、健康、养生、休闲等服务功能，共同打造修武旅游新品牌。

三是提升中心城区建设。以河南省"百城建设提质工程"为契机，坚持以水"润"城、以绿"荫"城、以文"化"城、以业"兴"城为原则，有序推进老城区升级改造，坚持政府主导，按照"统一规划、分步实施，保护为主、合理开发"的要求，重点加快推进老城区城中村改造，加强老城街道综合整治，保护性开发胜果寺、城隍庙、白音潭公园等景观节点及周边区域。打造高品质特色商业区，把握焦作将修武高铁站定位于焦作东站的机遇，大力发展商贸、物流、金融、旅游休闲、餐饮娱乐等现代服务业，打造焦作东部特色商圈，通过骨干道路连接，实现修武、焦作融合发展。提升城市综合承载能力，加强城市道路、给排水、供电、供热、绿化等升级改造，提升城区市政基础设施综合服务水平；紧密对接焦作水系，依托大沙河防洪排涝工程，启动大狮涝河治理、运粮河改造，着力打造富有修武特色的城乡生态水系；大力建设城区绿道，大沙河、大狮涝河绿道，马坊泉、汉献帝陵文化绿道和景区绿道，形成功能齐全、特色鲜明的绿道体系。

四是培育特色乡镇。因地制宜，突出特色，大力发展镇区经济。建设两大中心镇，七贤镇充分发挥临近云台山优势，重点发展旅游服务、现代商贸等服务业，加快污水处理厂和供水厂建设，主要承担云台山风景名胜区旅游服务基地和为中铝提供配套生活设施职能，力争建设成为县域经济副中心。周庄镇作为修武县对接焦作的重点镇，积极承接焦作市区转移产业，加强与焦作万方以及焦作新区的产业衔接，大力发展新型工业、现代物流、文化休闲等产业。建设一批特色镇，城关镇重点发展商贸物流和旅游配套服务业；云台山镇重点发展旅游服务业；郇封镇重点发展休闲观光农业，同时为产业集聚区提供配套居住和公共服务；五里源乡重点依托台创园发展现代农业；王屯乡重点发展现代都市农业及深加工产业；西村乡重点发展文化旅游业。

五是建设现代综合交通网络。优化交通网络布局，提升道路互联互通能力，实现过境通道高速化、区域干线快速化、城乡交通一体化、交通管理信息化，确保修武与周边区域的交通互联更为顺畅。加快铁路建设，规划焦作东铁路枢纽站建设，配合新（焦济）洛城际铁路工程建设，推进焦作电厂铁路专用线建设。完善高速公路网络，配合郑云高速、林桐高速焦作段等工程建设，实现高速公路网络无缝对接。改造提升干线公路，进一步加大国省道路网建设和管理养护力度，彻底解决货车绕行县城问题，改善修武县东部、南部交通通行状况。加强农村公路和重要旅游公路建设，规划建设县城至云台山旅游专用通道、沿太行旅游通道，加快重要旅游节点公路、美丽乡村、古村落等交通设施建设，实施全县旅游道路改扩建工程，提升景区内道路交通通行能力和发展空间；结合旅游业和小城镇发展，规划北焦线、五老线、中焦线等农村公路建设，努力提高农村公路的通行能力和通达深度。积极完善城乡公交服务，实施智慧公交工程，加大公交优先投入，适时更新置换智能化、环保型公交车辆，增加城镇公交线路密度，合理规划旅游公交线路，实现旅游公交通达县域全部景区。

六是推进对外开放向纵深发展。主动衔接郑州大都市区建设，充分利用郑州的基础优势以及郑州、修武的区位连接优势，加强基础条件连接、优势产业对接、都市生活联通，优先推动基础设施项目连接，推动公共服务共享，强力推动要素区域流动。积极衔接郑州航空港经济综合实验区、郑欧班列、郑州跨境贸易综合试点，大力推动郑修一体化，将修武建设成为郑焦融合发展先行区。全面融入"一带一路"建设，加强与"一带一路"沿线国家和地区的合作，探索与沿线重要节点城市合作共建旅游联盟，策划开发一批特色旅游产品，推动资源共享、品牌共建、客源互动。搭建跨区域产业对接服务平台，探索项目合作、共建产业园区、科技成果转化等多种模式，促进区域协同发展。

七是实施积极的促进就业发展战略。加强就业创业培训，结合修武产业发展方向，重点加强旅游、健康、文化、先进制造等产业领域相关的就业技能培训、岗位技能提升培训以及创业培训，着力提高劳动者的就业创业能力和职业素质，实现农业转移劳动力的高质量就业。完善就业服务体系，建立大项目用工计划通报制度，建设城乡"一体化"的劳动力市场，完善劳动争议处理机制，建立和谐劳动关系，全面落实国家促进就业再就业的各项优惠政策，实施公益性岗位安置计划。改善农民工进城就业环境。大力发展符合产业发展方向、就业容量大的服务业和小微企业，健全创业服务体系，实施更加积极的创业优惠政策，鼓励扶持农民工回乡创业，以创业带动就业。

参考文献

1.《河南省新型城镇化规划（2014～2020年）》。

2. 《中共河南省委关于科学推进新型城镇化的指导意见》（豫发〔2014〕1号）。

3. 《国家新型城镇化规划（2014~2020年)》。

4. 《2017年修武县政府工作报告》。

5. 《修武县国民经济和社会发展第十三个五年规划纲要》。

6. 张占仓、王建国：《河南城市发展报告（2016)》，社会科学文献出版社，2016。

B.17
修武特色小镇建设的现状与发展展望

李建华*

摘　要：　近年来，从中央到地方纷纷出台文件推进特色小镇发展，特色小镇正在成为各方加快推进新型城镇化建设的有效平台，也逐步成为破解城乡二元结构的重要抓手。在此背景下，修武县应该抓住政策和市场机遇，加快规划布局特色小镇，通过特色小镇的建设推动城乡高质量发展。

关键词：　特色小镇　新型城镇化建设　修武县

特色小镇是最近一个时期被各地政府部门、媒体和理论界频频提及的一个热点话题。特色小镇顾名思义即是指有特色而且规模较小的城镇。一般是指城乡地域中那些在地理位置、资源、产业、建筑、历史文化等方面有鲜明特色的乡镇。当前，特色小镇作为推进新型城镇化和供给侧结构性改革的重要抓手，引起从中央到地方各级政府和社会各界的高度关注并从各方面推动特色小镇建设。国家提出到2020年要培育1000个特色小镇，河南省也提出到"十三五"末，要着力培育100个左右特色示范小镇。修武县也提出了要建设云台山特色旅游小镇、当阳峪绞胎瓷小镇等特色小镇。特色小镇以其小空间承载了一个地区转型发展的大战略，特色小镇有望在未来成为拉动地区经济发展的新引擎。

---

* 李建华，河南省社会科学院城市与环境研究所助理研究员。

一 特色小镇的内涵和功能特征

特色小镇一般指那些在城乡地域中具有重要地理位置、独特资源产业优势、突出建筑特色、深厚历史文化积淀的乡镇。在国家出台的有关特色小镇建设文件中，明确指出特色小镇原则上要优先考虑在建制镇（县城关镇除外）基础上建设，尤其是那些被列为全国或省重点镇的建制镇，优先将这些建制镇培育建设成特色小镇，引领带动区域小城镇建设，推动城乡一体化发展。

特色小镇主要在产业、形态、功能、机制等方面体现出特色所在。特色小镇的"特色"一是体现在产业方面。特色产业的选择需要立足当地交通区位条件、资源禀赋以及产业发展历史等基础条件，向新兴产业、传统产业升级、历史经典产业回归三个方向发展。特色小镇的"特色"二是体现在功能方面。特色小镇的核心功能是依托特色产业为其提供"生产"或"服务"，没有生产与服务就不能吸引大量人口到小镇聚集。有人口集聚必然会形成满足这些人口生活与居住的社区功能，因此，特色小镇也必须具有一定的人口集聚承载功能，能够满足当地居民和外来人员工作生活需求。特色小镇的"特色"三是体现在形态方面。小镇的形态是小镇的性格和个性，特色小镇必须形成自己独特的风貌和风情。要根据小镇的历史文化、地形地貌特征、生活方式、风俗习惯等历史和现实条件，设计个性化、艺术化的景观与建筑风貌，塑造"小而美"的小镇形态。特色小镇的"特色"四是体现在机制方面。灵活的机制是特色小镇健康发展的内生动力。特色小镇的建设是以政府为主导、以市场为主体、社会共同参与的主办运营商开发模式。政府职责主要是进行顶层设计和制度建设，把控特色小镇建设整体方向，创造制度环境、建设基础设施、提供公共服务，企业（小镇开发运营商）是特色小镇建设的主角，通过资源整合以及市场化的运作管理方式建设小镇，小镇居民则承担参与和社会监督的责任。

二 修武特色小镇建设现状

（一）河南特色小镇建设现状

国家在 2016 年 7 月出台了《关于开展特色小城镇培育工作的通知》，由此在全国上下开启了特色小镇建设的风口。后来又相继出台了《国家开发银行关于开发性金融支持特色小（城）镇建设促进脱贫攻坚的意见》，2017 年李克强总理所作的政府工作报告中又提出，要"支持中小城市和特色小城镇发展"，各地建设特色小镇的热情持续高涨。2016 年，国家三部委联合启动了特色小镇培育工作，全国有 127 个特色小镇被住房和城乡建设部纳入第一批中国特色小镇名单，河南省有 4 个镇入选第一批中国特色小镇，这 4 个镇是温县赵堡镇、禹州市神垕镇、西峡县太平镇和确山县竹沟镇。在国家和地方政府推动下，全国涌现了一批特色小镇建设典型案例，主要可分为历史文化型、新兴产业型、交通区位型等（见表 1）。河南省委、省政府明确提出，对具有特色资源、区位优势的小城镇，通过规划引导、市场运作，将其培育成文化旅游、商贸物流、资源加工、交通节点等特色小镇。焦作市根据市域内的太行山水、太极文化等资源特点提出了在全市建设一批健康养生小镇、特色农业小镇、休闲旅游小镇、民俗文化小镇，使其成为推进新型城镇化的平台。

表 1　国内主要特色小镇类型汇总

特色小镇类型	成功案例	特色小镇类型	成功案例
历史文化型	龙泉青瓷小镇、湖州丝绸小镇	资源禀赋型	定海远洋渔业小镇、青田石雕小镇
城郊休闲型	旧州美食小镇、琼海博鳌小镇	生态旅游型	丽江玫瑰小镇、武义温泉小镇
新兴产业型	西湖云栖小镇、新塘电商小镇	高端制造型	宁海智能汽车小镇、城阳动车小镇
特色产业型	平阳宠物小镇、东莞石龙小镇	金融创新型	玉皇山南基金小镇、乌镇互联网小镇
交通区位型	萧山空港小镇、北京新机场服务小镇	时尚创意型	安吉影视小镇、狮岭时尚产业小镇

（二）修武县特色小镇建设现状

修武县是一个千年古县，境内不仅有著名的世界地质公园——云台山风景名胜区，而且人文历史文化资源也很丰富，韩愈儒家文化、圆融寺佛教文化、海蟾宫道教文化、竹林七贤休闲文化、当阳峪绞胎瓷文化、一斗水古村落文化是修武县主要的特色文化。修武县的特色小镇建设主要立足于这些自然和文化资源优势，在一些基础条件好、资源优势突出的乡镇规划建设特色小镇。目前，主要提出要建设当阳峪绞胎瓷小镇、后雁门云台冰菊小镇。

当阳峪绞胎瓷小镇位于修武县西村乡，覆盖 11 个村庄，人口 9282 人。绞胎瓷是宋、金、元时期在当阳峪窑场烧制成功的。绞胎瓷由高温烧成，胎质细密坚硬、釉色油润光亮，不吸水，真正符合现代瓷的标准。当阳峪绞胎瓷已经被定为地理标志产品。当阳峪绞胎瓷小镇依托本地特色产业——绞胎瓷陶瓷产业规划建设，以当阳峪绞胎瓷遗址景区为核心区，以绞胎瓷盛行时北宋年间的居民风貌为载体，融合陶瓷文化进行民居的改造建设，同时配套周边景区，发展采摘、观光等旅游业，形成产业特色鲜明的旅游小镇。当阳峪绞胎瓷小镇总投资 30 亿元，目前一期当阳峪陶瓷文化产业园已经在 2016 年 9 月开工建设。云台冰菊小镇 2016 年 3 月正式启动建设。小镇占地面积 2000 亩，主要规划有云台冰菊种植加工基地、地黄种植加工基地、农耕文化园、大型游乐场、民宿度假村等。截至目前，共建成云台冰菊种植基地 700 多亩，菊花茶加工车间 6 个，年产菊花茶 5 万公斤。冰菊镇各项基础设施建设同步进行，已建成民宿小院 2 套，硬化、整修道路 5 条，新打 2 眼机井，主要道路正在绿化，已栽绿化树木 2500 棵。总体来说，修武县的特色小镇建设目前还处在起步阶段，急需抓住政策和市场机遇，加快特色小镇规划建设进程。

三 修武特色小镇建设的路径选择

修武县特色小镇建设根据资源优势，主要分为以云台山生态旅游、文化旅游为特色的健康养生旅游小镇和以绞胎瓷、冰菊等产业为特色的产业小镇。不同类型的特色小镇建设路径选择也不同。

（一）旅游类特色小镇建设路径

修武县有丰富的旅游资源，建设旅游特色小镇有突出的优势和条件。比如可以依托云台山景区云上的院子、云武堂等现有资源，建设云台山生态休闲养生度假小镇。建设旅游特色小镇，首先要明确小镇开发建设主题。用一个鲜明的核心主题去体现整个小镇的文化灵魂特质。如修武县七贤镇就要以云台山为依托，以七贤文化为核心，深入挖掘梳理七贤文化，将文化元素融入小镇的景观、建筑、娱乐等环节。其次要进行合理化布局。旅游特色小镇需要具备旅游休闲的六大主体功能，用地布局要围绕着这六大主体功能展开，结合地方的历史文化主题和地域特征，合理布局搭建小镇的交通、水系、生态等空间形态，形成小镇独特的空间结构。再次要进行小镇全域景区化设计。景区化设计要有全域旅游的视野，小镇入口、中心广场、公园、道路等都可以纳入景区设计，这些元素有机串联起来就构成了小镇所特有的惬意轻松的环境。最后，要有特色化生活。在小镇的工作、娱乐、社交等物质生活和精神生活中融入当地民俗文化，建立起新的生活模式，并将生活方式形成新的景观吸引游客。

（二）产业类特色小镇建设路径

特色小镇最核心的就是特色产业，产业类特色小镇建设的成败主要取决于特色产业的定位和选择。一是进行产业选择。产业选择重在尊重现实基础和市场需求。如修武的绞胎瓷小镇，以绞胎瓷产业为重点，绞胎瓷在修武县有悠久的历史，从宋金时期就有很大生产规模，制作工艺也达到较高水平，目前，绞胎瓷被列为河南省省级非物质文化遗产项目。云台冰菊是在怀菊花的基础上，通过杂交、组培等先进技术培育出的怀菊精品，有良好的清肝明目功效，经济效益也很可观，目前在修武县有较大的种植生产规模。二是进行产业规划。产业规划即把握产业发展战略，以敏锐的眼光和科学的思维把握产业发展前景。三是进行产业培育。明确了小镇的特色产业之后，就要集中突破，根据现有产业基础和技术条件，延伸产业链条，使特色产业逐步形成特色产业集群，形成特色产业的核心竞争优势。

四 修武特色小镇未来发展展望及对策建议

（一）特色小镇未来发展展望

特色小镇，正在迎来中国城镇化进程中的新"风口"。站在新的风口，修武县特色小镇建设也面临前所未有的历史机遇。修武交通区位优势正在发生改变，郑焦城际铁路、郑云高速公路等重大交通基础设施的建成，将使修武的区位优势更加凸显，人力、自然和历史文化等要素将会被迅速激活。南水北调中线工程从修武穿境而过，修武借助焦作水系建设，启动全县生态水系建设，构筑大沙河、新河、大狮涝河、运粮河、白音潭、宁城公园等内外水系连通网络，为特色小镇建设提供了良好的生态环境支撑。修武县树立全域旅游理念，将商冢遗迹、胜果寺塔、城隍庙、汉献帝陵和当阳峪瓷窑遗址等文物古迹连成一条线，还建成竹林七贤文化园、宋代绞胎瓷博物馆、近现代建筑博物馆和明清古民居博物馆等一批历史文化遗迹或建筑群，休闲观光农业、宾馆民宿服务业也蓬勃发展，为特色小镇建设提供了核心吸引力。另外，互联网的高速发展，宽带、手机、电脑快速普及，也缩短了特色小镇与外界的时空距离。抓住这些有利条件和历史机遇，修武县特色小镇建设将会迎来快速发展的黄金期。

（二）当前促进特色小镇建设的对策建议

1. 完善规划编制，突出特色小镇规划的实用性

按照创新、协调、绿色、开放、共享的发展理念，因地制宜制订专项规划。规划编制要达到多规合一，做好与市、县土地利用总体规划、城乡规划、新农村规划、生态规划等规划的衔接和有机融合，规划要注重生态优

先、资源集约节约利用，注重历史文物保护、自然与人文融合。建设专项规划要突出特色小镇的优势产业，体现特色小镇的功能定位，分年度确定目标体系和谋划空间布局。修武县是旅游业非常突出的城市，特色小镇规划也要充分考虑国家和省"十三五"时期旅游业转型发展的新趋势，准确定位特色小镇的旅游发展方向，从小镇的功能、产业、建筑风貌、配套设施等多方面考虑，提高规划的实用性和前瞻性。

2. 建立健全工作协调机制，高效推进特色小镇建设

要不断整合各方资源，调动各方力量，高效推进特色小镇建设。建立特色小镇建设工作联席会议制度，修武县政府主要领导担任召集人，负责全县特色小镇规划建设统筹协调工作，并按期按时召开会议。建立健全特色小镇组织领导机构，明确各职能部门和乡镇的职责，在规划编制、项目招商、征地拆迁、环境整治、宣传推介等方面做到分工明确。加快制定特色小镇发展的政策意见，研究制定全县特色小镇创建标准、考核办法，为特色小镇建设保驾护航。

3. 加快基础设施和公共服务建设，营造特色小镇宜居环境

加快推进道路、水电、绿化、污水处理和垃圾处理等市政公用基础设施改造建设，提升特色小镇综合承载能力和公共服务水平。交通方面，主要是完善内部路网，打通与外部高速公路、干线公路等的衔接，提高特色小镇出行的便捷性。环境保护方面，完善供水管网、污水管网等管网体系，加快垃圾处理、污水处理和供水设施建设，提高环境保护能力。生态建设方面，构建生态廊道，增加绿化面积，保护森林植被、动物栖息地等自然景观。信息基础设施建设方面，加速光纤入户进程，加快实现 WiFi 全覆盖。公共服务建设方面，合理配置医疗、教育、文化、体育等公共服务设施，整体营造宜居的环境，吸引小镇的人口集聚。

4. 突出文化与内涵，彰显特色小镇文化魅力

注重挖掘展现本地传统文化，保护传承文化遗产，让文化成为特色小镇发展的内在动力。修武县历史文化积淀深厚，要充分挖掘、整理韩愈儒家文化、圆融寺佛教文化、海蟾宫道教文化、竹林七贤休闲文化、当阳峪绞胎瓷文化、一斗水古村落文化等地方传统文化，保护和利用好这些珍贵的历史文化遗存，在特色小镇发展中形成独特的地方文化标识。因地制宜营造特色小镇的建筑形态，以雕塑、园林、绿地等建筑小品和设计元素提炼构建特色小镇的历史记忆和文化脉络。发展新时代的城乡社区文化。除了要继承本地的传统文化，还要与时俱进，提高居民思想道德和文化素质，积极接受和学习当代文明，建立新时代的生活方式，创造新的特色文化。

5. 完善配套扶持政策，提高特色小镇建设要素保障能力

加强特色小镇用地保障。在全县建设用地指标上优先考虑特色小镇需要，根据特色小镇规划建设需要，及时调整修编土地利用总体规划和城乡规划。特色小镇建设也要节约集约用地，充分利用云台山低丘缓坡和马鞍石水库滩涂资源，立体开发地上地下空间，提高土地利用效率。强化特色小镇财政资金扶持。积极争取省、市、县等各级财政支持，为特色小镇的创建提供资金保障。设立特色小镇培育专项引导扶持资金，用于支持特色小镇试点建设及一些重要的公共服务和基础设施建设。积极争取金融机构支持。加强与证券、保险、投资基金等金融机构之间的合作，鼓励和引导金融机构到特色小镇增设分支机构和服务网点。拓宽融资渠道，充分发挥资本市场力量，利用多种类型的 PPP 模式，广泛吸引社会资本参与特色小镇建设。

6. 加大改革探索力度，推进特色小镇体制机制创新

加快政府职能转变，提高政府效能，破除体制机制障碍，激发特色小镇建设内生动力，增强创新能力。实施"负面清单"管理制度，促进特色小镇投资便利化，优化投资环境和营商环境。政府职能部门要为特色小镇双创提供高效服务，推动众创、众包、众扶、众筹等"双创"支撑平台在特色小镇加快发展。处理好政府和市场的关系，厘清政府与市场的边界，发挥政府和市场的最大合力。激发社会和市民的积极性，鼓励企业、社会组织及市民积极参与特色小镇的开发建设和运营管理，使特色小镇建设成为政府、社会、市民的同心同向行动。

参考文献

1. 吴静：《特色小镇众创空间》，《杭州日报》2015 年 4 月 5 日。
2. 卫龙宝、史新杰：《浙江特色小镇建设的若干思考与建议》，《浙江社会科学》2016 年第 3 期。
3. 苏斯彬、张旭亮：《浙江特色小镇在新型城镇化中的实践模式探析》，《宏观经济管理》2016 年第 10 期。
4. 冯奎、黄曦颖：《准确把握推进特色小镇发展的政策重点——浙江等地推进特色小镇发展的启示》，《中国发展观察》2016 年第 18 期。
5. 蒋萍：《用文化为特色小镇塑"魂"》，《文汇报》2016 年 12 月 12 日。
6. 蔡嘉敏：《建设特色小镇培育经济新增长点》，《佛山日报》2017 年 2 月 23 日。
7. 斯兰：《特色小镇核心在产业》，《中国改革报》2017 年 3 月 27 日。
8. 史云贵：《当前我国特色小镇的功能与路径创新》，《国家治理》2017 年第 14 期。

B.18
修武城乡生态体系建设研究[*]

吴旭晓[**]

摘　要：　修武城乡生态体系建设是提高综合竞争力、实现节能减排目标和加快旅游转型升级的需要。本文在分析城乡生态体系内涵及基本构成的基础上，探讨了修武县城乡生态体系建设面临的问题，指出了修武城乡生态体系建设的着力点，最后从强化创新驱动能力体系建设、构建"互联网＋"生态监测体系、健全城乡生态体系建设长效机制等方面提出修武城乡生态体系建设的对策建议。

关键词：　城乡生态体系　生态建设　修武县

城乡生态体系是城乡可持续发展的重要基础，是城乡一体化的生态保障。近年来，随着修武县城镇化、工业化和农业现代化的迅速推进，跨越式开发与建设消耗了大量的能源，压缩了修武县的生态空间，改变了城乡生态发展格局，资源、环境承载力日益减弱，生态环境治理压力与日俱增。如何推动修武县城乡生态体系的健康发展和生态服务质量的提升，加快生态资源资本化步伐，成为修武县人口、经济、社会、资源、环境协同发展的关键保障。突出生态文明建设的地位，推动修武绿色发展，提升修武生态体系建设质量，具有重要的现实价值和示范意义。

---

* 本文是2016年度河南省哲学社会科学规划项目一般课题（项目编号：2016BJJ027）的阶段性成果。
** 吴旭晓，河南省社会科学院城市与环境研究所副研究员，管理学博士。

一 城乡生态体系的内涵及基本构成

（一）城乡生态体系的内涵

城乡生态体系是由城乡居民和他们的外部资源、生态环境相互作用、相互依赖而形成的网络化、动态平衡的统一整体。城乡生态体系具有丰富的内涵，狭义的城乡生态体系包含城乡生态环境体系和城乡居民体系，广义的城乡生态体系则在狭义基础上还包括城乡生态产业体系、城乡生态社会体系和城乡生态文化体系等方面的内容。

随着经济的发展与社会的进步，尤其是人口、经济、资源、环境问题的日益凸显，修武县城乡生态体系在不断地进行自我完善，呈现出对生态文化的逐步融合，可以说，修武县生态体系的发展已经成为联通自然科学和社会科学的经典案例，奠定了修武城乡融合一体化绿色发展的基础。

修武城乡生态体系建设的出发点和最终目标是实现生态体系各构成要素之间的协同耦合与动态平衡，推动城乡居民与自然环境之间达到优化发展状态，用城乡居民的才智和劳动创造出一个环境优美、资源节约的绿色生活空间。

（二）城乡生态体系的基本构成

城乡生态体系主要包括 7 个方面的内容，一是人口结构体系，主要包括城乡人口就业结构、城乡人口年龄结构、城镇化率、城乡居民收入结构、城乡人口教育水平等；二是资源结构体系，包括城乡土地资源、城乡水资源、城乡矿产资源、城乡空气质量、城乡森林资源、城乡能源资源以及其他资源；三是生态环境体系，主要包括阳光、通风、降水量、温度、湿度等；四是生态物种体系，主要包括动物和植物的多样性；五是生态产业体系，主要包括产业生态化水平和生态资本化水平；六是生态社会体系，主要包括社会领域中各行业内部及它们之间的生态协调与平衡程度；七是生态文化体系，主要包括农村生态文化和城镇生态文化。城乡生态体系构成模块见图 1。

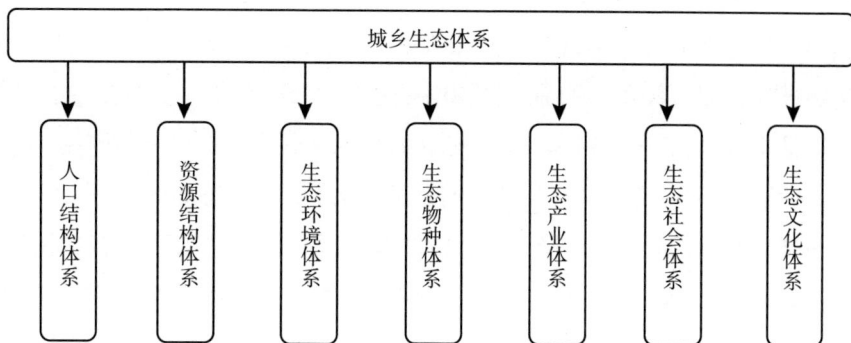

图1　城乡生态体系基本构成

二　修武城乡生态体系建设的意义

（一）是提高修武综合竞争力的需要

城乡生态环境是修武县的重要公共产品，它不仅是各类经济主体生存与发展的战略平台和主要载体，更是综合竞争力的重要体现。城乡生态体系建设的溢出效应产生的环境效应、品牌效应和经济效益可以转换成修武经济社会发展的持续动力。宜居宜业的环境是增强修武吸引力的重要基础之一，通过城乡生态体系建设，树立并保持良好的区域形象，有利于更好地"筑巢引凤"。从中原城市群的视角来看，修武周边的城市都先后提出建设生态城市、海绵城市、健康城市的战略目标，面对这样的机遇与挑战，修武要提升在中原城市群乃至全国背景中的竞争力，必须加速乡生态体系建设，把生态文明理念融入修武经济社会发展的各个方面，以生态化提升修武的工业化、城镇化和农业现代化。

（二）是实现修武节能减排目标的支点

《国务院关于印发"十三五"节能减排综合工作方案的通知》（国发

〔2016〕74 号）明确提出了"十三五"节能减排主要目标，即到 2020 年，万元国内生产总值能耗比 2015 年下降 15%，化学需氧量、氨氮、二氧化硫、氮氧化物排放总量比 2015 年分别下降 10%、10%、15% 和 15%，挥发性有机物排放总量比 2015 年下降 10% 以上。传统的经济发展模式存在一些弊端，"先污染，后治理""边污染，边治理"的做法恶化了城乡生态环境治理，与国家节能减排的目标背道而驰。修武的经济社会发展必须建立在尊重生态系统演化规律的基础上，建设完善的城乡生态体系，将污染控制在环境容量的阈值之下，节约、集约、高效利用资源和能源，消除长期以来经济社会发展与资源环境之间的尖锐冲突，实现修武的节能减排目标，永葆修武的生机与活力。

（三）是加快旅游转型升级的重要保障

修武靠旅游实现了快速发展，靠旅游打响了地区品牌。旅游业是修武县的支柱产业，在修武的发展中起到举足轻重的作用。根据修武县"十三五"发展规划，修武县的目标是建设"中国超级旅游目的地、中国养生地核心区、中国产业融合发展示范区"。推动"观光型"旅游向休闲、度假、养生型旅游转型，由传统的门票经济向生态产业经济转变，由规模数量型向质量效益型升级。修武城乡生态体系建设的实质是以城乡生态产业体系为基础、以高素质的生态文化为软件、以以人为本的生态景观为依托，全面提升修武县发展的内涵与品位，把生态化全面融入旅游业发展中，以更具内涵的生态环境、生态产业、生态物种、资源结构、生态文化、生态景观为抓手，支撑和推动修武旅游业的转型升级。

三　修武城乡生态体系建设面临的问题

经过多年的实践探索，修武城乡生态体系建设取得的成效有目共睹，但从整体上看，修武城乡生态体系建设水平偏低，与发展规划以及群众的期望值存在较大的落差。在修武城乡生态体系建设中暴露出来的问题也比较突出，亟待采取有效措施加以解决。

（一）资源结构问题比较突出

修武县特定的地形地貌和水文地质条件，导致水资源总量先天不足并且时空分布极其不均匀，随着城镇化、工业化和农业现代化的推进，生产、生活以及生态环境用水量急剧上升，使得水资源供需矛盾更加突出，延缓了城乡生态体系建设的步伐。地表水利用严重不足，地下水长期严重超采，开采大于补给，部分地区存在饮水不安全或者饮水困难的情况。

随着修武县经济社会的发展，城镇和旅游服务等非农建设用地激增，生态退耕和农业产业结构调整造成了全县耕地面积下降，土地后备资源短缺，成为城乡生态体系建设的制约因素。非农建设用地集约水平较低，加上用地结构不合理，导致经济效益不高。修武县退耕还林10余年来没有新增面积，加上近年来林业快速发展，花卉苗圃、经济林基地建设等大多分布在土壤条件较好的耕地上，影响了全县的耕地面积。

由于开发强度过高，部分矿种后备资源不足；矿山数量多、规模小、布局散，经营模式落后，竞争无序，安全条件差，科技含量低，粗放式的矿产资源开发，导致资源综合利用水平和深加工能力不高，资源浪费情况突出。

（二）产业结构调整亟待推进

作为一个旅游强县，并拥有全国一流的旅游资源，修武县的旅游综合收入以及旅游业对三次产业的带动作用却并不够强，第三产业占地区生产总值的比例较低，三次产业结构调整任务艰巨。在工业产业中，虽然积极培育新能源、新材料等战略性新兴产业，但尚未形成规模，在全省的竞争力比较弱小，在工业产值中所占的比例很小，工业产业整体层次不高，急需加强供给侧结构性改革，加快产业结构转型升级。

（三）生态环境质量有待提升

修武县城的建成区绿化覆盖率、人均公共绿地面积、城镇生活污水处理率、山区森林覆盖率和平原林木覆盖率都比较高，已经达到省级生态县的标准，为修武城乡生态体系建设奠定了坚实的基础。虽然修武县达到了林业生态县标准，但是还存在一些问题，如：山区林地条件差，加上造林资金标准低，造成了山区造林树种单一，影响了树种的多样性；部分非法采石、非法占地开发旅游、种树初植密度不合理、经济林品种落后以及天气干旱等自然与人为多种因素，造成部分林地树木生长不良，形成了部分的低质低效林及退化防护林，影响了森林生态、经济、社会效益的发挥，亟待进行退化防护林改造和提升。修武是一个农业县，农药、化肥和农膜的大量使用，养殖过程中畜禽粪便的大量排放以及农村生活垃圾的简易填埋都对土地产生负面影响，导致农村面源污染。由于城镇工业废水废气和固体废弃物的排放，水源和耕地污染面积和程度呈现逐步上升趋势。许多石灰石矿山为小企业开发，这些企业设备比较简陋，工艺相对简单，缺乏防尘措施，粉尘污染异常严重。矿产资源开发引起的山体表土覆盖层被破坏，造成地裂和水土流失现象比较严重，致使区域地质环境更加脆弱，矿山地质环境问题比较严重。目前修武县虽然通过北山治理集中整治活动，彻底取缔了山区矿山企业和非法采矿点，以及非法矿产品收购（储存）加工点，并及时采取了植树、种草、复耕等修复治理措施，但整体修复治理力度仍需下大力气推进。

四　修武城乡生态体系建设的着力点

（一）构建城乡生态产业体系

借助旅游业的良好发展态势，以现代科技为依托，以旅游产业集聚区为载体，大力发展"互联网＋"旅游，加快旅游业转型升级。大力发展多元化、专业化、功能化、规范化和科技化的乡村生态农业观光旅游、创意农业和绿色餐饮住宿业。加快无公害养殖业的发展。加快城镇产业结构转型升级，提高纺织服装行业、铝工业、农产品加工业的生态化水平，发展循环经济、低碳经济，协同推进绿色制造业和高成长性服务业，按照"引进、培育、壮大"的思路积极发展新材料、新能源和电子信息三大战略性新兴产业，充分发挥修武县区位优势，积极发展城乡绿色物流业，构建专业化特色现代物流体系；以优势企业为龙头推动商贸业规模化、网络化、品牌化经营，形成新型城乡商品流通网络；提升低能耗、低排放、高效益产业的比重，使生态产业在国民经济中逐步占据主导地位，改变修武县资源型产业占比过大的结构。加强森林生态系统保护与建设，增加森林碳汇，着力提高森林质量；建设碳汇监测体系，积极探索和发展林业碳汇交易。

（二）建设城乡生态人居体系

以营造优美和谐的城乡人居环境、提高城乡居民生活质量为核心，以修武县优美的自然风光和丰富的生态资源为载体，优化城乡建设布局，完善城乡基础设施和城乡社区建设，把城乡居住环境的改善和生态环境保护与建设有机结合起来，建设环境优美、生态和谐、基础设施配套齐全、交通体系完善、公共服务设施网络化、居住条件舒适的生态型人居环境，使城乡居民喝上干净的水、呼吸上清洁的空气、居住于景色优美的生态环境中。把生态建设与城镇特征、经济社会发展与生态环境保护紧密结合起来，以点带面，点线面结合，以县城、乡镇、村庄为点，以云台大道、郑云高速、焦辉路、丰收路、人民路、大沙河、大狮涝河、南水北调等纵横高速公路、省级道路、主渠流域河流为主线，完善推进，全面构筑修武县林业生态网络体系。以综合性公园绿地为主、环城防护林带为辅，充实改善公园绿地设施，加强城镇绿地景观系统建设，大力实施县域生态水系建设，优化城镇人居环境，建设生态乡镇。加强城乡污水设施建设，统筹城乡生活垃圾处理与管理。以绿水青山为目标，强化农村环境综合治理，建设生态村。

（三）构筑城乡生态文化体系

生态文化的核心就是处理好人与自然的关系。构建繁荣的城乡生态文化体系，就要求在处理人与自然关系时，要坚持"以人为本"和"生物多样性"，把生态文明建设全面融入城乡一体化进程中。生态文化是城乡生态体系建设的内在动力，对经济、社会和环境的可持续发展起着举足轻重的作用。在全面建设小康社会进程中，适应城乡居民对高质量生态环境的需求，开展绿色学校、绿色社区、生态村等创建工作，为生态文化体系建设创造良好的条件。大力宣传普及生态科学知识，全面践行马克思主义生态观，提升城乡居民的生态文化素养，增强城乡居民建设生态文化、维护生态环境的自觉性。引导企业在企业文化建设中突出生态文化内涵，塑造具有修武特色的生态企业文化，培育企业生态文化品牌。倡导健康文明的生活方式，倡导绿色、简朴的消费模式，培养城乡居民科学卫生的生活习惯。

五　修武城乡生态体系建设的对策建议

建设城乡生态体系，加快城乡生态一体化发展，是由修武县推进绿色发展进程中面临的现实问题决定的。实现城乡生态化发展是修武县高标准建成中国超级旅游目的地和中国养生地核心区的必然选择。当然，城乡生态体系建设是一个复杂的系统工程，需要强化多维度能力保障体系建设和健全城乡生态体系建设长效机制的有机结合，方能使修武县城乡生态体系建设在正确的轨道上稳步前行，才能为修武实现全面建成小康社会奋斗目标夯实坚实的生态基础。

林业是修武县城乡生态体系的主要内容之一。大力发展林业产业，推进森林旅游、苗木花卉、林下经济的发展；大力推进林权制度改革和林权交易；大力发展森林资源，提高森林质量，实现双增目标，采取"公司＋基地＋农户"等多种形式筹集资金，开展生态建设；完善公益林保护与管理机制。此外，还应从以下三个方面推进修武县城乡生态体系建设。

（一）强化创新驱动能力体系建设

围绕城乡生态体系建设的重点领域，找准目标，理清思路，以创新驱动为主线，努力建设一批城乡生态科学研究基地，发展相关高新技术，全力构建废物资源化、清洁生产、生态产业链、环境工程等绿色技术创新体系，加快科技成果市场化步伐，提升企业的科技含量。

强化创新驱动能力，以节水农业、精细农业、生态农业、循环农业、立体农业、设施农业为目标，调整和优化农业产业结构，推动农业可持续发展。推广使用高效无残留农药，降低化肥使用量。大力研发、筛选和推广提升土地资源利用效率的设施、设备和技术。加强塌陷地复垦、综合利用以及生态恢复模式和技术的研究与示范。

大力支持工业企业实施技术改造，做好节能减排技术的研究与推广工作，提升资源的利用效率，抓好关键行业的清洁生产，加强对超标排污企业的清洁生产审核，推进清洁生产技术改造升级。合理设计产业链，突破行业间循环产业链接的关键技术、绿化再制造技术，实现企业内、行业内、园区内的资源循环利用，形成生态工业链网。

（二）构建"互联网＋"生态监测体系

以饮水卫生、食品安全、生态优化为目标，依托互联网技术、卫星定位系统和遥感技术，加强环境监测能力建设，提升各级环境监测机构的技术水平，对全县的重点区域、流域水质、生态资源、农业资源、环境质量、水土保持、地质环境以及污染源排放情况进行及时有效的全面动态监测，重点加强城乡空气质量环境监测布点，按照省里市里的要求，全面对修武县开展 PM2.5、PM10 的监测工作，及时公布城乡雾霾的情况，建设修武城乡生态环境资源数据库，实现信息资源共享和监测资料系统集成，不断提高城乡生态环境动态监测和追踪评价水平，实现修武城乡生态体系建设的全覆盖和智慧化。

建立河流水质监控、城乡居民饮用水和食品披露网站，强化对消费领域的信息化监督，实现舌尖上的生态化。构建暴雨、冰雹等自然灾害预报预警系统，完善矿区地质灾害、环境污染事故和突发性动植物病虫灾害等的快速反应系统，增加预警和防范准备时间，提升城乡生态安全应急处理能力，减少和避免各类灾害带来的损失，构建好城乡生态安全网。

（三）健全城乡生态体系建设长效机制

优化政府驱动机制。在修武县城乡生态体系建设中各级政府的主导作用极其重要。必须全面优化政府驱动机制，及时纠正城乡生态体系建设中存在的"市场失灵"现象，避免市场化进程中的企业外部不经济性。政府驱动机制主要包括区域发展规划、政策配套、财政支付、干部考核等方面内容，它是县、乡、镇政府主导的城乡生态体系建设的外在动力。综合运用产业政策和税收政策等经济手段，引导企业节能减排，降低环境治理成本，推动城乡生态体系建设。

强化社会参与机制。综合发挥广播、电视、报纸等传统媒体和网络媒体的舆论监督和宣传作用，及时揭露和处理污染环境、破坏生态的行为，提升城乡居民的生态保护意识，引导全民参与城乡生态体系建设。充分发挥人大、政协、青年团、妇联、科协等群众团体在组织城乡居民参与中的作用，发展群众性环保组织，组织生态保护志愿者活动，激励城乡居民保护生态的积极性和自觉性。

完善生态补偿机制。树立资源有偿、生态有价的发展理念，加快出台相关政策，加大生态补偿的力度和纬度，构建出一套运用经济杠杆促进城乡生态功能恢复与重建的制度。根据开发者负责保护、破坏者负责恢复、收益者分担成本的原则，形成开发与建设之间的良性循环，加快建立合理、可行的生态补偿制度。

建立联合执法长效机制。整合部门执法力量，按照"属地管理原则"，加强山区日常巡查监管和联合打击力度，始终保持高压态势，严防反弹，切实巩固好北山治理成果。

参考文献

1. 于明、孙明明、于中峰：《关于生态体系建设的研究》，《水土保持研究》2004 年第 3 期。

2. 孙凡、冯沈萍、肖强：《科学发展观视野下城乡生态文明建设研究——以重庆市彭水县为例》，《西南大学学报》（自然科学版）2014 年第 12 期。

3. 陈放：《基于生态文明理念下化解城乡生态环境二元化的路径选择》，《生态经济》2015 年第 2 期。

4. 张宜红：《江西建设国家生态文明先行示范区的路径与政策措施》，《企业经济》2015 年第 2 期。

5. 彭文英、戴劲：《生态文明建设中的城乡生态关系探析》，《生态经济》2015 年第 8 期。

6. 杨承训、马洪超：《"绿色化"对经济学的挑战与拓新——兼议构建城乡绿色连体大循环系统》，《毛泽东邓小平理论研究》2015 年第 8 期。

7. 郭屹岩、宁生全、齐钟程、刘利：《基于 GIS 促进城乡生态旅游发展的绿道线路优化——以丹东为例》，《辽东学院学报》（自然科学版）2017 年第 1 期。

8. 徐淑云：《福建省城乡生态文明一体化建设研究——以台湾农庄建设为例》，《福建论坛》（人文社会科学版）2016 年第 4 期。

9. 范和生、唐惠敏：《农村环境治理结构的变迁与城乡生态共同体的构建》，《内蒙古社会科学》（汉文版）2016 年第 4 期。

10. 彭文英、马思瀛、张丽亚、戴劲：《基于碳平衡的城乡生态补偿长效机制研究——以北京市为例》，《生态经济》2016 年第 9 期。

民心导向篇

People Oriented

B.19
修武县民生发展研究报告[*]

冯庆林[**]

摘　要： 民生问题是人民群众最关心、最直接、最现实的利益问题，事关社会和谐发展和人民生活幸福。本文系统总结了近年来修武县民生建设领域取得的成就，详细分析了修武县在民生建设领域存在的突出问题，主要有民生事业存在短板、社会力量参与民生建设不积极、民生建设管理问题、区域发展不平衡以及高技能人才匮乏等，并在此基础上进一步提出推进修武县民生发展的对策与建议，即补齐民生事业发展的短板、动员社会力量广泛参与、提高实效性以及提升人才队伍素质等。

---

* 本文系 2016 年度河南省社会科学规划项目"河南社会事业开放创新研究"阶段性成果，项目批准号：2016BSH010。

** 冯庆林，河南省社会科学院社会发展研究所助理研究员。

关键词： 民生发展　区域发展　修武县

民生问题是人民群众最关心、最直接、最现实的利益问题，事关社会和谐发展和人民生活幸福。关注民生、重视民生、保障民生、改善民生，是我们党全心全意为人民服务宗旨的根本要求，也是人民政府履行一切工作职责的出发点和落脚点。系统梳理和总结修武县在民生领域的主要做法、发展成就、存在的问题等，对于加快推进修武县以改善民生为重点的社会建设具有重要意义。

一　修武县民生发展现状及取得的成就

近年来，修武县始终坚持以人为本、民生为先的执政理念，不断加大民生投入力度，从 2011 年到 2015 年，全县民生支出 67.4 亿元，年均增长7.9%，2016 年全县财政民生支出达到 151413 万元，占一般公共预算支出的 88.7%。大量资金的投入，使人民群众生活水平持续提高，民生建设各领域取得长足发展，并先后被评为国家卫生县城、国家级生态示范区、全国文化先进县、全国平安建设先进县、全国群众体育先进单位、全省义务教育均衡发展先进县、全省促进全民创业县等。

（一）教育事业取得飞速发展

近年来，修武县以办好人民满意的教育为目标，全力以赴提升教育质量，促进教育公平，加强队伍建设，优化资源配置，较好地完成了各项目标任务，全县教育事业实现健康、和谐发展。高中教育质量稳步提升，每年高考上线人数持续增长（见表 1）；义务教育均衡发展得到进一步巩固。依托优质学校成立九大教育集团联盟，39 所联盟学校实行管理互通、研训联动、质量同进、文化共建、项目合作"五大行动"，有力地推进了义务教育基本均衡。截至 2016 年，小学、初中入学率均为 100%，巩固率分别为 98%、96%，分别比国家规定的标准高出 3 个和 4 个百分点；学前教育实现大提速。通过新建、改扩建幼儿园，公办幼儿园设施更加完善，私立幼儿园达到60所。积极开展"手拉手"结对共建活动和以"幼小衔接"为主题的学前教育宣传月活动，促进园际共同发展、师生共同成长，不断满足群众对优质园的需求；县职教中心不断深化校企合作，改革人才培养模式，学生整体素质明显提升；教育设施设备更加完善。截至目前，全县拥有全自动录播教室5个。投资384万元配备1023台义务教育学校教师备课机，师机比达1∶1。全县中小学多媒体"班班通"设备装配覆盖率达100%，学生用计算机已满足上课时一人一机；"两免一补"政策落实到位。为5.4万人次中小学生免除杂费1976.5万元、教科书费275.3万元，为1102人次贫困寄宿生发放补助67万余元；帮困助学政策落实到位。为3525人次贫困生发放资助金298.5万元，为803人次中职学生免学费65万元，为2354名大学生办理生源地信用助学贷款，金额达1886万元，学生资助中心在河南省生源地信用助学贷款工作考核中被省教育厅评为"优秀单位"。

表1　历年本科上线人数

单位：人

年份	一本	二本	三本
2014	186	613	1100
2015	217	660	1170
2016	289	788	1338

（二）城乡居民医疗卫生保障水平显著提高

新农合保障水平不断提高。截至2016年，新农合参合农民206184人，参合率达到98%以上，新农合人均财政补贴标准已由280元提高到420元（见图1），累计补助参合农民81.5万人次7674.6万元，新农合大病保险累计补助463人次147.1万元，困难群众大病补充医疗保险累计补助156人次22.4万元；医疗卫生队伍素质全面加强。新增执业（助理）医师62名，执业（助理）医师总数达到749人，千人拥有执业医师数位居全省前列；医疗卫生服务体系建设持续加强。总投资 3375 万元的县中医院病房楼、医技楼建设项目，病房楼主体竣工，医技楼即将开工；投资 330 万元的云台山镇卫生院和王屯乡卫生院改扩建项目主体完工；投资 80 万元的 16 家村卫生所建设项目正在验收；公共卫生服务均等化水平进一步提升。免费为城乡居民提供 13 项基本公共卫生服务，建立城乡居民健康档案 25.5 万人，为全县近 3 万名 65 岁以上老年人及高血压、糖尿病患者进行免费体检，为村卫生室免费配备 187 台价值 200 多万元的 "健康一体机"；各项计划生育利益导向政策得到落实。截至目前，已为 1648 对夫妇进行免费健康检查；2016 年，为城乡计划生育家庭、独生子女父母、特殊困难家庭等共计 6164 人发放奖扶资金、奖励金和养老保险补贴资金 324 万元，落实农村独生子女及双女中招加分政策 142 人；新生儿耳聋基因免费检测在全市首家实施；"先住院后付费" 医疗模式惠及群众 9 万人次，家庭医生签约 3.8 万户，惠及群众 17.3 万人次；在全国率先启动了县域医药卫生体制综合改革，县、乡、村三级医疗机构全部实行了国家基本药物制度。在全省率先实行 "家庭医生团队—乡村医生—农村居民" 服务模式，群众就医条件明显改善。

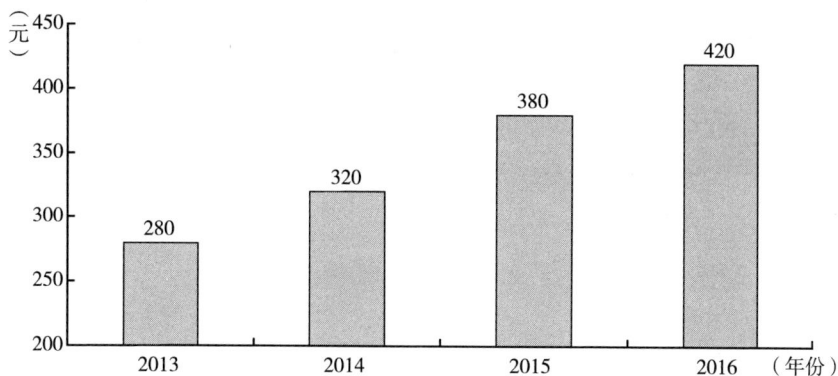

图 1　历年新农合人均财政补贴标准

（三）就业形势持续保持稳定

近年来，修武县积极推进 "大众创业、万众创新"，深入实施就业优先战略和更加积极的就业政策，就业形势总体保持稳定。新增农村劳动力转移就业、城镇新增就业、城镇失业人员再就业、困难人员就业等每年都超额完成任务（见表2）。就业创业培训工作深入开展（见表3），有效激发了创业活力。在巩固提升小寨沟创业街、百货大楼创业街等17个创业区街的基础上，重点建设了河南云台山创新创业孵化园，先后有30多个项目入驻孵化园。通过宣传引导、资金支持、培训提升，激发创业的活力。2016年，已举办创业培训16期480人，农村劳动力技能培训4168人，扶持创业1698人，发放创业贷款8569万元，带动就业4150人，获得"焦作市扶持创业先进单位"荣誉称号。

表2　历年新增就业情况

单位：人

年份	新增农村劳动力转移就业	城镇新增就业	城镇失业人员再就业	困难人员就业
2014	14829	5502	1702	603
2015	3185	5012	1504	419
2016	3754	5225	1665	495

表3　劳动力创业就业培训情况

单位：人

年份	创业培训	失业人员再就业培训	农村劳动力技能培训	培养高技能人才
2014	510	—	3775	
2015	510	1075	2715	470
2016	480	1080	4168	481

（四）社会保障能力不断加强

养老保险持续推进。截至2016年底，全县城乡居民社会养老保险参保人数119851人，参保率达99.3%，为全县60岁以上城乡老人累计发放养老金3569.98万元；按时足额调整了企业退休人员基本养老金，目前月人均基本养老金1848.5元。推进落实被征地农民社会保障制度。截至目前，被征地农民社会保障金1059.2万元，被征地农民养老补贴9160人次，共计155.72万元。低保水平不断提升。截至2016年底，农村低保保障标准为

280 元/人/月，人均补差 132 元，城镇低保保障标准为 450 元/人/月，人均补差 240 元，全县共有城乡低保对象 6042 户 10591 人，累计发放资金 1850.9 万元。夯实高龄津贴发放和五保供养制度，截至目前，全县共有五保供养对象 326 户 341 人，累计发放资金 194.9 万元；全县高龄老人 4732 人，累计发放高龄津贴 355.4 万元。适时开展各类拥军优属活动，丰富双拥活动内涵。发放优抚对象抚恤定补资金 930 万元；发放义务兵家属优待金 369.5 万元；发放退役士兵一次性就业资金 129.6 万元；优抚对象医疗费用支出 62.6 万元；发放优抚对象自然增长机制补助金 19.3 万元；出资 16 万元对全县 42 名在乡六级以上伤残军人办理了职工医保；及时调整和发放分散安置的一至四级残疾军人护理费 11.8 万元。扎实开展优抚对象三级服务网络建设工作，目前，修武县已建成 1 个服务中心、10 个乡级服务站、187 个村级服务站，村级服务站村村配备优抚对象联络员 1 名，丰富了修武"省级双拥模范县"内涵。资助 1.3 万名五保对象、城乡低保对象参合参保，参合参保资金 78.7 万元。对因各种特殊原因基本生活出现暂时困难的家庭给予非定期、非定量的生活救助等，截至目前，临时救助 403 人次，发放资金 85.6 万元；医疗救助 1945 人次，发放资金 206.2 万元。落实大病补充医疗保险制度，将城乡低保对象、城市"三无"人员、五保对象全部纳入大病补充医疗保险范围之内，截至目前，共对 55 人实施了商业保险补充赔付，赔付资金 2.4 万元。发放孤儿救助资金 29.2 万元，保障了全县 79 名孤儿的基本生活。流浪乞讨人员救助 210 人次，救助资金 21.5 万元，为修武文明城市创建做出了积极贡献。慈善救助 2362 人次，救助衣物 5320 件。落实惠民殡葬政策，免除基本火化费用 24.7 万元；投资 162 万元改善殡葬服务设施，新购两台殡葬车，新建双面火化机及配套废气净化设备已投入使用。"十二五"时期，共建成保障性住房 2769 套，改造农村危房 2480 套，极大地改善了人民群众的生产生活条件。

（五）养老保障服务水平进一步提升

逐步提升养老机构管理水平和服务能力，加强对养老机构食品、卫生、安全、消防等工作的监管检查力度，建立养老机构突发事件应急处理机制，适时开展了消防安全演练及经常性的有益于老年人身心健康的日常文体活动等。集中供养能力持续保持100%。加强养老基础设施建设，健全"农村幸福院"管理体系，发挥42家"农村幸福院"作用；按照每家5万元的标准资助张弓铺和东水寨两个村建设乐龄之家，为老年人提供关心照料、情感交流、文化娱乐等服务。投入459万元资金用于县级养老机构设施改造及日常运营等。结合"敬老月"活动，以为老年人办实事、做好事、解难事，惠老助老为主题，弘扬修武"长寿之乡"浓厚氛围，让广大老年人感受到党和政府以及全社会的关怀和温暖。截至目前，全县高龄老人4732名，对比2013年修武县荣获"中国长寿之乡"荣誉称号时全县高龄老人的人数增加了12.1%。其中：80岁以上老年人由2013年的3949名增加到现在的4186名；90岁以上老年人由2013年的463名增加到现在的537名；百岁老人11名。

（六）城乡环境持续优化

以新型城镇化建设为引领，统筹推进城乡一体化发展，公路、铁路、水系、电网、通信等各项基础设施不断完善。郑焦城际铁路投入运营，郑云高速通车，修武成为郑州"势中心"。2016年，城区历史上第一次通了公交，6万人次体验到了便利。老城改造遗留7年老大难问题得到根本解决，幸福水厂二期、第二污水处理厂、汽车客运总站投入使用，城区公交开通运行，天然气管道向农村延伸。亿祥世纪城邦等商住项目顺利推进，新增住宅面积93.4万平方米。城区绿化覆盖率扩大到43.4%，人均公园绿地面积15.2平方米，森林培育完成29.5万亩。强力推进北山治理和"蓝天雷霆"十大专项行动，顺利通过国家园林县城复查验收，被授予"中国养生地"称号。实施4个总投资为6172.09万元的美丽乡村建设项目，内容涉及道路硬化、排水工程、垃圾治理工程等；开展传统村落项目建设工作，对修武县被列入中国传统村落保护项目的西村乡平顶爻村、双庙村，云台山镇一斗水村、东岭后村安排财政资金860万元，西村乡长岭村获得农村综合改革转移支付资金 200 万元，用于村内基础设施建设和完善；拨付资金 761 万元改造农村危房 980 户。

总之，近年来修武县始终坚持以人为本、民生为先的执政理念，不断加大民生投入力度，群众生活水平持续提高。就业、养老、计生、教育、文化、环保、住房保障和残疾人等各项工作均取得良好成绩，信访和安全生产形势持续好转，社会大局和谐稳定，公众安全感指数位居全省第三，人民群众得到更多实惠。

二 修武县民生建设领域存在的突出问题分析

近年来，修武县民生建设领域发生了日新月异的变化。然而，在取得成绩的同时，一些影响民生事业持续健康发展的因素也日益凸显，势必影响广大人民群众共享改革发展的成果。概括起来主要有以下几个方面。

（一）民生事业历史欠账有待补齐

长期以来，修武县经济社会发展不均衡，民生事业历史欠账较多，虽然经过多年的努力有很大改善，但与全面建成小康社会的目标相比，与人民群众不断增长的民生需求相比，仍然有很大的差距。一是受地区经济发展水平的限制，建立在普惠基础之上的社会保障水平总体偏低，尤其是农村地区的医疗和养老保障水平仅能发挥有限的作用。二是用于社保配套的财政资金面临巨大压力。如部分保险收支不平衡，截至 2016 年 10 月底，企业养老保险征收 6890 万元，发放 11650 万元，基金倒挂 5119 万元，修武县财政需负担 2764 万元。机关事业养老保险截至 2016 年 10 月征收 847 万元，发放 1455 万元，广电局、公路局、商业局等 5 家单位欠费 632 万元，基金结余 139 万元，仅能支付 1 个月，财政配套资金面临巨大压力。此外，随着经济社会的快速发展，人民群众对医疗卫生、居家养老服务、妇幼健康等的需求逐渐提高，所有这些都离不开财政资金的保障与激励。三是部分历史遗留问题难以解决。如涉军人员 1000 余人的待遇诉求问题，东方金铅、大通等部分职工要求享受失业保险待遇诉求问题，部分乡镇机构改革分流人员要求参加养老保险问题，机械厂等停产企业因单位欠费退休职工不能正常享受医疗待遇问题，等等，所有这些问题都会对信访稳定造成一定影响。

（二）民生建设领域管理手段落后

随着修武县民生建设的持续推进，大量资金投入民生领域，城乡居民的生活水平有了大幅度的提高。然而，在具体推进过程中，也暴露出民生事业管理方面的诸多问题。一是民生事业管理的信息化水平不高，由此造成管理效率的低下和大量行政资源的浪费。如针对城乡低保信息比对，修武县还没有设立信息比对平台，低保申报对象的养老金、工资、车辆、房产、纳税等信息核对全部依靠人工，效率低下，且有误差，此外，低保对象的县域外信息无法了解，导致对低保对象的基本信息难以全面掌握，对家庭条件发生变化的低保家庭难以及时清退，无法实现城乡低保的动态管理。二是涉及民生领域的部门之间协调配合不力。在经济下行压力下，涉及劳动者社会保障、农民工工资等案件明显增多，但由于部门之间缺乏联动协调机制，人社部门长期面临案件执行难问题。比如金融部门不能提供和冻结单位账户，导致保险欠费追缴难度大，造成职工利益受损；再如，目前修武县尚未建立完善的农民工工资案件移交机制，导致农民工讨薪案件移交难度大，不能有效通过公安司法途径妥善解决，等等。三是对民生资金的管理不到位。对于民生资金的投入机制、监管机制、效益评估机制、问责机制等缺乏必要的制度保障。

（三）社会力量参与民生建设的积极性不高

民生事业需要大量人力、物力、财力的投入，仅仅依靠行政力量难以满足人民群众日益增长的民生诉求。修武县社会力量参与民生建设的积极性不高，突出表现在社会事业的开放程度不高，各种鼓励和引导民间资本进入民生领域的政策配套措施落实不到位。比如在社会化养老方面，政府对民间资本投入养老服务的建设补贴、床位运营补贴、各项优惠政策等落实不到位，由此导致修武县目前仍以公办养老机构为主，居家养老和民办养老机构缺失，制约了修武县养老服务业的有序发展。此外，教育、医疗卫生等民生事业过度依赖行政力量，准入门槛过高，限制了企业、社会组织等民间力量参与民生建设的积极性，由此导致民生事业承担主体、运营方式单一，开放程度严重不足。其结果是，基本公共服务不能得到充分保障，而建立在多元主体之上的服务体系也无法形成。

（四）民生建设的区域发展不平衡

区域协调发展是贯彻落实共享发展理念的根本要求。修武县在城乡一体化发展过程中存在的突出问题主要表现在：一是城乡居民的收入差距过大。从图2可以看出，近年来修武县农民人均纯收入增幅一直高于城镇居民人均可支配收入增幅，但城乡居民收入增速越来越趋缓。此外，从收入的绝对差来看，城镇居民收入远高于农村居民收入，且差距有逐渐拉大的趋势，但趋势越来越放缓（见表4）。二是各乡镇经济发展差异明显，影响其对民生的投入力度。北山地区以及贫困乡镇的经济发展水平较低，医疗、教育等资源配置相对薄弱，需要进一步优化。

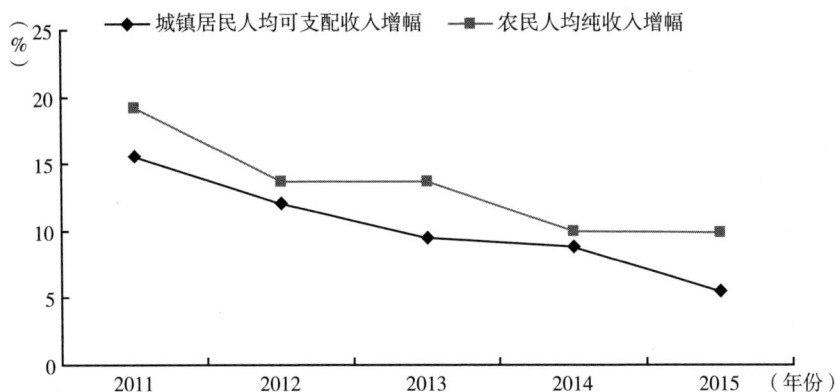

图2　修武县城乡居民收入增幅比较

数据来源：《修武统计年鉴（2016）》。

表4 修武县城乡居民收入比较

单位：元

年份	城镇居民人均可支配收入	农村居民人均纯收入	城乡居民收入绝对差
2011	17172	8413	8759
2012	19258	9562	9696
2013	21096	10868	10228
2014	22946	11954	10992
2015	24197	13135	11062

数据来源：《修武统计年鉴（2016）》。

（五）民生建设领域高技能人才匮乏

虽然修武县在人才培养和引进过程中做了大量的工作，但受区位环境、经济发展水平等因素影响，民生建设领域高技能人才依然匮乏。中初级人才的素质和专业技术能力有待进一步提高，骨干人才与省市级医院差距较大，尤其是医技人员短缺，影像诊断、医学检验等专业方面表现尤为突出，无法满足实际工作需要。

三 进一步提升修武县民生发展水平的对策建议

未来几年，修武县要继续坚持以人民群众为中心，从广大人民群众最关心、最直接、最现实的利益问题入手，积极调动各方社会力量投入到民生建设中来，不断提高人民群众的生活水平和生活质量，使人民群众在共建共享中有更多的获得感和幸福感。

（一）激发民生发展的内生动力，补齐民生事业发展的短板

民生发展的内生动力来源于广大人民群众对公共服务及其衍生产品的有效需求，诸如对优质教育资源的需求、对医疗卫生的需求、对养老服务的需求、对健康的需求等。群众有需求，社会就具有提供这些公共服务和产品的

内生动力。当前民生建设领域存在的一些错误思想和理念限制了其内生动力的激发，认为民生事业主要依赖于政府，"等、靠、要"思想严重，地方政府又会因为财政紧张而把主要精力用于发展经济，从而更加忽视以保障民生为重的社会建设，导致民生发展滞后于经济发展。破解民生发展难题，一方面需要地方政府确立经济社会协同发展的理念，另一方面则有赖于地方政府创新民生建设的发展理念、工作机制和工作方法，以人民群众的需求为出发点和落脚点，抓紧出台鼓励和引导民生发展的政策和措施，充分激发民生发展的内生动力。唯有如此，才能补齐民生事业发展的短板。

（二）扩大民生事业开放，动员社会力量广泛参与

民生事业的发展如果仅仅依靠政府力量，则难以满足人民群众日益增长的民生需求。因此，要逐步改变政府作为单一主体的现状，鼓励和动员社会力量广泛参与，制定和出台政策引导民营资本、社会组织等参与兴办交通、文化、教育、医疗、体育等民生事业。一是要创新公共服务提供方式。加快转变政府职能，以购买服务、财政补贴等方式，放手让企业、社会组织运作，让社会力量和市场主体有更多机会参与提供社会公共服务。二是要积极引导社会资金和民间资本投向民生领域。制定扶持的相关优惠政策，采取公助、互助、自助等方式，鼓励和支持民间或其他社会力量进入公共产品市场，兴办社会公共服务业。三是要加快培育兴办民生事业的社会组织。放宽社会组织准入门槛，规范社会组织从业行为，加强社会组织的诚信与自律建设，推动社会组织承接政府购买社会服务。

（三）加强民生领域管理，提高民生事业的实效性

民生建设领域管理水平的高低，直接影响到民生工作的实效性。一是要抓紧制定出台修武县关于社会建设发展规划的纲领性文件，以此来统领全县社会事业发展更上一个台阶。二是要加快推进修武县民生建设领域的信息化水平。从目前来看，修武县民生建设领域信息化水平低，造成了大量行政资源、民生资金的浪费。为此，需要尽快建立民生建设基础数据库，从而实现

县域内民生数据资源的共享。通过建立详尽的数据库，不仅可以了解当前民生建设的现状，还能通过数据分析了解民生建设的短板、城乡区域之间存在的差距，进而为民生资金的投入方向、投入量指明方向，避免在规划分配年度民生项目资金投入时的模糊性和盲目性。三是要建立健全民生管理的各项制度。如涉及民生的各部门之间的联动协调机制、针对各部门的民生实施效果考核机制以及民生工作的监督问责机制等，只有完善制度建设，才能保证民生各项工作取得实效。

（四）强化人才支撑，提升民生领域人才队伍素质

民生事业的持续健康发展，离不开高素质的人才队伍。为此，需要坚持人才优先发展战略，实施重大人才工程，努力培养一支素质优良的人才队伍。一是要实施高层次人才引进计划。完善人才引进配套措施，做好民生领域人才需求的征集、推介、洽谈、对接、跟踪服务工作，打造人才集聚的良好平台。二是要实施"引智"行动计划。加强与科研院所的联系，为修武县民生事业提供智力支持。三是要实施全民职业技能振兴计划。加快筹建高水平、高标准的应用型院校，建立适应市场和企业用人需求的、有发展前景的热门专业，树立修武职业教育知名品牌。四是要完善落实各项人才政策。设立人才发展专项资金，健全人才培养选拔、评价选用、流动配置、激励保障机制，多渠道、多方式吸纳科技人才和创新团队，推动各个领域创新。建立人才引进"绿色通道"，完善人才入境、落户、社会保障、子女入学、配偶安置等政策措施，保障引进人才的各项待遇。

参考文献

1. 习近平：《从解决好人民群众普遍关心的突出问题入手推进全面小康社会建设》，中央财经领导小组第十四次会议，来源于新华网，2016 年 12 月 21 日。
2. 周全德：《当前河南民生建设突出问题分析报告》，《2014 年河南社会蓝皮书》，社会科学文献出版社，2014。

3. 河南省社会科学院社会发展研究所课题组：《2017 年河南省民生实事专题研究》，河南省政府交办课题，2016 年 11 月结项。

4. 谢宇等：《中国民生发展报告（2016）》，北京大学出版社，2017。

5. 河南省社会科学院课题组：《在扩大开放中促进社会事业发展：以河南社会事业现状为例》，《中州学刊》2014 年第 11 期。

6. 河南省社会科学院课题组：《走向民生为重的社会建设——2012～2013 年河南社会形势分析与预测》，《2013 年河南社会蓝皮书》，社会科学文献出版社，2013。

7. 河南省社会科学院课题组：《以扩大社会事业开放提高社会建设水平》，《理论动态》第 2027 期。

B.20
修武县社会治理现状及问题研究[*]

潘艳艳[**]

摘　要： 加强和创新社会治理既是理念的提升，也是现实的需求。近年来，修武县立足自身实际，深入推进社会管理体制改革，在社会治理创新方面成绩显著。但政府治理理念转变困难、城乡社区自治不力、社会组织发展滞后、社会矛盾量大高发等问题成了社会治理创新中的障碍所在。新时期，修武县应以"善治""共治"的理念为引领，以"平安修武"建设为抓手，充分发挥政府、社会组织、公民等治理主体的优势作用，促进各主体之间的互相协调，各尽所能，共同构建多元共治的社会治理新格局。

关键词： 社会治理　体制创新　修武县

十八届三中全会以来，"社会治理创新"理念的提出标志着我国的社会治理进入了新的发展阶段。随后十八届四中全会提出"社会治理法治化"，十八届五中全会强调"推进社会治理精细化，构建全民共建共享的社会治理格局"，都是对社会治理理念的进一步深化和升华。在全面建设小康社会的关键时期，修武县积极贯彻落实河南省委、焦作市委的重要部署，以"再创

---

* 本文系 2016 年度河南省社会科学规划项目"河南省城中村回迁安置社区治理困境及对策研究"（项目编号：2016CSH018）及 2017 年度河南省社会科学院基本科研项目"'村政组治'实践及乡村治理创新研究"（项目编号：17E19）的阶段性成果。
** 潘艳艳，河南省社会科学院社会发展研究所研究实习员。

平安先进县，冲刺全国长安杯"为目标，牢固树立"让群众更满意"的理念，以提升群众安全感和满意度为抓手，深入推动社会治安综合治理和平安建设工作，实现了社会大局持续平稳，为修武县社会经济发展创造了良好的环境。

一 修武县创新社会治理的实践探索

（一）深化行政体制改革，推进政府职能转变

与以前的"社会管理"相比，"社会治理"更加强调治理主体的多元化，要求打破"政府是唯一治理主体"的旧格局，将企业、社会组织、公民等都纳入治理主体的范畴，建立社会协同、多元共治的社会治理新形态。从本质上讲，社会治理是政府、市场、社会三者关系的重新调整，要求政府放权给市场和社会，将工作重心转移到监督和服务上来，推动管理型政府向服务型政府转变。近年来，修武县以行政体制改革为突破口，推动政府简政放权，强化自身建设，在提高政府治理能力和水平方面取得显著成效。一是制定权责清单制度，全面开展权责清单建设工作。2015 年，修武县制定印发了《修武县推行政府权力清单和责任清单制度工作实施方案》，明确了审改方式、审改流程、审改重点。在实践过程中，通过部门联动、试点先行，全县 45 个涉改单位实行"开门建清单"，对部门所属的权力事项和责任事项进行全面梳理、自查上报，促进权力"瘦身"、责任"强身"，确保行政体制改革深入开展。二是下放审批事项，进一步推进权力下移。修武县按照省、市政府关于清理规范行政审批事项的部署和要求，依法确定了取消、保留、调整行政审批事项目录并予以公布。仅 2016 年，修武县取消行政审批事项 169 项，行政审批总时限压缩 32.7%，有力地促进了行政办事效率的提高。① 三是持续加大民生投入力度，推动社会事业全面发展。修武县坚持以人为本，着力加强民生建设，近五年来，全县民生支出达到 67.4 亿元，

---

① 《2017 年修武县政府工作报告》，修武县人民政府网，2017 年 3 月 6 日。

占全部财政支出比重达到87%，就业、养老、教育、社会保障等民生事业均取得良好的成绩，全县居民生活水平持续提高。[①]

（二）加强基层综合治理，实现社会治理精细化

基层是社会治理的难点和重点所在，几年来，修武县始终将基层社会治理作为健全和完善社会治理体系的重要支点，不断加大政府投入，创新治理方式，增强服务效能。一是规范乡村综治中心建设。修武县按照省市部署，制定了《乡村综治中心规范化建设指导手册》，建立乡村综治中心九项运行制度，整合基层工作资源，统一中心建设标准，扎实开展基层综合治理工作，集中解决群众关注的热点、难点问题。截至2016年底，修武县乡镇规范化综治中心建成率为100%，村级规范化综治中心建成率为90%。二是全面推行网格化管理。为进一步量化细化服务管理，激活服务资源，修武县在全县开展网格化管理服务行动，将全县187个行政村按照地理位置和居住情况，划分为1218个网格，设立网格协管员一名，配备"社区E通"智能手机，随时搜集上报各类信息，为群众提供政策宣传、矛盾调解、治安防控、环境监督等服务，为基层群众生活提供了便利和实惠。[②] 网格化的全面覆盖实现了基层管理与服务无缝对接，确保了政府公共服务延伸到千家万户。三是加强美丽乡村建设。修武县于2013年在焦作市率先启动美丽家园行动计划，把改善农村人居环境工作作为推动美丽乡村建设的重要抓手，逐步完善农村环境卫生长效机制。截至目前，修武县已成功创建46个省级示范村、101个省级达标村，美丽乡村建设取得了明显成效，乡村面貌得到了极大改观，赢得了社会各界和全县群众的广泛认可。

（三）创新群众工作方式，构建多元化矛盾化解体系

尽可能地减少社会问题，化解社会矛盾纠纷，最大限度地激发社会创造

---

① 《修武县国民经济和社会发展第十三个五年规划纲要》，修武县人民政府网，2016年5月16日。

② 《修武村级网格化服务全覆盖》，大河网，2016年1月21日。

活力，消除社会不和谐因素是确保社会安定有序的关键所在，也是十八届三中全会提出的"创新有效信访调解，预防和化解社会矛盾"的具体要求。近年来，修武县坚持将化解矛盾纠纷作为维护社会稳定的基础性工作，通过抓平台、建机制，整合社会力量全力推动社会矛盾大调解体系建设。一是践行民心导向，深入密切干群关系。2014年以来，修武县建立了党员干部联系服务群众、解决难题隐患、透明决策等"六项制度"，组织全县102家党政机关、企事业单位4400余名党员干部职工组建"下访谈心"调解队伍，每人与15户群众开展结对帮扶，倾听民意诉求，尊重群众意见，妥善解决民生问题，把不稳定因素消除在萌芽状态。二是健全矛盾纠纷调处机制，拓宽民意表达渠道。修武县以县矛调中心为依托，建立县矛调中心与8个乡镇视频接访系统和矛调指挥调度系统。全县共建立县、乡、村三级人民调解委员会202个，专业调委会14个，"个人调解室"22个，专职调解员36人，兼职调解员626人，定期组织开展矛盾纠纷排查化解专项行动，推行律师包乡联村服务模式、专业心理咨询师"坐诊"县、乡矛调中心服务模式，实现了化解矛盾纠纷的常态化、专业化。三是探索信访创新模式，促进社会矛盾的根本解决。修武县坚持信访问题解决和信访秩序维护两手抓，积极开展主动下访、开门接访、联合处访等工作，推动了信访工作法制化、科学化、精细化建设。同时探索实行了信访积案化解"4+1+3"模式，即在县级层面成立由信访专家、心理疏导师、律师、听证人组成的4个专业工作组，责任单位组建1个专门班子，对未办结的信访积案研判、督导、预听证三个不停顿，整合一切资源和力量推动案结事了。2016年，修武信访积案化解率、信访群众满意率均位居全市第一。

（四）坚持预防为主，打造立体化治安防控体系

平安是人民群众的基本需求，也是社会和谐的重要基石。修武县坚持将平安建设纳入创新社会治理的大格局中，从与人民群众切身利益相关的生产生活重大领域入手，实施"平安景区""平安学校""平安村"创建工程，着力加强源头治理、协同治理，全面打造平安修武、法治修武。一是加强治

安防控设施建设。推行视频乡村联网和全县重点部位、重点场所、重点行业视频监控全覆盖，实现县乡村三级视频监控互联互通、资源共享。二是织密防控网络。按照"政府出资、专业机构招聘、公安管理使用"，招聘辅警205名，实现"一村一警"，充实了基层警力。立足于"旅游大县"的实际情况，成立50人的旅游警察中队，专门治理非法上路揽客、扰乱旅游秩序行为，保障了全县旅游服务业的健康发展。加强街面巡逻、社区群防、区域警务协作和网络空间防控等工作，推动群防群治、共创平安。三是实施重点整治活动。深入开展"护航经济发展"专项行动，大力整治强买强卖、寻衅滋事、恶意阻工等损害企业经营的违法行为，净化企业周边治安环境。开展北山环境整治行动、防治污染治安行动，以"零容忍"的态度从重从快打击环境违法犯罪活动。严厉打击"黄赌毒"、非法集资等违法犯罪活动，切实解决影响全县经济发展和安全稳定的突出治安问题，维护了社会治安大局的安定平稳。修武县公众安全感始终位于全省前列，连续九年被省委、省政府授予"平安建设先进县"的光荣称号，连续两届荣获全国平安建设先进县称号。[①]

二 当前修武县创新社会治理面临的问题与挑战

尽管修武县社会治理已经取得了不错的成绩，社会治理水平逐年提高，但在经济快速发展和社会加快转型的大背景下，修武县社会治理过程中存在的问题依然突出，面临的风险和挑战不能忽视。

（一）治理服务理念滞后，多元共治的格局未能形成

长期以来，受管理、控制、强制等理念、思想的影响，政府作为管理主体管理城乡社区被认为是应然行为，运用管控、管制手段和行政压力处理社

---

① 《焦作市修武县连续八年获得全省平安建设先进县称号》，河南省人民政府网，2016年7月7日。

会事务、解决矛盾纠纷成为"惯常、合法"方式。从修武县的实践可以看出，政府对社会治理仍然占据绝对的掌控地位，许多干部对自治与服务、自发自愿、多元参与、共建共享等理念以及社会组织在城乡社区治理服务的重要作用认识不深入、理解不透彻，不能将"寓治理于服务中""通过服务实现治理"等有效的治理服务理念及方法真正落实到城乡社会治理实践中。在"管理是政府的事"思想影响下，社区居民主人翁意识不强，在社区选举、民主决策、商议讨论公共事务方面兴趣较低，缺乏参与热情；社区社会组织发展较为缓慢，整体实力不够强大，不能有效发挥在社区治理服务中的主体地位和积极作用。因此，基于理念认识和现实条件等因素制约，居（村）民、基层社会组织等大多未能真正参与到社区治理服务中，政府就成为管理社会、社区的"唯一主体"，发挥主导乃至统管作用；政府对社区治理与服务认识不足，存在一定偏差，未能有效调动多元主体参与城乡社区"共建共享共治"的积极性与主动性，导致政府主导、居（村）民参与、城乡社区社会组织协同治理的共治共享格局尚未真正形成。

（二）城乡社区自治能力欠缺，公共服务供给不足

修武县地处河南西北部山区，经济基础不够雄厚，基层治理任务繁重，城乡社区自治水平普遍不高。首先，城镇社区体制建设不健全。修武县目前尚未建立街道办事处，虽然设有几个居委会，但仅承担城区居民服务职能，不具备"正式社区"的功能，现有的"社区"自治理念不清，居委会的自治职能未能充分发挥。其次，农村社区治理难度较大。修武县各村集体经济发展不一，产权制度较为模糊，产权主体不够明确，存在一些深层次的利益纠纷，问题多发易发且难以解决。而且当前农村社区治理人才匮乏，人员专业素质较低，权力清单及阳光公开机制等刚性制度执行不力，群众对党务村务缺乏参与热情，在乡村自治方面发挥的作用较为有限。第三，城乡公共服务供给失衡。修武县各乡镇经济发展水平不同，在公共服务供给上也呈现明显差异。经济情况较好的城关镇、郇封镇等基础设施较为完善，民生服务投入力度大，医疗、教育等公共资源较为丰富。而北山地区

及其他贫困山区发展相对落后，公共服务供给不足，民生事业发展不力的问题较为突出。

（三）社会组织发育不成熟，参与社会治理的能力有限

社会组织作为党和政府联系群众的重要桥梁，在当前社会治理创新中发挥着越来越重要的作用。但从整体来看，修武县的社会组织发展尚处于初级阶段。一方面社会组织的数量和规模较小。据统计，目前修武县登记在案的社会组织共有 37 个（见表 1），并不能满足修武县未来社会经济发展的需要。社会组织的类别发展并不均衡，社会工作服务机构、志愿者团体、基金会等公益类、服务类社会组织非常匮乏，现有的社会组织活动领域有限，总体运行水平较低，且各类社会组织之间缺乏联系与合作，不能形成组合优势参与到社会治理工作中来。另一方面，社会组织一般由行政事业单位如教育局、文广新局等担任主管单位，对社会组织行使监督管理职能。在实践中，社会组织对主管单位的资金、资源有较强的依赖性，行业脱钩并不彻底，社会组织的行为方式仍具有明显的行政色彩，独立发展能力不强。三是许多社会组织管理体制不健全，组织架构不合理，资金来源渠道单一，专业服务人员较为缺乏，致使社会组织服务能力较弱，后发力量不足，参与社会治理的功能受到限制。

表 1　修武县社会组织统计

所属类别	主管单位	数量
教育类	县教育局	25
行业类	县畜牧局、体育局、旅游局、科协等	7
学术类	县文化局、档案史志局	2
文化类	县文联	1
联合类	县卫生局	1
专业类	县卫计委	1

数据来源：根据修武县社会组织登记信息公开表数据整理。

（四）社会矛盾错综复杂，社会治理难度不断加大

修武县在经济社会不断发展进步的同时，也出现了许多新的社会问题和社会矛盾，使社会治理的风险不断增加。一是失地农民问题日益严重。随着城镇化、工业化进程的推进，失地农民群体数量大量增加，该群体的教育、就业、社会保障、拆迁补偿等问题都成为政府面临的棘手问题，一旦处理不当容易引起群体性事件的发生，造成不良的社会影响。二是部分地区干群关系依旧紧张。有的干部将民众仍当作管制对象而不是服务对象，工作作风不佳，权力行使不当，以权力"寻租"来谋取私利的现象时有发生，导致官民隔阂日益加深，政府权威和公信力受到损害。三是社会顽疾难以根治。诸如非法集资、传销、网络诈骗等问题没有从根本上杜绝，导致纠纷事件屡屡发生。同时，土地问题、城乡贫富差距、劳资矛盾、公共安全、互联网风险问题等呈高发态势，致使社会管理事务繁重，社会治理难度加大，对修武县深化社会体制改革，创新社会治理提出了严峻的挑战。

三 进一步加强和创新社会治理的对策建议

加强和创新社会治理是实现国家治理现代化的基础，也是维护最广大人民根本利益的必然要求。修武县作为焦作市的"旅游名片"，社会经济地位很重要，社会治理面临的任务也非常艰巨。在全面深化改革的攻坚阶段，修武县应进一步贯彻落实十八届三中、四中、五中全会关于社会治理创新的精神和要求，立足市情县情，优化整合社会资源，打破体制机制障碍，深入推进社会治理创新改革，着力构建党委领导、政府主导、社会协同、公众参与、依法治理的社会治理新格局。

（一）更新社会治理理念，优化社会治理格局

从社会管理到社会治理，体现了我国长期以来自上而下管控体制的根本

改变。政府是社会治理的主体，但不再是唯一主体，社会组织、公众个体也都是社会事务管理的重要主体。修武县要加强和创新社会治理，首先是政府要进一步转变执政观念，牢固树立"善治""共治""法治"的治理新理念，对社会组织、公众参与社会治理的作用和意义有清晰和理性的认识。政府要切实发挥好在社会治理中的主导和推动作用，但不能凌驾于其他主体之上。政府和其他主体要在平等基础上互相协调、各尽其能、协作共治，才能达到社会治理的最佳状态。其次，要加快促进政府职能转变，落实政企分开、政社分开、政事分开，把政府不该管的社会事务转移出去，进一步清理、减少、规范社会管理领域的行政审批事项，变"全能政府"为"有限政府"，将政府的权力用法律进行约束，全面推进服务型政府、法治政府建设。再次，要创新政府治理方式，积极探索政府购买服务。修武县可学习借鉴省内外县市的先进经验，探索政府购买服务本土化模式，通过公开招标、项目委托等方式向综合实力强、专业水平高的社会组织购买公共服务，促使社会组织承担起政府下放权能，弥补政府社会治理的不足，在社会治理中发挥优势作用。

（二）健全基层社会治理体制，提高城乡社区自治水平

基层社会治理关系着整个社会大局的和谐稳定，是整个社会治理体系的重中之重。当前，面对基层社会矛盾复杂、利益诉求多样的现实，健全基层社会治理体制，推进社会治理精细化是修武县完善社会治理体系的必然之举。一是要理顺基层社区管理体制，强化村（居）委会的服务职能，要调整和优化社区居（村）委会的机构设置、人员配备和工作流程，建立统一规范、权责明确、精简高效的运行机制，不断改进和完善社区网格化管理，从而提高基层城区的管理效能和服务质量。二是要进一步健全居（村）民自治机制，着力完善基层民主科学决策机制、矛盾调解化解机制、基层便民服务机制、党风政风监督检查机制四项基础制度，依法保障群众参与社会管理事务的权利，广泛宣传、动员居民发挥主人翁精神，参与到社会治理中来，积极引导群众自我管理、自我服务、自我监督，提高基层社区居民自治

水平。三是要提高公共服务供给能力。要进一步增加公共服务供给总量，积极推进城乡公共服务体系建设，做好与城乡居民密切相关的教育就业、医疗卫生、住房保障等公共服务项目，重点增加对贫困农村地区的公共服务供给，促进城乡公共服务标准、项目相衔接，努力缩小公共服务供给的地区差异。

（三）着力培育发展社会组织，增强社会服务承接能力

社会组织是多元化社会治理体系中不可或缺的组成部分，当前政府、社会公众对其参与社会治理的关键作用已达成共识。随着行政体制改革的深入推进和公众对社会服务需求的日益增加，社会组织将迎来更广阔的发展空间。面对社会组织发展的"短板"，修武县应顺应社会需求，着力培育发展本地社会组织，为完善社会治理体系注入新的动力和活力。一是要创建社会组织发展的政策环境，推动中央、省委、市委关于促进社会组织发展的制度文件落到实处，健全社会组织注册、登记、管理、评估机制，实现社会组织与行政机关、事业单位的彻底脱钩，增强社会组织发展的独立性和自主性。二是搭建社会组织孵化平台，以公益创投、补贴奖励、减免费用等方式，优先发展、重点培育公益性、服务性、互助性社会组织，加快本地初创型社会组织的成长壮大。适时探索建立政府购买服务机制，增强各类社会组织对政府购买公共服务的承接能力和服务能力。三是强化社会组织的自身建设。完善社会组织管理体系，建立科学合理的组织架构，促进社会组织依法活动、有序运转；加强专业人才队伍建设，提高社会组织从业人员素养，发挥专业化、职业化优势；加强社会组织行业自律和社会组织信用体系建设，推动社会组织之间的交流合作、资源共享，不断提高本地社会组织的社会公信力和影响力。

（四）完善"平安修武"长效机制，维持良好的社会秩序

平安建设关乎人民安居乐业、社会安定有序的大局，是一项在任何时期都应常抓不懈、深入推进的重要任务。修武县应继续保持在打造"平安修武"方面的优良传统，进一步完善"平安修武"建设的长效机制，巩固和加强平安建设成效，为创新社会治理奠定坚实的基础。一是要加强社会治安

综合整治工作。针对当前社会治安治理的薄弱环节，在周末、节假日等重要时间段，旅游景区、企业等重要区域，发动群众组织、志愿者团体，配合和充实辅警、旅游警察等基层警力开展联防联控、严打整治活动。二是要着力提升社会治安防控水平。充分利用物联网、大数据、云计算等提升防控管理水平，舍得花钱买平台，打造"智慧公安"，建立和完善新型立体化治安防控体系。三是依托平安建设载体，提升平安建设实效。广泛开展平安乡镇（街道）、平安社区、平安学校、平安单位、平安医院、平安家庭等创建活动，健全平安创建工作奖评机制，整合社会力量全面参与到平安建设工作中来，使平安理念深入人心，化之于行。三是改进和完善以食品药品安全、生产安全、防灾减灾、网络安全为主要内容的公共安全体系，建立健全突发事件的应急预警机制，推进社会稳定风险评估规范化工作，及时化解各类社会不安定因素，筑牢维护稳定的基层防线，以基层平安促进全社会的平安。

参考文献

1. 修武县人民政府网：http：//www. jzxw. gov. cn/Info. aspx？id＝12391。
2. 焦作市平安建设网：http：//www. jzzz. gov. cn/。
3. 徐衣显：《基层社会治理所面临的问题及对策》，《中国浦东干部学院学报》2016年第1期。
4. 刘豫东：《修武：推行餐饮安全网格化监管模式》，《中国食品药品监管》2015年第6期。
5. 王言：《平安修武：让群众有更多获得感》，《焦作日报》2016年11月25日。

B.21
修武贫困治理问题研究

闫　慈[*]

摘　要： 脱贫攻坚工作一直是社会发展中的重点和难点，推动地区贫困问题的解决也是实现全面小康社会的重要抓手和着力点。面对当前修武县经济社会的快速发展，如何更快更好地打好脱贫攻坚战一直是修武县面临的重大任务。近年来修武县各届政府都在贫困治理问题上下大功夫、做大文章，扶贫效果显著，全面脱贫目标预期顺利达成。然而，在看到取得成就的同时，更应发现问题、破除障碍，贯彻落实河南省委、省政府在《关于打赢脱贫攻坚战的实施意见》中的明确规定，确保在2020年实现修武县的全面脱贫。

关键词： 贫困治理　脱贫　修武县

贫困问题对于任何一个国家、一个地区而言，都是阻碍社会发展的重大难题，只有坚定不移地解决好贫困问题，社会才能更加平稳、良性地发展，人民才能安居乐业，早日步入小康社会，共享改革发展的成果。当前，国家不断出台各项推动扶贫攻坚的有力政策，河南省委、省政府也在贯彻制定打赢脱贫攻坚战的具体实施意见，修武县应全力借助此次机遇，积极谋划脱贫战略部署，构建项目扶贫、行业扶贫、社会扶贫"三位一体"的大扶贫格局，坚定信念，坚持精准扶贫、精准脱贫，集

---

* 闫慈，河南省社会科学院社会发展研究所研究实习员。

中力量全面推进扶贫开发工作，加快贫困群众脱贫致富的步伐，坚决打好修武脱贫攻坚战。

一 当前修武贫困治理的主要做法及成效

修武县位于河南省西北部，北山南川，山川各半，总面积611平方公里，辖5镇、3乡、1个工贸区和1个办事处，187个村，27.05万人，耕地面积32万亩。其中贫困户共涉及8个乡镇171个行政村，贫困户2868户，贫困人口9406人；其中贫困村34个，贫困村占全县行政村总数的18.18%，贫困村有贫困户1623户，贫困人口5555人，占县贫困人口总数的59.06%。截至2016年底，修武县实现了9个贫困村2130名贫困人口的脱贫。

（一）贫困治理的主要做法

自脱贫攻坚工作开展以来，修武县在脱贫攻坚战中已经取得了突出的成绩。县领导高度重视贫困治理工作，不断深入贫困村、贫困户开展调研，了解实际情况，指导工作开展。各乡镇、各部门、各行业都在形成合力，密切配合，扎实工作，强力推进脱贫攻坚，归纳起来为"三个强化"。（1）强化扶贫队伍建设。一方面成立以市委领导班子为核心的脱贫攻坚领导小组，对全县脱贫攻坚工作进行全方位的指挥，针对工作中出现的难题予以倾斜保障。另一方面坚持召开阶段性汇报会议，及时调控部署，不管是领导队伍还是基层队伍都能够第一时间对当前阶段性扶贫工作进行有效梳理，进而积极地找出问题，不畏困难、全力攻坚，进一步坚定和鼓舞各贫困乡镇打赢脱贫攻坚战的信心和决心。（2）强化联系网络指导。修武县委、县政府将34位县级领导干部明确分配给34个贫困村，33个市、县主要部门向34个贫困村派驻了帮扶工作队，县级领导干部不定期到联系贫困村开展调研或现场办公；建立联系网络，做到"不脱贫不脱钩"，坚决保证脱贫工作的顺利完成。县级领导干部和县直部门要积极行动，主动深入到相应联系所，多听多看探实情，商讨谋划破难题，真抓实干早脱贫，真正有效地推动了脱贫攻坚工作。（3）强化督导责任检查。修武县委、县政府组成分别由三位副县级领导为组长的三个督导组，对全县脱贫攻坚工作开展督导，通过通报和简报的形式进行督导，始终坚持了问题导向、实事求是、追责到人的原则处理各项脱贫工作中出现的问题，要求贫困乡镇的相关单位认真研究，拿出整改意见，实行问题"销号"制。

（二）贫困治理工作的成效

1. 精准识别方面

严格精准识别，坚定综合考量、群众认可、实事求是的原则，严格按照贫困户划定标准，统筹考虑"两不愁，三保障"因素，指导各乡镇按照"一进二看三算四比五议六定"的识别方法对贫困户进行再甄别，在农户本人申请的基础上，严格按照"两公示一公告"程序和"六签字"工作法对全县贫困户进行了再识别、再精准，为全面结对帮扶工作的开展奠定了扎实的基础。完善档卡资料，建档立卡是精准扶贫中找对穷根的重要举措，也是确保扶贫资金有效利用的基础。修武县按照"贫困底数清""致贫原因清""帮扶措施清""脱贫责任清""脱贫进度清"的要求，结合县域实际，规范了11项脱贫档案管理目录。其中包括《贫困村登记表》《贫困村贫困人口花名册》《贫困户申请书》《贫困户登记表》《"回头看"公示资料》《贫困户帮扶手册》《明白卡》《贫困户档案》《定点帮扶工作台账》《脱贫规划》等，并采取督导检查、召开现场会、现场指导等形式，督导检查建档立卡工作，实现了档卡齐全、资料完整的目标，做到了户有卡、村有册、乡有簿、县有信息平台。妥善维护建档立卡数据库，安排专业人员专门负责修武县建档立卡数据库的使用和维护。

2. 精准帮扶方面

完善政策体系，修武县出台支持全县脱贫工作的配套政策，各相关职能部门也陆续出台本部门支持脱贫攻坚的条例，助力全县脱贫攻坚工作。其中修武县人民医院根据自身特长及贫困户的实际需求，通过"精准健康扶贫活动"为贫困户免费发放健康扶贫卡，凭卡在门诊及住院自付费中都能获得相应的优惠；强化帮扶力量，修武县派出 34 个脱贫攻坚工作队深入到每一个贫困村，按照每周下五住四的工作要求，扎实开展驻村帮扶工作。市、县各部门共抽调 1128 名干部，按照每人帮扶不超过 5 户的标准，对全县 2868 户贫困户实施全面覆盖，积极开展帮扶工作。精准安排项目，对照贫困村退出标准，修武县本着"缺什么补什么"的原则，突出重点，推进项目建设。

3. 扶贫资金方面

加大资金投入，一是进一步向上级申请扶贫专项资金。2016 年修武县共申请省、市专项扶贫资金 705.3 万元。二是加大县财政扶贫专项投入。2017 年预计安排 1000 万元扶贫专项资金，主要用于 28 个贫困村的 34 个基础设施建设项目。加强资金管理，一是专门出台《修武县扶贫资金管理办法》，用制度的形式明确扶贫资金使用的方法。二是严格执行扶贫资金使用各项规定。上级扶贫资金由省、市直接下拨，项目确定由村申请、乡申报，县扶贫办联合财政等部门实地查看，报县扶贫开发领导小组集体研究确定实施，资金管理实行县级报账制，项目资金由县财政直接拨付中标单位，确保资金安全。

4. 减贫成效方面

总体成效：2016 年修武县共有 624 户 2130 人脱贫，1 户 2 人返贫，无新增贫困户；另一方面通过贫困村退出机制程序确定西村乡桃园村、五里源乡南庄村等 9 个贫困村为 2016 年脱贫贫困村。具体成效：①发展生产方面。一是筹集资金 135 万元在云台山镇、西村乡围绕修武县优势产业——旅游产业做文章，打造融合体验旅游、民俗旅游等为一体的乡村旅游体系。二是围绕修武县传统的优势产业，如五里源乡油用牡丹花木生产基地、西村乡皂刺基地、五里源松花蛋等产业基地，通过指导贫困群众掌握种植、养殖技术提高收入，从而加快脱贫步伐。②发展教育方面。在"两免一补"的政策下，修武县教育局为 21 名建档立卡贫困高中生免除学杂费；通过"大学生圆梦"行动，资助 19 名贫困大学生进一步完成学业。③社会保障方面。2016 年前三季度修武县为 754 户贫困户 1936 名贫困人口办理了低保，前三季度共发放低保金 222.9 万元；发放医疗救助资金 116 万元，发放临时救助资金 73 万元。④转移就业方面。修武县人社局通过开展岗位招聘工作，提供就业岗位 676 个，199 人达成就业意向，其中贫困劳动力 131 人。

（三）贫困治理工作的经验与探索

利用"零分贝"精准扶贫公益平台，探索建立"互联网＋扶贫"新模式。

1. 建立更加精准详细的贫困户"需求"数据库。现有的贫困户"建档立卡"数据库中，对于致贫原因仅有简单的因病、因灾、因残、因学等 12 项，很难精准匹配和寻找帮扶资源。需要由联户帮扶责任人及驻村干部收集更加详细的贫困户信息，依托建档立卡数据校验，在保证贫困户信息真实的前提下，建立贫困户"需求"数据库。

2. 将社会扶贫"供给"数据库匹配给修武贫困户"需求"数据库。通过广泛收集互联网中相关的社会公益项目、热衷于公益事业的企业及爱心人士的具体数据，建立社会扶贫"供给"数据库，并匹配到修武贫困户"需求"数据库。

3. 形成贫困数据分析报告。运用"大数据"分析模式，对贫困户数据进行整理、建模，形成较为全面的修武贫困数据分析报告，使修武扶贫工作更加精准、效率更高。

二 当前修武贫困治理中的突出问题

（一）贫困对象识别不准，脱贫质量不高

贫困治理中最基础也是最重要的一环就是精准识别贫困对象，这是一切扶贫工作的开端，决定着脱贫工作的质量保障，同时这也是扶贫工作中任务最重、难度最大的一项。由于贫困人口涉及千家万户，需要大量的工作人员进行调查访问以及手工录入，加上受主观因素影响等导向性偏差，修武当前的扶贫工作中存在着贫困人口识别不精准的问题。首先是贫困人口总量识别

不精准，这也是长期以来粗放型扶贫模式造成的结果，由于当前政府对扶贫资金投入逐年增多，不少贫困村镇为了获取更多资源，通过找关系、钻空子希望戴上贫困的帽子，从而得到更多资金的倾斜帮助当地发展，这就直接导致贫困人口总量失实。其次是贫困人口精准识别难度大。由于贫困人口是一个动态的数据，除绝对贫困人口、五保户等群体易识别外，其他贫困人口的真实收入难以核定，也就很难一次性准确识别，这些情况都会造成识别不精准的现象发生。因此，修武县要坚持把对象精准作为推进精准扶贫的首要任务，创新工作措施，严格规范程序，扎实开展贫困人口建档立卡工作，确保贫困对象精准化识别、动态化管理。

（二）教育文化水平落后，扶贫内生动力有待加强

修武县贫困村镇多处于交通不便利以及自然资源匮乏的地区，相对来说生活环境较为闭塞，加上教育资源的缺失和世代落后的观念，造成大批文盲和半文盲人群成为脱贫的困难群体，贫困的代际传递现象愈演愈烈。这些贫困户受传统习惯和陈旧观念的影响，至今不愿走出家门，只能靠天吃饭、听天由命，消除贫困的信心缺乏，从而消极悲观、不愿改变现状。同时受之前"大水漫灌"扶贫模式的影响，一部分人长期受到政府的救济，导致"等、靠、要"思想非常严重，凡事都等国家和政府的救助，自主意识不强。因此，扶贫工作的重点不是广撒救济，而是要"扶智＋扶志"，从根上改变贫困群众的思想意识和文化观念，才能有效推进扶贫工作的开展，"智志"扶贫是长效性行为，要坚持长期深入地贯彻实施，绝不能一蹴而就。

（三）"锅底人群"数目大，返贫现象不可避免

习近平总书记在十八大之后的考察中，就对扶贫开发的战略地位做出重要论断："全面建成小康社会，最艰巨最繁重的任务在农村，特别是在贫困地区。没有农村的小康，特别是没有贫困地区的小康，就没有全面建成小康社会。"因此，建设小康社会的前提一定是要顺利完成贫困地区的脱贫任务，集各方面之合力共同攻坚，贫困已经不再是个人生存发展的障碍，而是

整个民族必须要闯过的关隘。在扶贫攻坚中，最艰巨也是最难以避免的就是解决"锅底人群"的脱贫，以及如何应对"返贫现象"。修武县目前还有近万人尚未脱贫，其中约 1/3 需要完全依赖外界扶持才能脱离贫困、正常生活，这就给完成脱贫任务带来极大的压力，这些人自主能力差，连基本的行路和吃水都成问题，医疗、教育、社会福利更是无法得到保障，再加上修武县的自然环境和地貌特点，很多贫困村镇没有产业项目的支撑，发展较为缓慢，加上市场波动和自然因素的变化，养殖业和土地耕种业也难以平稳发展，这就造成当前修武县"锅底人群"数量大，"因婚返贫""因病返贫""因教返贫"现象愈演愈烈，应抓紧找到突破口，解决好问题，攻克当前扶贫工作中的难关。

（四）扶贫治理尚未形成合力，扶贫成效尚待提高

修武县始终坚持"开发式扶贫"，把发展作为解决贫困问题的根本途径，在扶贫工作中增强贫困群众的决心和信心，持续推动脱贫攻坚工作。当前，修武县积极谋划，从"转移就业""扶贫搬迁""交通扶贫""教育扶贫"等方面积极寻找脱贫措施，鼓励号召各行业参与到扶贫攻坚的"战役"中来，努力构成项目扶贫、行业扶贫和社会扶贫"三位一体"的大扶贫格局。然而，在实际工作中，仍然存在着行业错位、上下脱节的现象，扶贫队伍临时搭建、稳定性不强，扶贫方式不够灵活，扶贫项目针对性不强，扶贫措施专业度不足，总体造成扶贫治理工作缺少整体性和连贯性。扶贫工作是一项迫在眉睫的任务，同时又不能忽略社会规律和群众意愿，要量力而行、稳步推进，积极协调全社会的参与力量，尊重科学、尊重市场，共同形成合力，制定出一套完善的扶贫目标考核管理措施和多元主体相互监督的长效机制，早日助推修武县脱贫攻坚战的全面胜利。

三　进一步解决修武贫困治理问题的举措建议

河南省"十三五"规划纲要中明确提出，要在"十三五"期间完成

"现行国家标准下农村贫困人口实现脱贫，贫困县全部摘帽"的目标任务，结合当前修武县的实际情况，脱贫攻坚任务仍然十分艰巨，为此，修武县要严格按照精准扶贫的要求，进一步加强管理、狠下决心、明确目标、全力攻坚。基于上述任务，修武县在接下来的贫困治理工作中应从以下几个方面入手。

（一）发挥制度优势，完善三级贫困治理体系

首先要落实党政一把手的责任，各级政府要积极担当，真正做好扶贫开发工作中的"第一责任人"，坚持把贫困治理工作作为当前的要事和重点民生工程对待。要确保每一层级单位都能签订"脱贫攻坚责任书"，将"目标清单和任务清单"都能落到实处，真正发挥出制度优势，从而凝聚成强大的扶贫合力。其次要落实贫困县的主体责任，把实现脱贫摘帽作为首要任务，不断完善"摘帽"激励机制、专项考评机制等。三是细化行业部门责任，进一步落实行业部门的任务，从而建立起完善健全的产业扶贫、人才扶贫、社会扶贫等帮扶工作机制。

（二）落实帮扶措施，实现精准扶贫

当前修武县的脱贫攻坚工作已经进入最为关键的冲刺阶段，要进一步鼓励各乡镇认真分析贫困村、贫困户的致贫原因，按照"因人施策""对症下药"的方针要求，进一步制定帮扶计划和措施，实现精准扶贫。严格按照习近平总书记提出的"扶持谁、谁来扶、怎么扶、如何退"的十二字方针，积极解决当前遇到的问题，这些问题的解决直接关系到整个修武县脱贫攻坚工作的成效，因此要层层传达方针、压实工作责任，不断推动扶贫工作见成效。

（三）强化产业扶贫，切实加快项目推进

依据修武县当地特有的资源优势和区位优势，要吸引更多的产业项目入驻县乡村，鼓励更多贫困户参与到项目开发中去，转变原有的"托底扶持"

为"自主造血",要从根本上解决贫困户的增产增收问题。因此，修武县一方面要加快各单位自身协调确定的扶贫项目，尽快启动、早日惠民。另一方面省、市扶贫资金项目的落实和推进，要有专职人员进行监督和管理，各乡镇要对每个项目进行跟进，筑牢责任意识，尽早启动、加快实施、早日完成，夯实贫困村退出贫困序列的基础。

（四）抓好转移就业和异地搬迁，实现稳定有序脱贫

可以说在贫困治理工作中，最为直接和有效的途径就是转移就业和异地搬迁，就业也是扶贫"造血功能"中的"强心药"，是贫困人口自食其力改变穷业的根本方式，因此要不断增强贫困人口自身能力的建设，激励他们的内生动力和发展活力，坚持将转移就业放在扶贫工作的首要位置。这就需要修武县进一步加大对贫困地区的人力资本投资，鼓励扶贫对象参加各类技能培训，从而掌握能够立足于社会的一技之长，拉动贫困人口获得更多的就业机会。由于修武贫困地区多处于山区，恶劣的自然条件是阻碍地区发展、群众脱贫致富的绊脚石，要在明确易地扶贫搬迁对象的基础上，精准使用扶贫搬迁财政资金，妥善选择搬迁安置点，多措并举，促进搬迁群众的致富增收工作。要在尊重群众意愿的前提下，尽早实施扶贫搬迁，这也是从根本上改变贫困现状，实现区域整体脱贫的有效方式。

（五）切实强化社会合力，把政府主导和市场主体结合好

当前的贫困治理工作已经不再是某个地区、某个帮扶单位的单一行为，而是全党全社会的共同责任，我国正在举全社会之力，决心打赢这场脱贫攻坚战。因此对于修武县而言，要坚持"三位一体"的大扶贫格局（专项扶贫、行业扶贫、社会扶贫），积极有效地动员和凝聚全社会的力量广泛参与到精准扶贫攻坚战中。在充分发挥政府的主导作用下，不断吸纳各行业部门的有利资源，加大对贫困地区的扶持力度，形成扶贫开发的社会"大格局"。通过"大数据"，建立扶贫互联网平台，引导多方力量积极参与到扶贫开发中，争取早日实现修武县脱贫攻坚战的全面胜利。

参考文献

1. 牛苏林：《不忘初心，让人民更有获得感》，《河南日报》2016 年 8 月 19 日。
2. 张琦：《我国减贫实践探索及其理论创新：1978～2016 年》，《改革》2016 年第 4 期。
3. 李小珍：《区域性整体脱贫的财税政策缺憾及完善方略》，《中州学刊》2016 年第 8 期。
4. 张继敬：《深化认识砥砺奋进，坚决打赢脱贫攻坚战——在全省扶贫开发与精准扶贫专题研讨班上的讲话》，2016 年 4 月 23 日。

B.22
2016年修武文化事业发展报告

田 丹[*]

摘 要： 修武县历史悠久，资源丰富，积淀了深厚的文化底蕴。2016年，修武县以建设全国文化先进县为契机，在文化事业方面取得了较大进步，体现在重点完善全县公共文化服务体系，三级公共文化服务设施网络已基本形成；特色文化活动精彩纷呈；文化遗产保护成效显著；文化市场整顿工作有序推进。文化事业整体呈现快速发展态势，与此同时，文化资金投入有限、文化旅游缺乏综合效应、新媒体平台影响力弱、专业人才队伍缺失、社会力量参与度低等问题亟待解决。针对这些问题，修武县应加大资金投入，转变工作方法，布局全域旅游，创新传播手段，培育专业文化队伍，积极引导社会资本参与文化建设，推动修武县文化事业发展迈上新台阶。

关键词： 文化事业 公共文化 文物保护 文化旅游

修武县地处豫西北，隶属焦作市。周代以前称"宁邑"，商末武王伐纣途经此地为暴雨所困，在此修兵练武，故改称修武。历史上，汉献帝刘协、竹林七贤、药王孙思邈、百代文宗韩愈皆在此留下踪迹，其文化底蕴可见一斑。悠久的历史、丰富的文化资源为修武县文化发展奠定了根基。2016年，修武县在文化事业建设方面取得了较为突出的成就，公共文化事业服务、供

---

* 田丹，河南省社会科学院文学研究所研究实习员。

给能力得到提升，特色文化活动深入人心，积极开展文化遗产保护工作，稳步推进文化市场整顿，文化竞争力逐渐提高。

一 修武文化事业建设现状

"十二五"期间，通过修武县各级领导和全县广大文化工作者的共同努力，修武县文化事业发展有序推进，文化事业的各项指标呈现出整体增长的趋势，三级公共文化服务设施网络正在逐步形成，物质文化遗产、非物质文化遗产资源保护加强，文化产品供给朝向特色化发展，文化服务社会发展的能力得到提升。

（一）公共文化服务建设的总体状况

1. 文化建设资金投入逐渐增加

修武县确立了经费保障机制，每年年初将各项文化活动、文化工程建设经费纳入县财政预算，以确保各项文化活动顺利开展。据统计，2010～2014年修武县公共文化事业费累计投入4000万元。基础设施建设方面，修武县总体投资1.6亿元，于2009年底率先在全省建成规模最大、设施最好的文化艺术中心；先后投资4600多万元，新建10多个大型公园和街心花园。"十二五"期间，修武县加大文化事业发展的资金投入，相继完善公共文化基础设施、扩大公共文化服务单位免费开放的范围。2010～2014年修武县文化事业发展投入资金情况如表1所示。

表1 2010～2014年修武县文化事业发展投入情况

单位：万元

年份	资金额	年份	资金额
2010	432	2013	1623
2011	529	2014	539
2012	885		

2. 公共基础设施日渐完善

修武县图书馆、文化馆均为国家一级馆，在此基础上修武县严格遵循"一个龙头全面推进"的既定战略，着力打造文化艺术中心作为全县文化阵地的"龙头"。修武县文化艺术中心建筑面积3.28万平方米，是集会议、图书馆、文化馆、博物馆和青少年、老年活动中心于一体的综合性建筑。为进一步完善乡镇、村级文化服务基础设施，修武县先后投入220万元，用于所辖8个乡镇综合文化站的建设，并于2012年底全部完工并投入使用。修武县187个行政村全部建成农家书屋，除去偏远山村，全县180个行政村建成村级文化中心，为广大基层群众参与文化活动提供了便利。修武县在现有基础上，投资建设老年大学、青少年活动中心、体育健身中心、地质博物馆等多项县级重大文化基础设施。修武县县、乡、村三级公共文化服务设施网络基本形成。

3. "三馆一站"供给能力不断增强

在文化馆、图书馆和博物馆免费开放的基础上，大力推进文化惠民工程。修武县文化馆每年春节之际组织开展"文明河南·欢乐怀川"活动，展演民间优秀节目。持续组织开展"舞台艺术送农民"、电影放映活动，2016年全年共计向基层群众演出26场、放映电影2244场。县文化馆于2016年增聘专业人员开办美术、书法、舞蹈戏曲等免费培训班，对乡、村两级文化人才进行培训。文化馆组织成立群众艺术团，在各主要节庆日期间免费为群众提供演出，满足人民群众多样化的文化需求。为丰富群众日常生活，举办"红心向党舞动中原"广场文化活动，基层文艺演出搭配广场舞大赛带动广场文化活动蓬勃发展。

县博物馆于2012年开始免费对外开放，自2012年至今平均每年接待参观人员12万人次。其中2013年修武县博物馆共接待社会群众13万余人次，2015年接待社会群众12万余人次，充分向广大群众展示了修武悠久的历史文化。博物馆结合馆藏情况推出"申猴朝岁""红色记忆""抗战烽火"等主题的文物图片展，材料详实，深受好评。

县图书馆致力于创新服务，独辟蹊径开展"你读书我买单"活动，和新华书店、人民书店、博文书店等主要书店进行合作，读者在以上书店购买图书后，到图书馆借阅处查询，如该图书未收录馆藏，读者在阅读完毕后将该书送交图书馆，图书馆将支付其购书款，并将该书收录馆藏。"你读书我买单"的形式不仅新颖别致，而且最大限度契合读者的阅读愿望同时减轻读者的购书压力，阅读的生命力以这种形式得以延续。

4. 文化艺术事业发展势头良好

2010～2015年，修武县文化艺术事业发展整体呈现出向上态势。文化艺术创作和表演团体立足修武县自身优势，以创作"接地气儿"的原创精品为宗旨，陆续推出优秀文化作品，努力实现艺术性和生活化的紧密融合。修武县共成立文艺团体50余家，从业人员总数超过3000余人，逐步培育出"云台之声合唱团""夕阳红歌舞团"等颇具影响力的文艺团体。由文化馆牵头、艺术团体踊跃参与的"文明焦作·欢乐怀川·春满山阳""舞台艺术送农民""暑期文化演出"等群众文化活动已经成为文化惠民活动的品牌。

（二）文化遗产保护工作发展分析

1. 全面开展文化遗产申报与保护工作

修武县共有65个非物质文化遗产项目，其中"当阳峪绞胎瓷制作技艺"于2014年入选国家级非物质文化遗产名录，"竹林七贤""丁兰刻木传说""怀邦""五里源松花蛋制作技艺""薛氏宗祠祭祖仪式"成功入选河南省级非物质文化遗产名录。2016年底，"当阳峪绞胎瓷"作品展在北京隆重举行，"瓷中君子"借助首都平台向全国人民展示了自身独特魅力。此外，为提升非物质文化遗产的影响力和普及性，修武县争取资金15万元，成立崔庄特色怀剧文化中心，在七贤文化站设立传承馆，为广大群众深入了解怀邦戏曲提供学习娱乐场馆。

修武县有全国重点文物保护单位4处，分别是胜果寺塔、百家岩寺塔、当阳峪窑址、汉献帝禅陵。针对国家重点文物的保护，修武县先后启动了各个文物保护单位保护规划编制工作，并及时对胜果寺塔、百家岩寺塔、当阳峪窑址、汉献帝禅陵档案资料进行记录整理。修武县共有 10 处河南省重点文物保护单位，经过认真组织材料积极申报，东岭后村传统民居、一斗水村传统民居、双庙村传统民居、平顶窑村传统民居、圆融寺石刻、净影寺石塔及古碑刻、当阳峪南水北调中线工程搬迁古建筑群 7 处文物保护单位于2016 年入选河南省第七批文物保护单位。

2. 可移动文物普查工作持续推进

第一次全国可移动文物普查从 2012 年 10 月开始，至 2016 年 12 月结束。修武县于 2013 年完成普查员培训，并分批次先后采集完毕全县文物系统内、外国有单位收藏的文物信息。2015 年，县博物馆在河南省、焦作市文物专家的协助下完成了全馆 1320 件/套文物的鉴定、登录和审核工作。2016 年，在前有工作的基础上，县博物馆编写 2012～2016 年可移动文物普查报告和验收报告，为修武县现有可移动文物档案记录奠定了基础。

（三）文化市场整顿工作开展情况

1. 认真落实"扫黄打非"专项整治活动

2014～2016 年，修武县每年组织"扫黄打非"集中整治活动 4 次，共收缴非法出版物 2600 余册，取缔无证、流动摊点 5 家。开展"网吧综合治理"专项行动，重点整治接纳未成年人、超时经营、不实名登记等违规经营行为，共对 40 家网吧进行了处罚，对 85 家网吧提出警告。除此之外，积极开展"一打击两整治"专项行动，针对中小学周边的网吧、书摊、娱乐场所进行治理，仅 2015 年取缔 3 家无证经营的图书摊点。各项整治行动有条不紊地进行，为未成年人健康学习、成长营造良好的社会环境。

2. 娱乐场所整治常规化

2016 年修武县文广新局联合县公安局，组织开展公共娱乐场所消防安全专项治理工作，贯彻执行网吧、歌舞等娱乐场所的例行检查制度，推行"有检查必有签字、记录"工作方法，将"扫黄打非""一打击两整治"的重点突击检查和日常检查相结合，全面整治文化市场中存在的各种违法行为。修武县充分利用媒体的力量，组织宣传文化管理方面的各项法规、条例，鼓励广大群众参与文化市场监管。

二 修武发展文化事业的具体措施

在"十三五"开局之年这个关键节点，修武县文化事业的发展取得了里程碑性质的突破，公共文化服务、文化遗产保护、文化市场规范化整治工作全面推进，文化事业整体呈现出欣欣向荣的态势。为促进文化事业的发展，修武县从机制建设、融入产业格局、深化宣传等方面做出了不懈努力。

（一）加强机制建设，提高服务效能

一是实行重大文化工作集体研究决策机制。利用新闻媒体，集中向外发布重大文化工作部署，充分尊重各阶层的意见和建议，在意见汇总的基础上召开文化工作专题会议，从而确定本年度重大文化工作，及时写入各乡镇、各有关单位年度工作目标责任书中。二是实行县级领导分包责任制。根据年度工作目标责任书，任务逐项分解责任到人，所有和文化建设工作相关的领导，全部落实工作责任制，明确完成时间。通过推行分包责任制，"建设大文化领导当先锋"的工作理念在修武县已经深入人心。三是实行每月例会通报制。根据文化工作时间进度，每月按时召开工作推进会，四大班子领导全部参与，听取各责任单位和责任人工作进展情况汇报，分析存在的问题、遭遇的困难，集思广益，研究制定下一步工作措施。四是建立定期督导工作机制。对各责任单位和相关基层单位、乡镇的文化工作开展情况进行督导检查，并将工作进展状况及时向上级领导进行汇报。对有创新、有特色、效果好的文化工作建设乡镇、单位，在资金和物质方面给予一定的帮扶，做到"普惠之中有倾斜"。

（二）主动寻求合作，营造"大文化"格局

修武县立足于自身优势资源，明确"大文化、大旅游、大健康"的发

展思路。以促进全县文化发展为出发点，成立专业的大文化产业招商引资工作小组，在历史文化资源和自然禀赋资源的基础上，编制10项招商项目，主动"走出去"开展大文化产业招商。修武县聘请国际顶级产业规划公司罗兰贝格公司编制产业发展规划，先后与航天（北京）科技文化发展有限公司、北京新元文智集团、郑州文化产业投资资金管理有限公司等对接，致力于加快文化产业招商工作进程，使文化产业和文化事业形成齐头并进的良好局面。为进一步提升当阳峪绞胎瓷特色小镇的文化内涵，修武县积极与省市进行沟通联系，成功为西村乡当阳峪村申请到"河南省特色文化村"荣誉称号，为西村乡申请到"河南省文化艺术之乡"荣誉称号。积极邀请河南省文物局专家到当阳峪村进行实地考察，为申报"当阳峪窑址考古遗址公园"进行前期调研论证。为进一步促进文化与旅游业融合发展，加快修武县传统村落、传统民居、文物遗址的修缮保护和开发利用，修武县为一斗水村传统村落保护修缮工程申请到经费200万元，为海蟾宫大殿保护修缮工程落实经费30万元，这些专项经费为推动修武县休闲旅游项目和民俗民宿旅游业的健康发展注入动力。为将修武县打造成为"中国养生地核心区"，编印《修武·中国养生地核心区》《焦作与道教文化》《焦作与佛教文化》等书籍。邀请为香港、澳门设计区旗区徽的肖红设计师为修武设计"中国养生地核心区"标识。2015年"首届中国云台山太极论坛"召开，修武县编辑整理印发了《2015首届中国云台山太极论坛经典文论》一书，为此后太极论坛的召开奠定了良好的基础。

（三）努力做好新闻宣传工作

新闻节目在坚持正确的舆论导向的基础上，把政治性与民生性、社会效益与经济效益有机统一，为修武县文化建设工作打造良好的舆论氛围。多年来修武县受限于设备落后、人才匮乏、县域面积小、民生活动少等诸多因素，新闻节目缺乏看点、创新不足，在民众中影响力较小。2014年修武县委、县政府大力支持开展新闻宣传工作，修武县推出了"美丽修武我的家""文明河南建设"等一系列重大主题宣传活动。在一些重要节目播出期间，适时推出切合主题的系列报道，如黄金周期间的"黄金周系列报道"，很好地为修武旅游业做宣传推广。根据修武县年度工作重点和临时性中心工作，修武县推出了全国文化先进县专题片《万紫千红总是春》、城市形象宣传片《修武》、中国绞胎瓷之都专题片《千年瓷都当阳峪》。此外，为了适应"互联网＋"形式下宣传工作的需要，创建"不可思议的修武"微信账号、"不可思议的修武"微博账号（下文中简称"@不可思议的修武"），对外更新修武县文化动态。修武县一方面狠抓新闻宣传工作，力争每月在河南省电视台、焦作市电视台播发新闻，另一方面确保县域新闻播报零事故，多次组织召开安播工作会议。修武县进一步健全了安全播报应急预案，对各项安保任务和安全播出工作进行周密部署，严格执行出入人员登记管理制度，使新闻宣传工作的方方面面得以稳步推进。

三　修武县文化发展存在的问题

修武县文化事业整体呈现出良好的发展势头，公共文化服务、文化遗产保护、文化市场整顿等工作有序推进，效果显著。但是客观地讲，修武县文化事业发展过程中也存在其他地市面临的共性问题。"十三五"时期是全面建成小康社会的决胜阶段，是文化发展成果全民共享的关键时期，对共性问题进行分析，有利于更好地发挥文化的服务效能。

（一）公共文化资金投入有限

河南省公共文化服务的发展相较于其他省份而言，明显表现出基础薄弱、速度缓慢的特点，这是由河南省的基本省情决定的。河南省于2014年开始启动公共文化服务体系示范区的创建工作，在各示范区的带头作用下，河南省各市县逐渐加大对公共文化服务的扶持力度，但是由于基础总量偏少，这部分资金多数用于建设文化服务的基础设施方面，开展群众文化活动、培养专业文化人才仍然受到经费制约。就修武县而言，总人口为28万人，人均文化事业费为58元，这与全面建成小康社会人均财政支出

150 元的标准相去甚远。按照全面建成小康社会的标准为参照值计算，修武县每年用于公共文化服务的财政支出应为 4200 万元，修武县 885 万元（2012 年）、1623 万元（2013 年）、539 万元（2014 年）的财政投入与目标参照值相差较大。

（二）文化旅游综合效应相对较弱

修武县先后被命名为千年古县、中国最佳旅游名县、全国旅游竞争力百强县，文化旅游资源丰富，云台山、圆融寺、胜果寺塔、百家岩寺塔、汉献帝禅陵等景区坐落其中。云台山为 5A 级旅游景区，圆融寺为 4A 级旅游景区，胜果寺塔、百家岩寺塔、汉献帝禅陵为全国重点文物保护单位，尤为重要的是，这些景区都有深刻的文化内涵。圆融寺由"民间东传佛教第一僧"佛图澄国师始建于东晋永和七年（351 年），是河南省境内仅晚于白马寺的第二座古老佛寺。百家岩寺塔又称孝女塔，初建于唐垂拱二年（686 年），重建于金，位于修武县云台山风景管理区东部，为魏晋时期"竹林七贤"隐居之地。寺塔附近有汉献帝避暑台、百家岩寺旧址、刘伶醒酒台、嵇康淬剑池等遗迹。禅陵北依太行山，汉献帝刘协与其皇后合葬于此，是豫北地区唯一一座帝王陵寝。目前修武县主要的旅游收入是由云台山景区创造的，2016 年云台山景区共接待游客 886.7 万人次，综合收入高达 39.75 亿元，其中景区门票创收 4.8 亿元。毫无疑问，云台山景区是修武旅游业当之无愧的龙头。云台山风景区以高山奇峡著称，其自然景观无与伦比，但是纵观整个景区 12 大景点，其中融入的文化因子少之又少。除此之外，云台山与其他几个景区没有形成综合效应。换言之，云台山景区作为修武县旅游业的品牌，其辐射作用不强，未与其他景区形成链条效应，各个景区点状分布，缺乏彼此互联的引线。

（三）文物保护规划缺乏科学性

为了提升胜果寺塔、百家岩寺塔、当阳峪窑址、汉献帝禅陵等全国重点文物保护单位文物保护工作成效，修武县编制了具有针对性的保护规划。可以看出，为了做好文物保护工作修武县各部门付出了不懈努力，但是从整体来评价，其效果十分有限。《当阳峪窑址窑炉遗址抢救性保护工程方案》《胜果寺塔保护规划（修改稿）》《百家岩寺塔保护设施建设项目设计方案》《汉献帝禅陵保护规划》立项报告被国家文物局驳回，认为修武县所提交的保护规划文本深度不够。国家文物局指出，《当阳峪窑址窑炉遗址抢救性保护工程方案》中遗址病害成因分析不够深化，遗址抢救性保护工程应联合专业考古研究单位，委托或组织专业机构进行方案技术评审。《胜果寺塔保护规划（修改稿）》中价值评估和现状评估欠缺深度，划定保护区划不够科学，针对性和可操作性弱。《百家岩寺塔保护设施建设项目设计方案》工程性质不明，保护规划中涉及基础建设相关内容的图纸应补充完全。《汉献帝禅陵保护规划》编制的必要性和紧迫性说明不足，对规划范围及确定依据应进行补充说明。从国家文物局对修武县四大国保单位保护规划的修改建议中，不难看出修武县在制订文物保护规划过程中科学性和专业性不足。文物，是在人类发展过程中彰显历史痕迹的伟大遗产，其保护工作势必涉及专业考古研究工作，因此文物的保护和创新发展必须与考古研究相结合，以科学性和专业性作为保障。

（四）新媒体宣传影响力成效不突出

"互联网＋文化"是创新 2.0 业态下，文化事业创新发展、提升影响力的主要路径，修武县在此新形势下顺势推出"不可思议的修武"微信公众号，但是其影响力并未达到预期效果。根据清博指数的榜单记录，从 2016年 4 月 5 日至 2017 年 4 月 9 日，"不可思议的修武"共推送微信文章 267篇，总阅读量在 13 万以上。以 13 万为最低标准，平均每篇文章的阅读量为 486 左右，换言之该公众号推送的每篇文章中有 500 余人产生了阅读行为。500 左右的平均阅读量意味着什么？意味着 7.56 亿人次的微信活跃用户中，仅有 500 人阅读了"不可思议的修武"推送的文章。从更直观的对比来看，微信榜单中排名首位的是上海市人民政府办公厅认证的"上海发布"，目前上海发布的总阅读数为 1629 万以上，平均阅读数为 71165。与之相比，"不可思议的修武"在微信平台上激起的浪花几乎可以忽略不计。"@不可思议的修武"账号于2012年8月开通，截至目前共发布1690条微博，粉丝数量为1734。"@不可思议的修武"在2017年共发布博文15条，1月、2月、4月各5条，由于疏于管理和更新，"@不可思议的修武"逐渐成为"空壳微博"。从内容看，多数微博由网页链接或图片构成，可读性不高。根据新浪微博最新公布的2016年第四季度财报显示，2016年12月新浪微博月活跃用户数为3.13亿，日均活跃用户数为1.39亿。"@不可思议的修武"粉丝中，女性粉丝占比37%，男性粉丝占比63%。从年龄分布来看，19岁~24岁（占比36.6%）、25岁~34岁（占比27.79%）为粉丝分布主要年龄段。从地域分布来看，河南、广东、上海、北京是其粉丝主要所在区域，分别占比8.43%、5.19%、4.97%和4.94%①。从粉丝性别和年龄段分布来看，选择关注"@不可思议的修武"在粉丝属性上属于微博活跃用户，但是"@不可思议的修武"微博转发量、评论数、点赞数量皆以个位数计算，从传播效果来看，"@不可思议的修武"在微博平台的影响力微乎其微。

（五）缺乏专业的文化人才队伍

文化发展专业人才队伍在很大程度上决定了文化事业发展成果共享程度，专业素质越高，文化事业发展工作越具有科学性和针对性，文化服务的内容、文艺创作的质量越能从源头上获得保证。修武县在发展文化事业过程中，由于缺乏投入，在乡、村两级文化阵地中文化专业人才严重匮乏。为了提升公共文化服务质量，修武县自发组建了一批文化艺术创作和表演团体。这些文艺团体的确在繁荣艺术创作、提供惠民文化活动中发挥了很大的作用，但是和专业的文化人才队伍相比，仍具有一定的差距。专业知识欠缺、科学系统化程度低直接导致文化活动吸引力低，难以形成规模，后续乏力。在公共文化服务方面"重建设、轻管理"的问题十分突出，一方面忽视对

---

① 数据来自"新榜"提供的"@不可思议的修武"用户画像分析。

服务器材、设施的维护管理，另一方面忽视对文化人才的培养管理。专业人才的流动带来的不仅是知识的传播，同时也能促进艺术创作的发展，繁荣一方文化市场。从提升文化活动吸引力、繁荣文化市场的角度来看，缺乏专业人才队伍已经成为修武县文化发展的掣肘因素。

（六）社会力量参与度偏低

2015 年，针对国家发展改革委提出的《关于 2015 年深化经济体制改革重点工作的意见》，国务院提出积极推广政府和社会资本合作（Public Private Partnership）模式（下文简称"PPP 模式"），鼓励和引导社会资本力量参与到基础设施和公共事业的建设运营中。PPP 模式能有效地减轻财政负担，盘活社会现存资本，使社会资源得到整合，有利于营造政府、企业双赢的局面。修武县在城市建设项目中较多地采用 PPP 模式，但是文化事业发展方面，社会力量参与程度较低。从修武县近几年的文化投入来看，社会资本汇入不仅可以提升文化事业发展的速度，同时也可以创新文化发展路径，为文化事业的飞速发展注入活力。从企业的角度来说，一方面可以享受到政府提供的各种政策红利，另一方面也有助于企业在社会上树立良好的形象。鼓励、吸引社会资本参与到文化事业的发展中，文化发展的速率将大幅提升。

四　修武县文化发展的对策分析

（一）加大资金投入，丰富文化供给

首先，加大对文化事业发展的资金投入，合理分配公共文化建设资金。文化事业的发展需要政府和国家提供充足的保障，这是由文化自身的属性决定的。虽然近年来，修武县的文化事业费一直保持增长势头，但是必须正视修武县文化事业底子单薄、人均文化事业费低的现状。只有加大文化事业资金投入，才能保证文化基础设施落实到位。修武县可以设立文化事业发展专

项资金，以便为文化事业持续发展提供强有力的资金保障。合理分配公共文化资金，尤其要注重文化发展建设的均等性，把乡镇、农村的文化服务当作重点工作来开展，为基层文化建设预留资金。其次，实施文化数字化建设，丰富文化供给。根据中国互联网络信息中心发布的第39次《中国互联网络发展状况统计报告》，截至2016年12月，我国的网民规模达7.31亿，手机网民规模达6.95亿。规模如此庞大的网民，再加上"互联网＋"的契机，实施数字文化建设正当其时。数字图书馆、数字文化馆等数字文化工程，一方面提升文化服务的便捷性，另一方面也有利于实现资源共享，降低分享成本。以数字文化工程为平台，丰富文化供给，打造文化品牌活动，以云台山国际旅游节、太极论坛为带动，推出具有修武本地特色的文化节会、民俗活动。

（二）布局全域旅游，龙头带动整体发展

2016年修武县被国家旅游局列入"国家全域旅游示范区"创建名单，这是带动修武县文化旅游整体发展的绝佳机会。全域旅游，意指在某一区域内，优势产业是旅游产业，在此基础上优化提升区域内旅游资源、生态环境、公共服务，以实现资源有机整合、社会共建共享，由旅游业促进社会协调发展的模式。旅游业贡献了修武县绝大部分的财政收入，旅游业是修武县当之无愧的优势产业。但是旅游业内部发展不平衡，旅游业创造的收入绝大部分是由云台山景区创造的。一家独大终是不如全面开花，修武县应借助开展全域旅游的时机，优化其他文化景点的资源，使云台山与其他景点共同创收、整体发展。云台山作为修武县国际名片的地位有目共睹，修武县应在此基础上加速布局全域旅游，连点成面。以云台山为核心，推出一批辐射性强的文化旅游项目。在"大文化、大旅游"的战略指导下，将绞胎瓷小镇、圆融寺、汉献帝禅陵等文化景观纳入旅游景观带，全面发展。大力推动一斗水村传统民居的保护与开发工作，在保护古村落完整性、协调性的基础上进行民宿改造。主打民宿、民居体验，同时充分挖掘一斗水村的晋商古道文化，将文化与民居合二为一。

（三）规范操作，拓展规划深度

文物是国家文明的"不朽名片"，文物保护规划是全面解决文化遗产保护问题的基本方法和手段。文物保护规划是文物保护单位开展各类保护工作的基础性文件，对各级保护单位开展后续保护工作、展示利用具有指导作用。文物保护规划的编制应包含以下几个步骤：文物保护工程的调查、研究、测绘，制定保护方案、工程设计及技术经济分析。工程勘察成果文本资料、保护工程设计文件应一并包含在保护规划文本之中。修武县现有国保单位、省保单位悉数属于不可移动文物，涵盖古文化遗址、古建筑、古墓葬、石窟寺、石刻等多种形式。规范操作，首先应该规范编制人员的选取工作，注重多学科融合。对这些形态多样的珍贵文物进行保护，需要多学科人员沟通合作。从文物保护角度看，保护工程勘察与设计应从考古、建筑、土木工程专业展开。从文物与地区融合角度看，区域管制、社会发展规划、产业规划等方面的问题则需要社会学、管理学和经济学的专业人员参与到保护工程设计中来。其次应该规范执行过程，严格遵循《全国重点文物保护单位保护规划编制要求》，科学评估文物保护单位价值、分析破坏因素、明确规划原则和保护对象，提升保护规划的针对性、指导性和可操作性。

（四）创新手段，扩大传播影响力

创新传播手段，充分运用微博、微信平台扩大自身影响力，有助于修武县文化"走出去"，在全省乃至全国范围提升知名度。从传播手段看，可以主动设置议题打造微博话题，灵活运用微直播、微访谈等形式加强与粉丝的互动。从传播内容来看，可以充分发挥新媒体"接地气儿"的优势，适时发布与当地民众生活息息相关的服务类消息，提高可读性。从营销推广看，可以利用线上互动、线下活动相结合的方式聚集人气，聚拢一批忠诚度高的微博活跃粉丝。微信平台相较于微博平台更具有私密性，因此微信公众号在进行推送的时候，既要推送政府新闻，同时也要契合订阅户的喜好，推出娱乐性和服务性兼具的趣味推送。语言风格方面，虽然政务类微信公众号是政府声音的代表，但是一味地一本正经、不苟言笑会拉大与订阅户的距离，张弛有度、紧中带松的语言风格更容易诱发受众的点击，从而提升传播力。

（五）提升素质，打造专业队伍

对目前已经组建的文化表演团队进行培训，提升其文化专业素质。实施继续教育学习制度，鼓励公共文化事业单位从业人员参加文化培训，特别是把基层文化工作骨干的培训作为重点工作开展，努力提高文化事业从业人员的工作能力和服务水平。从长远来看，持续推进人才培养工作，才是建设高素质人才队伍的治本之道。建立健全文化人才培养体系，采用合作、委托、深造等多种方法培养人才。积极吸收跨学科的高素质人才从事文化工作，将更多的青年人才纳入文化服务的志愿者队伍中来，从根本上壮大人才队伍。

（六）鼓励引导，提升参与积极性

文化已经渗透到社会生活的各个方面，文化事业发展与社会进步息息相关，推进文化事业的发展，需要全面整合社会各界的力量。引导社会资本投向文化事业、兴办文化项目，有利于形成文化创新的社会氛围。鼓励社会资本参与文化建设，调动各方社会力量有利于创新社会主体有效参与区域文化建设的模式和路径。社会力量、民间资本在文化事业发展中的作用应被充分重视，修武县可以采用优惠政策、补助、政府购买、贴息等方式，积极引导社会资本参与文化事业发展，以政策红利提升社会力量参与文化服务事业的积极性。

参考文献

1. 徐斌、江畅：《中国文化发展报告（2015）》，江畅、孙伟平、戴茂堂主编《中国文化发展报告（2015～2016）》，社会科学文献出版社，2016。

2. 陈启明、刘福兴：《2015 年洛阳文化发展分析与 2016 年展望》，陈启明、刘福兴主编《洛阳文化发展报告（2016）》，社会科学文献出版社，2016。

3. 卫绍生：《巩义文化旅游业创新发展报告》，丁同民、朱军主编《巩义经济社会发展报告（2016）》，社会科学文献出版社，2016。

4. 郜方正：《2017 年修武县政府工作报告》，［DB/OL］.（2017 – 03 – 07）http：//www. jzxw. gov. cn/Info. aspx？id = 12391。

5. 修武县统计局：《2015 年修武县国民经济和社会发展的统计公报》，［DB/OL］.（2015 – 3 – 10）http：//www. jzxw. gov. cn/Info. aspx？id = 9116。

6. 王迪、王慧敏：《大数据视域下微信公众号影响力提升策略研究》，《新闻研究导刊》2015 年第 15 期。

7. 张晖：《对文物保护单位保护规划的几点认识》，《中国文物科学研究》2014 年第 3 期。

8. 中国互联网络信息中心：《第 39 次中国互联网络发展状况统计报告》，（2017 – 1 – 22）http：//www. cnnic. net. cn/hlwfzyj/hlwxzbg/hlwtjbg/201701/P020170123364672657408. pdf。

B.23
修武文化资源开发利用研究

郭树伟*

摘　要：　修武具有独特的文化资源优势，主要包括山水文化资源、历史文化资源、养生文化资源三大类。这些优势资源是开发修武文化产业的物质基础，也是落实修武"大旅游、大文化、大健康"发展思路、建设文化强县的重要条件。整合修武的文化资源，确认修武文化资源独特优势，聚焦文化品牌的建设，围绕"大旅游、大文化、大健康"产业培养或引进发展人才，建设郑焦融合先行区，加快郑焦路网建设，参与到郑州国际商都的建设中去，是修武文化资源开发利用的关键措施。

关键词：　文化资源　文化品牌　修武县

　　修武具有独特的文化资源优势，其中主要包括山水文化资源、历史文化资源、养生文化资源三大类，这是开发修武文化产业的物质基础，也是落实修武"大旅游、大文化、大健康"发展思路，建设文化强县的重要条件。整合修武的文化资源，加快修武文化产业发展，为修武的经济社会发展提供强有力的智力支持，具有重大的现实意义和深远的历史意义。

＊　郭树伟，河南省社会科学院文学研究所副研究员，文学博士。

一 修武县三大文化资源的基础优势

修武，古称宁邑，作为中原地区千年古县，历史悠久，人文荟萃，风景秀丽，景色宜人，其文化资源涉及人类思想创造的方方面面，择其要者，可归纳为三个方面。

（一）以云台山景区为代表的南太行山水文化资源

修武县境内有总面积 280 平方公里的云台山风景区，含红石峡、潭瀑峡、泉瀑峡、青龙峡、峰林峡、子房湖、茱萸峰、叠彩洞、猕猴谷、百家岩、万善寺、云溪谷等 12 个景点，其中最具魅力的是青龙峡景区、峰林峡景区。云台山不仅集全球首批世界地质公园和国家首批 5A 级旅游景区、国家级风景名胜区等 1 个世界级、10 个国家级称号于一身，还是全国旅游景区从业服务标准的制定者、全国自然山水景区中的驰名商标。2015 年，全县共接待国内外游客 798.2 万人次，旅游综合收入 35.2 亿元。修武也依托云台山一跃而成为中国文化旅游名县、全国首批"国家全域旅游示范区"创建单位。

（二）以汉献帝禅陵、竹林七贤遗址和韩文公祠等为代表的历史文化资源

修武的汉献帝禅陵是修武著名的人文资源之一。汉献帝禅位是三国文化中重大的历史事件，修武是汉献帝禅位重大历史事件的发生地，同时也是刘姓后裔寻根认祖的重要根亲地。竹林七贤是魏晋易代之际最引人观瞻的士人活动群体，今天修武境内所保存的"竹林七贤"遗迹、遗址有嵇山、刘伶醒酒台、嵇康淬剑池、王烈泉石刻，阮籍竹林等，这一带也借此成为后人凭吊和景仰竹林七贤文化的重要实景遗址。此外，一代文宗韩愈青少年时期也活动在这一带，为不少历史典籍所记载，更有大量物证。今天修武县城东关韩文公故里遗址处，宋、元、明、清历朝所立的"韩文公故里"碑尚存于

此。历朝历代《修武县志》都记载韩愈"乃修武人也",当然,也有人认为韩愈是河南孟州市人,但是,修武南太行一带的奇山异水是韩愈"雄奇浑厚""磊落豪横"之文学风格形成的人文地理场景则是确凿无疑的,也是修武开发韩愈文化的着力点之所在。

(三)以太极文化和孙思邈药王文化为代表的健康养生文化资源

修武县具有源远流长的健康养生历史文化传统和民俗,孕育了以药王孙思邈、医圣张仲景为代表的中医健康养生文化、以四大怀药为代表的中药健康养生文化、以道教上清派创始人魏华存为代表的道教健康养生文化、以竹林七贤为代表的自然健康养生文化,特别是焦作市连续八年成功举办中国焦作国际太极拳交流大赛,使得毗邻焦作的修武县太极拳健康养生文化在国内国际享有极高的知名度。与此同时,修武也是古代中国重要的中药宝库,其中野生及人工栽培的人参、天麻、连翘等药材品种多达 800 余种,尤以地黄、菊花、山药、牛膝"四大怀药"最为著名。丰富的药材资源,吸引了汉代医学家、医圣张仲景和唐代医药学家、药王孙思邈长期在此行医采药,留下了药王洞等历史人文古迹。悠久的历史文化、丰富的生态旅游资源,为修武文化、旅游、健康、养生等一体化发展提供了重要基础条件。

二 修武县三大文化资源的开发现状

修武县委、县政府以建设"中国超级旅游目的地、中国养生地核心区、中国产业融合发展示范区"为核心,发挥云台山旅游品牌优势,坚持旅游引领,推动旅游与文化融合发展,着力打造百亿传统文化及旅游产业集群,带动全县服务业的大发展,修武的三大文化资源的开发都取得了新进展。

(一)依托云台山山水文化资源打造修武全国旅游竞争力百强县

从 2000 年伊始,修武县委、县政府着力优化旅游环境、着力促进服务提升、着力做好宣传营销,17 年来,持之以恒,深耕云台山旅游景区的开发，取得了丰硕的成果。2014 年修武县被人民网、中国旅游报、中华文化促进会旅游文化研究中心评为影响世界的中国文化旅游名县。3 年来，修武县累计接待游客 2000 多万人次，旅游综合收入 106 亿元，有效推动了修武县从旅游大县到旅游强县的目标。

表1　修武近年来旅游经济指标

年度	人数（万人）	同比增长（％）	门票收入（万元）	同比增长（％）	综合收入（亿元）	同比增长（％）
2000	25	11.1	400	17.6	0.3680	18.9
2001	65.12	160.5	1498.65	274.7	1.3	253.3
2002	94	44.3	2720	81.5	2.8	115.4
2003	148.86	58.4	5555.28	104.2	3.94	40.7
2004	168.96	13.5	9005.5	62.1	4.5	14.2
2005	170.18	0.7	10318.16	14.6	5.4	20
2006	225	32.2	15700	52.2	6	11.1
2007	253	12.4	19300	22.9	7	16.7
2008	291.4	15.2	23000	19.2	8.9	27.1
2009	326.55	12.1	25400	10.4	10.12	13.7
2010	391.2	19.8	29500	16.1	15	48.2
2011	480	22.7	37000	25.4	18	20
2012	558.2	16.3	45000	21.6	23	27.8
2013	631.8	13.2	45500	0.1	26.8	16.5
2014	718.6	13.7	46000	1.1	31.2	16.3
2015	798.2	11.08	47000	2.2	35.16	12.7
2016	886.7	11.09	48000	2.1	39.75	13.05

数据来源：《修武县旅游业基本情况》考察组提供。

（二）以太极文化和孙思邈药王文化为代表的养生文化资源得到开发利用

修武是宜居城市，中国长寿之乡，全县森林覆盖率达 30.9％，高出全国 9.3 个百分点；空气质量达到国家一级标准，特别是北部云台山景区空气负氧离子含量达到每立方厘米 1.1 万个，超过世界卫生组织划定的清新空气标准 10 倍；境内多处泉水经第三方认证机构检测达到天然矿泉水标准，其中锶含量超过国家标准 2 倍。围绕全县发展总体思路和战略目标，秉承平台思维，聚力院士经济、融合发展、龙头带动、联盟集聚，将修武县的核心资源——云台山作为平台向全世界开放，全面推动健康产业发展，取得明显成效。在 2015 年第八届健康中国论坛上，修武荣获"中国养生地"称号。2016 年共签约大健康产业项目 8 个，总投资约 80 亿元，其中亿元以下项目 1 个、亿元以上 10 亿元以下项目 4 个、10 亿元以上项目 3 个。分别是云台山文旅养产业集群项目、云台山野生动物文化大世界项目、上海河马动画 VR 产业园项目、四大怀药博物馆项目、中俄教学实践基地项目、修武整体水系规划建设、北京常青藤医学高端人才联盟医疗技术合作项目河南报业集团文化创意园区和云台山墅联健康管理中心项目等。

（三）以"全域旅游""民宿产业"为抓手整合修武人文资源

修武境内的汉献帝禅陵、百家岩竹林七贤活动遗址和韩文公祠等人文资源景点是修武重要的历史遗存，修武县委、县政府以全域旅游发展为契机，围绕景城融合战略部署，紧紧围绕全域旅游发展大局，充分发挥城乡规划的引领和约束作用，以城区为龙头，以各类园区为重点，以乡村为基础，用科学的态度、先进的理念、专业的知识，规划、建设、管理城乡各类建设活动，以"全域旅游""民宿产业"为抓手把修武的人文资源景点整合起来。其做法如下：（1）积极开展全域旅游示范县创建工作。2016 年，县委、县政府组织召开了全域旅游创建工作动员会，召集全县副县级以上干部和各乡镇、职能部门一把手，专题研究全域旅游示范区创建工作。会上下发了《2016 年创建国家全域旅游示范区工作方案》和《关于促进全域旅游发展的意见》。随后，全域旅游创建工作全面开展。县委、县政府多次赴国家旅游局、省旅游局进行拜访汇报，征求上级部门及领导意见。县委、县政府于 2016 年 10 月召开创建国家全域旅游示范区工作推进会，并强调了高度重视创建工作、高度重视全域旅游规划、高度重视工作落实三点要求，安排了八项重点工作，进一步明确了工作推进机制。（2）加快推进民宿产业发展工作。做好科学规划、考察学习、引智献策、招商引资、制定政策等工作。为加快政策支持力度，制定并印发了《关于推进乡村特色民宿发展的实施意见》。同时，《修武县乡村特色民宿发展扶持办法（征求意见稿）》《修武县乡村特色民宿管理办法（征求意见稿）》《修武县乡村特色民宿星级划分与评定标准（征求意见稿）》等配套方案，目前正在广泛征求群众和部门意见。

三 修武文化资源开发利用存在的问题

相对于周边县市来说，无论是县域经济发展的整体战略思路，还是微观的具体执行操作层面，修武县在三大文化资源开发利用方面已取得不小成效，突出表现在云台山景区的开发，以及大健康、大旅游、大文化战略发展的选择。但是，就修武文化资源整体开发利用而言，还存在如下一些问题。

（一）文化资源的主题优势和品牌宣传引导不够突出

现在，修武云台山景区品牌定位一直以山水景观为主，这在南太行旅游景区中同质化严重。目前旅游已由过去的观光游迈向休闲养生度假体验游，如果景区没有更有特色的品牌定位，如果没有独特的旅游亮点项目，将会大大降低对游客的吸引力。目前，修武云台山景区的品牌相对比较响亮，而关于修武历史人文资源和健康养生资源被云台山自然景观资源所遮蔽，甚至被淡化，这与修武要打造大旅游、大文化、大健康的战略思路是不相称的。修武到底要打造纯粹的自然山水景观品牌还是要打造人文资源景观品牌，或者二者兼之。这就需要理顺三大文化资源的层次性、结构性，围绕修武战略发展思路，把三大文化资源合理聚焦，认真思考文化资源的主题优势，打造一个主题优势品牌的工作势在必行。

（二）"大旅游、大文化、大健康"产业发展的人才短缺

"大旅游、大文化、大健康"产业核心的竞争是人才的竞争。修武专门

建立了人才智库，聘请 12 名院士作为健康产业发展顾问，吸引原万科集团首席设计师楚先锋，原罗兰贝格高级项目经理王巍巍，千人计划人才、上海河马动画董事长徐克等顶级人才前来修武投资创业；目前已有五位院士或牵线搭桥或亲力而为，投身中原养生地核心区建设，修武的产业发展迈入"院士经济"时代。程京院士创建的北京博奥生物基因检测项目已入驻修武，助力修武打造人口出生零缺陷地区，开创了云台山健康旅游时代；韩德民院士牵手世界 500 强企业海航集团，推进总投资 100 亿元的云台健康小镇项目；肖培根院士领衔的中国医学科学院药用植物研究所计划投资 5000 万元，建设药用植物研究及综合开发项目；黄璐琦院士、崔恺院士分别投身怀药养生博物馆项目，建设院士工作站，推动"四大怀药"文化的展示与传播。借助院士平台固然可取，但归根结底修武必须培养自己的产业发展人才。

（三）基础设施有待进一步完善提升，产业链条有待进一步拉长

景区基础设施有待进一步完善提升，产业的结构性问题仍然突出。目前景区基础服务设施已不能满足日益增长的游客的需求，很大程度上制约了景区的发展。目前景区仍以门票、车票、索道、船票收入为主，"住、玩、购、娱"等后期二次消费产品或项目基本没有，景区产业链条短、效益低，不能为游客休闲度假和深度消费提供强有力的资源支撑和服务保障。景区沿途及周边环境仍需大力整治，比如青云大道沿途拉料车污染、西村口附近养殖场污染等，与县里规划的养生谷及养生核心区建设格格不入，必须加以根治，要让游客在前往景区途中体会到环境优美、空气清新，有"进入修武即进入景区"的美好感受。

四　推动修武文化资源开发利用的对策建议

修武在沿着"大旅游、大文化、大健康"的战略发展思路上已经迈出了坚实的第一步，如何突破自己认识的瓶颈、发展的瓶颈，搭乘中原崛起的

快速列车，加入郑州建设国际商都的序列，需要大家同心同力，凝聚共识，对修武文化资源开发利用提出如下对策建议。

（一）发挥修武文化资源的独特优势，打造特色文化品牌

发挥云台山旅游品牌优势，坚持旅游引领，推动与文化融合发展，着力打造百亿传统文化及旅游产业集群，带动全县服务业大发展。加快旅游业和一、二、三产业融合发展，打造"山水游、文化游、运动游、乡村游、农业游、工业游、民宿游"七大休闲度假品牌。依托云台山景区，打造山水休闲游和健康养生游。依托千年古县、圆融寺、绞胎瓷原产地、太极圣地等自然和人文资源，规划圆融寺文化旅游产业园区、北京万创七贤古镇、云台山太极文化、中国绞胎瓷小镇、云台山民宿村落等项目，发展壮大特色人文游。

（二）围绕"大旅游、大文化、大健康"引育发展人才

坚持人才优先发展战略，实施重大人才工程，努力培养一支规模宏大、结构优化、布局合理、素质优良的人才队伍。一是实施高层次人才引进计划。完善人才引进配套措施，做好企业人才需求的征集、推介、洽谈、对接、跟踪服务工作，打造人才集聚良好平台。重点围绕大健康、大旅游、大文化、电子信息等产业领域以及互联网、电子商务、创意设计、文化旅游等领域，通过采取柔性引进、建立企业服务团队等形式，大力引进集聚高层次复合创新型人才和创新管理团队。到2020年累计引进科技创新杰出人才50名以上、科技创新团队5个以上。二是实施"院士经济"行动计划。建设修武院士专家工作站，加强与"两院院士"联系，积极引进由院士主导的企业来修武合作建设项目，为先进装备、电子信息、大健康、大旅游、大文化等产业转型升级提供智力支持。三是实施全民职业技能振兴计划。加快筹建3~5家高水平、高标准的应用型院校，建立适应市场和企业用人需求、有发展前景的热门专业，树立修武职业教育知名品牌。四是完善落实各项人才政策。设立人才发展专项资金，健全人才培养

选拔、评价选用、流动配置、激励保障机制，多渠道、多方式吸纳科技人才和创新团队，推动各个领域创新。建立人才引进"绿色通道"，完善人才入境、落户、社会保障、子女入学、配偶安置等政策措施，保障引进人才的各项待遇。

（三）建设郑焦融合先行区，加快郑焦路网建设，参与到郑州国际商都的建设中去

"酒香也怕巷子深"，修武要充分利用郑州、修武的区位连接优势，加强基础条件连接、优势产业对接、都市生活联通，优先推动基础设施项目连接，推动公共服务共享，强力推动要素区域流动。积极衔接郑州航空港经济综合实验区、郑欧班列、郑州跨境贸易综合试点，大力推动郑修一体化，将修武建设成为郑焦融合发展先行区，加快郑焦路网建设，参与到郑州国际商都的建设中去。建设现代综合交通。实施综合交通提速升级工程，优化交通网络布局，提升道路互联互通能力，实现过境通道高速化、区域干线快速化、城乡交通一体化、交通管理信息化。加快铁路建设。规划焦作东铁路枢纽站建设，配合新（焦济）洛城际铁路工程建设，推进焦作电厂铁路专用线建设。完善高速公路网络。配合郑云高速、林桐高速焦作段等工程建设，实现高速公路网络无缝对接。加强农村公路和重要旅游公路建设。实施全县旅游道路改扩建工程，规划建设县城至云台山旅游专用通道、沿太行旅游通道，加快重要旅游节点公路、美丽乡村、古村落等交通设施建设。结合旅游业和小城镇发展，规划北焦线、五老线、中焦线等农村公路建设，努力提高农村公路的通行能力和通达深度。积极完善城乡公交服务。规划台创园客运站、青龙峡旅游客运站等的建设，加快农村客运站、候车厅和招呼站建设。实施智慧公交工程，加大公交优先投入，适时更新置换智能化、环保型公交车辆，增加城镇公交线路密度。合理规划旅游公交线路，实现旅游公交通达县域全部景区。这些交通规划在修武"十三五"规划中已经确定下来，目前的任务就是要尽快地落实下去。

参考文献

1. 修武县旅游局：《修武县旅游业基本情况》，2017 年 3 月 15 日。
2. 修武县旅游局：《修武县旅游局三年工作总结（2014～2016 年度)》，2017 年 3 月 15 日。
3. 修武县发改委：《修武县国民经济和社会发展第十三个五年规划纲要》（修政〔2016〕3 号)，2016 年 5 月 16 日。
4. 修武县旅游局：《旅游发展规划（最终定稿)》，2016 年 3 月 22 日。
5. 修武县大健康产业促进中心：《修武县大健康产业情况介绍》，2017 年 3 月16 日。

B.24
修武县推进民心导向六项制度
加强基层党建的实践探索

马建新 *

摘　要：　习近平总书记提出"民心是最大的政治"的论断，对新时期加强基层党建具有重要而深远的指导意义。近年来，修武县委立足于巩固和拓展党的群众路线教育实践活动和"三严三实"专题教育成果，着眼于如何做到从严管理干部和调动基层干部积极性相结合，落脚于解决县域党建如何"纲举目张"问题，逐步探索形成了民心导向六项制度。上述制度的实施，取得了"为党分忧、为民解难、为干部提劲、为转型发展与产业升级提速"的良好效果。民心导向六项制度，是努力把握新形势下基层党建内在规律的实践探索，呈现出鲜明的时代特点，并给新时期的基层党建工作带来多方面的思考与启示。

关键词：　民心导向　基层党建　六项制度　修武县

党的工作最坚实的力量支撑在基层，最突出的矛盾和问题也在基层。党的基层组织是团结带领群众贯彻党的理论和路线方针政策、落实党的任务的战斗堡垒。基层党组织建设关系党执政的根基，关系统筹推进"五位一体"

---

* 马建新，河南省社会科学院政治与党建研究所副研究员。

总体布局和协调推进"四个全面"战略布局，关系实现"两个一百年"奋斗目标。近年来，修武县委从落实习近平总书记提出的"民心是最大的政治"的高度出发，紧扣夯实党的执政基础、推进县域治理体系和治理能力现代化的主题，围绕民心导向对加强新时期基层党建进行了深入的实践探索，取得了显著成效，呈现出鲜明的时代特点，并为如何做好新形势下的基层党建工作带来了多方面的启示。

一 修武县推进民心导向六项制度建设的背景动因

（一）总体背景："民心是最大的政治"

十八大以来，以习近平同志为核心的党中央牢牢把握加强党的执政能力建设、先进性和纯洁性建设这条主线，坚持解放思想、改革创新，坚持党要管党、从严治党，对党的建设提出了许多新思想、新论断、新要求。2016年1月，习近平总书记在中纪委六次全会上提出"民心是最大的政治"的论断，对新时期加强基层党建具有重要而深远的指导意义。

"民心是最大的政治"是对历史上政治发展的经验总结。天下之势，常系民心。民为邦本，以民为核心来探讨执政规律，是我国优秀的政治文化传统。我国历史上的政治传统文化有着丰富的"民心"精神资源，强调黎民百姓在国家政治生活中的地位和作用。我国古代思想家孟子提出，"桀、纣之失天下也，失其民也；失其民者，失其心也。得天下有道，得其民，斯得天下矣；得其民有道，得其心，斯得民矣；得其心有道，所欲与之聚之，所恶勿施尔也"①，深刻阐明了"民心"的重要性。而"得民心者得天下，失民心者失天下""君如舟，民如水，水能载舟亦能覆舟"等广泛流传的名言以及它们所体现出来的"民心"意识，也历来为清明的统治者和人民群众高度认可。

---

① 《孟子·离娄上》.

"民心是最大的政治"是中国共产党性质和宗旨的必然要求。《中国共产党党章》明确规定了党的性质：中国共产党是中国工人阶级的先锋队，同时是中国人民和中华民族的先锋队。党的性质决定了其全心全意为人民服务的宗旨。党没有自己的特殊的利益，而是以工人阶级和最广大人民群众的利益为利益。党不允许自身任何党员脱离群众，凌驾于群众之上；在任何时候都始终把群众利益放在第一位，与群众同甘共苦，保持与群众的血肉联系，坚持权为民所用、情为民所系、利为民所谋。践行党的宗旨，就必须尊重人民的主体地位，必须重视人民最关心、最直接、最现实的利益，真正做到与人民同呼吸共命运。习近平总书记指出，共产党员应该"与人民心心相印、与人民同甘共苦、与人民团结奋斗，夙夜在公"①，正是党的宗旨的要求和体现。

人心向背关系党的生死存亡。中国共产党根基在人民、血脉在人民、力量在人民；如果失去了人民的拥护和支持，党的事业和工作也就无从谈起，习近平总书记多次告诫全党这一道理。在党的群众路线教育实践活动期间，习近平总书记强调：党只有始终做到与人民心连心、同呼吸、共命运，把人民群众作为推动历史前进的依靠力量，才能做到哪怕"黑云压城城欲摧"，"我自岿然不动"；并要求各级党员干部不论什么时候和情况下，都要坚持与人民同呼吸共命运的立场，牢记全心全意为人民服务的宗旨，牢记群众是真正的英雄的历史唯物主义观点。

（二）修武动因：立足点、着眼点、落脚点

立足点：巩固和拓展党的群众路线教育实践活动和"三严三实"专题教育成果。坚持群众路线就是坚持做好"民心"工作，做好"民心"工作关键在人。为了推动群众路线教育实践活动进一步落到实处深处，习近平总书记同时对广大党员干部提出了"三严三实"的新要求，要求各级领导干部要严以修身、严以用权、严以律己，谋事要实、创业要实、做人要实。

---

① http://news.xinhuanet.com/18cpcnc/2012-11/15/c_123957824.htm.

2015 年 4 月，中共中央办公厅印发《关于在县处级以上领导干部中开展"三严三实"专题教育方案》，对在县处级以上领导干部中开展"三严三实"专题教育做出部署。从 2014 年 3 月开始，根据中央统一部署，党的群众路线教育实践活动和"三严三实"专题教育在修武县相继开展。在活动中，修武县委清醒地认识到：基层党组织面临的头号政治任务，就是如何将基层党组织与人民群众之间进一步增强的血肉联系转变为制度化和常态化的成果。

着眼点：如何做到从严管理干部和调动基层干部积极性相结合。毛泽东同志曾经指出："政治路线确定之后，干部就是决定的因素。"[1] 习近平总书记强调：改革开放任务越重，越要加强和改进党的自身建设，越要不断提高领导和推动改革的能力，不断提高党的领导水平和执政水平。广大基层党员干部工作在第一线，是推进党的路线方针政策贯彻落实的重要力量，是党的事业的骨干。对于基层干部既要从严管理又要充分调动他们的积极性。一方面，治国必先治党，治党务必从严。在一些地方和单位基层干部管理失之于宽失之于软、不作为和怠政懒政甚至"四风"屡禁不止等现象还在一定程度上存在，对基层干部队伍提出了从严管理的要求。另一方面，没有广大党员干部的积极性和执行力，再好的政策措施也会落空，党和国家事业发展要求充分调动广大干部的积极性。

落脚点：解决县域党建如何"纲举目张"问题。办好中国的事情，关键在党。全面建成小康社会、推进社会主义现代化、实现中华民族伟大复兴的重任历史性地落在了中国共产党人的肩上。县委作为县域党建的一线指挥部和具体执行者，承担着为全党梳理基层党建内在规律和提升党建科学化水平的重任，党建科学化水平直接关系到县域经济社会发展、改革和稳定的大局。近年来，修武县委以爱党护党兴党的担当精神和强烈的忧患意识，全力攻坚县域党建的"纲举目张"难题，一是解决县域党建的逻辑主线问题，二是解决县域党建的可操作路径问题。修武县委没有另辟蹊径，而是遵照中

---

① 《毛泽东选集》第 2 卷，人民出版社，2001。

央和习近平总书记关于基层党建的一系列要求，探索围绕民心导向加强基层党建的路子。紧紧围绕民心导向这一主线，探索与之相配套的具体制度。

二 修武县民心导向六项制度建设的做法与成效

近年来，修武县委紧紧围绕县域党建"纲举目张"的难题这一目标进行攻坚，在探索中逐步形成了民心导向六项制度，即联系与服务群众制度、解决难题隐患制度、透明决策制度、体现党建元素制度、暖心制度和基层工作群众评议制度。上述党建工作制度的实施，取得了"为党分忧、为民解难、为干部提劲、为转型发展与产业升级提速"的良好效果。

（一）主要做法：摸实情、听民声、办实事

建立联系与服务群众制度。具体包括五个步骤：（1）本着"相对集中、方便工作"的原则，将县直各单位和各乡镇的联系干部分包到农村、联系到农户。县委统战部、共青团、妇联、工会、残联、城镇办、文联等单位对各自的服务对象进行联系。（2）分类培训指导。县委组织部对驻村任职"第一书记"和农村党支部书记进行培训；各涉农单位对联系干部职工进行涉农业务知识培训；县委统战部等单位培训服务对象干部。（3）集中进行走访。各单位干部职工利用半个月左右的时间，对联系对象开展走访活动，全面了解联系户家庭情况，并发放《党员连心卡》。（4）长期结对服务。联系干部要通过见面、电话、短信等方式，保持与联系对象的长期紧密联系。（5）解决难题隐患。联系干部要针对联系对象提出的意愿和诉求、反映的难题隐患，区分情况分类解决。

建立解决难题隐患制度。制度共设置4个环节：一是收集整理。每季度通过县、乡、村三级党组织收集影响和制约全县经济社会改革发展稳定的主要问题，基层群众最需要解决、最期盼解决的问题，各级党员干部在联系服务群众中发现的问题，并开通网上专栏，把网民留言纳入收集范围，确保收集问题全覆盖。二是分解落实。按照问题种类，建立工作台账，明确牵头领导、牵头单位、责任人和完成时限。三是结果反馈。制作难题隐患建议回复函、反馈卡，通过召开座谈会、入户走访等形式，及时反馈办理结果。每季度召开解决难题隐患工作会议，将难题隐患情况和民生工程进展情况、好事实事办理情况向全县群众公布。四是督导落实。县委、县政府"两办"定期督导问题解决情况，县委常委会、党政班子会定期听取难题隐患和建议办理落实情况，以群众是否满意为标准，定期开展难题隐患和建议办理结果"回头看"。

建立透明决策制度。透明决策参加对象主要包括：县长、副县长和其他县政府党组成员；相关行政机关、社会团体、行业协会、风险评估机构、征信机构、法律咨询机构、中介机构和利益相关者等单位的代表，县人大代表、县政协委员、专家和群众等个人代表。决策前，通过对一些具有全局性影响的或与人民群众生活密切相关的重大事项及重要事项，公开向群众征求意见和建议等方法，摸清群众需要、倾听群众呼声。决策时，邀请党代表、人大代表、政协委员和群众代表列席会议进行讨论，集思广益，科学决策。决策后，及时向群众公布结果并由相关部门采取多种方式对群众进行解疑释惑工作。

建立体现党建元素制度。一是为全县1.4万名党员干部统一配发党徽。要求党员干部在工作日、征求群众意见、走访慰问群众、招商引资等场合必须佩戴党徽。二是在给群众以物质关怀或开展服务时，主动发放印有党徽标志或"人民至上、共产党好"标识的礼包、卡片；统一设计"党员示范岗"，展示党员风采。三是建立"共产党员户"公示牌、"党员志愿者"提示牌制度。县里统一制作，在每个农村党员家悬挂"共产党员户"公示牌；在城区公园、广场等公共活动场所设立"党员志愿者"提示牌。四是建立党建公益宣传制度。在《今日修武》报、修武电视台开设"党旗飘飘"专栏；在新媒体上设置"人民至上"或"民心导向"等标识；在公共场所设置大型党建公示宣传牌；在各单位机关制作党建文化墙、设置党建知识宣传牌，在居民小区设置党建宣传教育栏。

建立暖心制度。暖心制度分为干部暖心、家长暖心和企业家暖心。在干部暖心方面：成立了修武县干部暖心工程领导小组，制定下发了《修武县

"基层干部暖心工程"实施方案》。从思想、政治、生活、精神等方面进行关怀、激励和帮扶。思想方面建立干部谈心交心机制；政治方面探索干部选拔制度化途径，形成明确用人导向；生活方面保障干部待遇、关爱干部家人、关注干部健康等；精神方面开展公益培训、选树先进典型。建立完善了通报制度、联络员制度，组建了暖心工程微信群，每两周召开一次推进会，每月召开一次汇报会，确保"基层干部暖心工程"各项工作落实到位。在家长暖心方面：成立了县、乡、村级学校三级家长委员会，每级家长委员会都建立了微信群，定期发布工作计划，转发优秀家庭教育文章，展示活动开展成果。下发了《修武县实施家长"暖心工程"工作方案》，明确了由有关部门参与的成立县家长委员会、设立县服务家长基金、建立家长专家人才库、成立家长心理教育协会、开展"快乐家务"学生教育实践、建立在校生定期体检机制、实施贫困校助计划等12项具体工作，使"暖心"内容具体化，"暖心"成效看得见。每月通过三级家长委员会收集家长提出的素质提升、学生教育、学校管理等方面的意见和建议，对收集到的意见和建议进行归纳梳理，交由有关职能部门解决处理，每季度在全县解决难题隐患和建议大会上向家长反馈解决处理结果，确保家长反映的意见和建议都能得到有效回应。在企业家暖心方面：县委、县政府先后出台了《修武县企业家"暖心工程"实施办法》《支持工业发展30条意见》《修武县优化企业发展环境工作机制》等惠企文件，明确"荣誉市民""功臣企业家"等5项企业荣誉，对应享受"发放云台绿卡""健康体检""外出培训"等10项礼遇，建立起"三位一体"联系企业全覆盖、解决企业难题隐患、服务企业双相通、企业周边环境整治、服务企业评议等5项机制，通过真心的机制、真切的举措、真情的服务，让企业家充分感受到关心、全面享受到关爱，进一步激发干事创业热情，提振加快发展信心，在经济寒冬下心更暖、劲更足，为企业添活力，为发展增动力，实现把修武建设成为总体实力强、发展活力足、竞争优势大的强县目标。

建立基层工作群众评议制度。每年年底，县、乡两级党委通过视频、发公开信和张榜公布等形式向基层和群众公开述职，村支部书记现场述职，由群众以行政村为单位召开户代表会议，对县、乡、村三级党组织开展集中评议，以发挥组织激励和群众激励的双重导向作用，实现"对下负责"和"对上负责"的有机统一。同时，在县级层面，将最具借鉴价值的群众意见建议，作为全县经济社会发展的 10 个"金点子"，纳入全县工作布局中。在乡镇层面，将评议结果作为县委调整班子使用干部的重要依据。对农村干部的评议结果，则与工作补贴相挂钩，从而提高农村干部的积极性和主动性。年中则通过第三方评价机构进行民意随机抽查。评议活动收集到的意见和建议，经汇总整理后全部纳入难题隐患解决机制，进行有序解决落实。

表1　2016 年修武县委、县政府工作民心导向评议结果

数据\类别	非常满意	基本满意	不满意	不了解
票数	46556	4399	332	601
占比	89.72%	8.48%	0.64%	1.16%

（二）实践成效

修武县围绕民心导向提升基层党建科学化水平活动取得了显著成效。这些成效充分体现在为党分忧、为民解难、为干部提劲、为转型发展与产业升级提速等多个方面。

为党分了忧。修武县民心导向六项制度彰显着为党分忧的情怀：一是强化了宗旨意识。难题隐患体现民心民意，关系群众切身利益。修武县在民心导向六项制度建设中使群众反映的每一个问题，都能得到高度重视，强化了党员干部的宗旨意识。二是密切了党群干群关系。组织全县党政机关、企事业单位在职在岗的干部职工主动联系适当数量的群众，宣传政策、倾听民声、为民办事、促进和谐，密切了党群干群关系。三是促进了党风廉政建设。畅通举报渠道，让群众通过多种方式途径及时举报"四风"和腐败问题，着力查处损害群众利益的行为。

为民解了难。修武县民心导向六项制度坚持以保障和改善民生为一切工

作的出发点、落脚点，下功夫解决群众最关心的热点、难点问题。活动开展以来，持续加大民生投入。2016 年，人民群众的获得感方面，累计解决群众反映的难题隐患 290 个。新生儿耳聋基因免费检测在全市首家实施；"先住院后付费"医疗模式惠及群众 9 万人次，家庭医生签约 3.8 万户，惠及群众 17.3 万人次。顺利通过国家园林县城复查验收，在近年省、市农村人居环境检查评比中，修武美丽乡村建设均排名前列。安全生产形势平稳，公众安全感、执法满意度位居全省前列，2016 年在河南省公众安全感调查中，修武县名列全省第一。

为干部提了劲。修武县民心导向六项制度注重关怀基层干部，并为干部干事创业营造宽松的环境，为干部提了劲。一是帮助基层党员干部化解家庭、工作之间的矛盾。如通过关心关爱基层干部的父母和子女，使他们支持和理解基层干部的工作；把基层干部获得的荣誉及时送到父母家里，让父母感到光荣，更加支持子女的工作；对基层干部的孩子进行明理教育，让孩子理解父母的责任与辛苦。二是鼓励党员干部按客观规律办事。创新修身的形式和内容，使广大党员干部进一步坚定马克思主义信仰，夯实民心向背理念，把握民心向背规律，使每个党员干部都能沉住气、谋长远、不唯上、致良知、敢担当、懂规律。三是力挺敢于担当的干部。把敢于担当作为新常态下检验干部作风的试金石，每季度评选出践行民心导向敢于担当先进人物，从组织层面进行力挺，努力把敢于担当打造成修武最大的品牌。

为转型发展与产业升级提了速。一是在高成长性服务业发展方面。高起点、高标准编制了以打造以云台山旅游目的地为发展主线、以大健康产业和关联制造业为两翼的产业体系发展规划。二是先进制造业发展方面。汽车零部件产业园、光电产业园集聚效应初显，光通信元件、电感元件产能分别占全球 40%、60% 的份额，汽车零部件产业园典型经验在全省推广，金水·修武电子工业小镇开启了"飞地经济"模式。三是在现代农业发展方面。大用肉鸡、伊赛牛肉跻身全省 40 个重点畜牧产业化集群，农业产业发展势头强劲。全县农民专业合作社发展到 404 家，辐射带动农户 2.65 万户，新型农业经营主体不断发展壮大。

三 修武县民心导向六项制度的特点与启示

修武县民心导向六项制度顺应了时代要求和修武县经济社会发展趋势，努力把握新时期基层党建的内在规律，呈现出鲜明的时代特点，并给新时期的基层党建工作带来多方面的思考与启示。

（一）突出特点

民心导向六项制度呈现出鲜明的时代特征，具有鲜明的价值取向、强烈的问题意识和科学的制度设计。

鲜明的价值取向。民心导向六项制度始终坚持人民至上的价值取向。马克思主义认为，人民群众是社会物质财富和精神财富的创造者，是历史的创造者。人民立场是马克思主义政党区别于其他政党的显著标志，是中国共产党人的根本政治立场。党的一切奋斗和工作都是为了造福人民，为了把最广大人民的根本利益实现好、维护好、发展好，正如习近平总书记所提出的："人民对美好生活的向往，就是我们的奋斗目标。"[1] 修武县民心导向六项制度的目标就是用制度倒逼，使修武县各级干部从内心深处把群众当成父母和亲人，使三级党委和党支部真正践行"人民至上"精神，用实际行动体现我们党"一切为了人民"的宗旨，尽最大努力赢得27万修武人民对党和党的干部内心的拥护和信任。

强烈的问题意识。民心导向六项制度始终贯穿着强烈的问题意识。解决中国的现实问题从来就是中国共产党领导人民干革命、搞建设、抓改革的重要目标。强烈的问题意识、鲜明的问题导向，是十八大以来党中央在新的历史条件下应对党和国家发展一系列重大理论和现实问题的重要精神。要把问题意识贯穿到工作中去，通过持续解决问题来改进工作，推动发展。在推进民心导向六项制度建设中，修武县委认为，难题隐患是制约发展的瓶颈。如

---

[1] http://politics.people.com.cn/n/2012/1116/c1024-19596289.html.

果长期忽视群众所需所盼，小问题就会积累成更大的问题，因此，修武县委决定建立解决难题隐患制度。县委、县政府高度重视难题隐患的发现和解决，使广大党员干部既能抓住中心，又能赢得民心。

科学的制度设计。修武县在围绕民心导向加强基层党建的制度化过程中建立的联系与服务群众制度、解决难题隐患制度、透明决策制度、体现党建元素制度、暖心制度、基层工作群众评议制度等六项党建制度在落实民心导向的过程中相互配套、不可分割，形成了一个制度体系。其中，联系与服务群众制度、解决难题隐患制度和透明决策制度等三项制度，着重解决民心导向如何落实到具体人和具体事的问题。而体现党建元素制度、暖心制度和基层工作群众评议制度等三项制度，则着重解决民心导向具体落实者的内生动力问题。这一制度体系既对民心导向本身进行了具体的制度安排，又保障和约束了基层党员干部落实民心导向，实现了落实民心导向过程中"人"和"事"的有机统一，充分发挥了制度体系的综合效应。

（二）几点启示

修武县民心导向六项制度在取得显著成效的同时，也为新形势下的基层党建工作带来了多方面的思考与启示。

加强基层党建必须围绕全面建成小康社会来展开。党建工作历来是为中心工作服务的，党的建设必须围绕党的中心任务来展开，是党的建设的一条基本经验。党的建设只有紧紧围绕党的中心工作，渗透于中心工作之中，融入中心工作中去，才有生命力、创造力和影响力。唯有把加强基层党建和全面建设小康社会进程结合起来，使基层党建工作的成效在发展上体现出来、在解决经济社会发展过程中的矛盾及问题上体现出来，基层党建工作才能取得实效。民心导向六项制度建设推进以来，较好地实现了"群众生活水平提升和群众对党拥护提升"的双提升，有力地促进了修武县经济社会发展。2016 年修武地区生产总值增速跃居全市第一，高新技术产业发展增速全市第一，地方预算收入历史性突破 10 亿元大关。

加强基层党建必须激发广大党员的内在动力。中国共产党把全心全意为人民服务作为自己的宗旨，始终把人民至上作为党的执政理念和价值追求。修武县在民心导向六项制度建设中建立了联系与服务群众制度，动员和组织广大党员干部走出机关、走进基层，面对面与群众交流，实打实为群众办事，手拉手为群众解困，心连心与群众结亲，使为民服务公开化、沟通交流经常化、解困释疑亲情化。解决难题隐患体现民心民意，关系群众切身利益，这些制度措施唤醒了党员干部的宗旨意识。同时，针对近年来一些党员忘记身份、不敢担当，在与群众打交道时不愿意也不敢亮出党员身份的现象，2014年以来，通过佩戴党徽亮明身份、党建氛围营造等5个方面17个细节，在经济社会发展项目上普遍体现党建元素，要求党员开展工作、说话办事都亮身份，增强了党员干部的道路自信、理论自信、制度自信，让党员干部"时刻想到自己是党的人"，点燃敢于担当的激情和梦想，唤醒了党员干部的身份意识。

加强基层党建必须尊重群众的主体地位。中国共产党的历史证明：什么时候依靠群众、相信群众，就能够获得最广泛最可靠的力量支撑；反之，就会失去事业的根基，加强基层党建必须尊重群众的主体地位。为促使党员干部牢记宗旨、改进作风，修武县委提出：干部好不好，百姓说了算。改变以往由干部评价干部的传统模式，将群众满意不满意作为衡量党政班子工作绩效的重要标准，将"三严三实"要求融入领导班子建设中，定期开展县委和乡镇领导班子民心导向评议活动，建立了基层工作群众评议制度，给人民群众更多发言权，让人民群众对党政班子的工作进行监督和评议，对干部的进退留转产生影响，从而倒逼党员干部从内心深处把人民群众满意作为最大的政绩和最高的政治。

加强基层党建必须注重提高主体素质。党员是基层党建的主体，加强基层党建必须扎实抓好党员队伍建设这一基础工程，注重提高党员队伍素质。改革开放以来，我国经济体制发生了深刻变革、社会结构出现了深刻变动、利益格局进行了深刻调整、思想观念经历了深刻变化；特别是近年来，伴随着城镇化快速发展和人们价值取向日益多元的冲击，一些地方的基层党组织建设面临着党员队伍年龄大、文化水平偏低等方面的问题，影响着党员队伍的整体素质，制约着党员先进性作用的发挥。和全国许多地方一样，修武县在党员队伍建设方面一定程度上存在着上述问题。据统计，50岁以上的党员占全县党员总数的比例超过50%，高中及以下学历者占全县党员总数的58%以上。修武县在推进民心导向六项制度建设中注重建立让党员经常受教育、永葆先进性长效机制，在提高主体素质方面取得了明显成效，以提高发展党员质量为例，入党积极分子中大专以上学历的265人，占全县入党积极分子的56.62%。

加强基层党建必须注重规范化。基层党建工作规范化可以使目标一致、职责明确、措施标准、行动统一，能够促进工作效率提高。修武县在推进民心导向六项制度建设中注重规范化建设，有力地促进了工作效率提高。如围绕怎样亮明党员身份、体现党建元素，修武县历时近两年时间，边实践、边梳理、边规范，经过"基层上报、梳理核减、专家评估、群众反馈"4个步骤，提炼出了党员身份、党徽、党旗、"人民至上、共产党好"和"没有共产党，就没有新中国"等核心元素，实现了党建元素的规范化。再如，针对乡镇干部的工作特点，将民心导向的评价标准细分为工作作风、道德品行、联系群众、服务群众4个方面，每个方面都明确若干考评要点，清晰界定标准，实行定向测评。

参考文献

1. 江泽民：《论党的建设》，中央文献出版社，2001。
2. 《中国共产党第十八次全国代表大会文件汇编》，人民出版社，2012。
3. 洪向华：《新时期党的建设与党建理论》，红旗出版社，2012。
4. 《习近平谈治国理政》，外文出版社，2014。
5. 俞可平：《论国家治理现代化》（修订版），社会科学文献出版社，2015。
6. 崔建民、陈东平等编《党的建设研究报告（2016）》，社会科学文献出版社，2016。

B.25
修武县政治生活常态化的制度探索

郭嘉儒*

摘　要： 近年来，修武县委坚持用民心向背统筹经济社会发展和党的
　　　　　 建设，加强全面从严治党，充分认识到政治生活常态化、制
　　　　　 度化的重大价值与意义，研究制定出"政治生活常态化（谈
　　　　　 心会）制度"等机制。通过边行边改、不断完善制度，把握
　　　　　 细节、强化制度落实，加强督导、确保深入民心等办法，取
　　　　　 得了党内政治生活更加严肃、党政分工更加合理、党员干部
　　　　　 担当意识明显增强、为民服务热情更加高涨的良好成效。在
　　　　　 进一步推进政治生活常态化的制度探索中要加强党员思想政
　　　　　 治教育，坚定理想信念，坚定不移地走群众路线，时刻保持
　　　　　 党同人民群众的血肉联系，把批评与自我批评作为有力武器，
　　　　　 建立严格的制度规范。

关键词： 政治生活常态化　思想政治教育　修武县

习近平总书记指出，党内政治生活是党组织教育管理党员和进行党性锻
炼的主要平台，强调党要管党必须从党内政治生活管起，从严治党必须从
党内政治生活严起。开展严肃认真的党内政治生活是我们党的优良传统，
是我们党能够坚定党的宗旨和性质，保持党的纯洁性和先进性，增强党的
凝聚力、创造力和战斗力的重要法宝，同时是我们党实现自我革新、自我

---

* 郭嘉儒，河南省社会科学院政治与党建研究所研究实习员。

完善、自我净化、自我提高的重要途径。近年来，修武县围绕党内政治生活的常态化、制度化，进行了一系列探索和实践。在第二批党的群众路线教育实践活动开展过程中，全县各级党组织真正坚持民心导向，重点突出民心向背，积极践行群众路线，不断进行探索创新，在直接联系群众、严肃党内政治生活、加强干部作风建设等方面，探索出许多积极的经验和做法，并在认真总结实践经验的基础上，依据省委、市委的指示精神，研究制定出"政治生活常态化（谈心会）制度"等机制，切实保障了党内政治生活的常态化、制度化。

一 修武县政治生活常态化制度化的价值与意义

党内政治生活是党组织教育管理党员和干部，以及对党员和干部进行党性锻炼的主要平台。批评与自我批评是党内政治生活的有效武器，民主集中制是其运行机制，党委会、组织生活会、民主生活会与"三会一课"是其主要载体。要真正认识到严肃党内政治生活常态化的重要性，领会党内政治生活对于提升党员和干部党性所发挥的不可替代的作用，充分释放党内政治生活对教育和改造党员和干部的功能，这对我们党加强自身建设，推进全面从严治党，具有重要意义。

（一）马克思主义政党的重要法宝

党内政治生活是政党活动的首要方式，开展严肃认真的党内政治生活是马克思主义政党的优良传统，我们党自诞生之日起就高度重视党内政治生活的常态化、制度化。严肃认真的党内政治生活的常态化、制度化是我们党的鲜明特征，是我们党坚持思想路线一切从实际出发、实事求是、理论联系实际、在实践中检验和发展真理的根本性保障，是落实党的组织制度、组织原则的有力保证，是保持党的先进性、纯洁性的有效方法。我们党的发展历程表明，严肃认真的党内政治生活的常态化、制度化是革命战争时期胜利夺取政权、社会主义建设时期不断取得重大成就的法宝。我们党的性质和发展经验表明，严肃认真的党内政治生活的常态化、制度化，是马克思主义政党独有的优势，更是巩固党的执政地位的内在要求。

（二）新形势下全面从严治党的现实需要

治国必先治党，治党必须从严。严肃认真的党内政治生活是积极解决我们党自身存在的问题的有效方式，党内政治生活的状况决定了党员和干部的作风。一个领导班子的强弱，在很大程度上依赖于党内政治生活的严肃认真程度。严肃认真的党内政治生活必然是常态化和制度化的，它能够增强党的凝聚力、创造力和战斗力，从政治上、思想上、行动上保障党的团结统一；不严肃认真、没有实现常态化和制度化的党内政治生活，会成为滋生党内各种错误思想认识与不良行为倾向的温床，严重阻碍党的事业的发展。当前，一些党组织的党内政治生活具体制度尚不健全，或者具备完善的制度却没有很好地坚持，或者是开展的质量较低，也有一些基层党组织出现软弱涣散的情形，一小部分党员干部出现宗旨意识淡薄、理想信念动摇、官僚主义和形式主义突出的问题。鉴于此，当前我们党最为紧迫的任务就是加强党的自身建设，推进全面从严治党，使党内政治生活走上常态化、制度化、规范化的轨道。

（三）贯彻落实群众路线的必然要求

贯彻落实党的群众路线，使广大党员自觉参与到践行群众路线的行动中，关键在于保障严肃认真的党内政治生活的常态化、制度化。要推进严肃认真的党内政治生活常态化、制度化，就必须认真落实党的民主集中制，积极开展民主生活会，运用批评与自我批评的武器。民主集中制是我们党的根本组织原则，是在党的生活中践行群众路线的具体体现，更是从制度上根本保证了贯彻党的路线方针政策。批评和自我批评不仅能够有效解决党内存在的矛盾，实现党的自我净化和肌体健康，而且能够真正检验广大党员是否站在群众立场上，是否坚定群众观点，是否能够用好群众工作方法。党内政治生活常态化和制度化能够对广大党员和干部进行党性教育和锻炼，进行群众路线、群众观点的教育，保障党员和干部真正践行"从群众中来，到群众中去"的理念。只有坚定推进党内政治生活的常态化、制度化，奠定党组织强大的思想和政治基础，才能实现全面从严治党的目标，才能不断提高党的执政能力和执政水平，推进国家治理体系和治理能力的现代化和人民的幸福感的提升。

二 修武县政治生活常态化制度化的背景与原因

党的建设事关国家和执政党的前途和命运，事关人民的幸福安康。抓好党建是基层党委不言自明的头号工作和"最大政绩"。长期以来，存在着对党建重视不够，也欠缺抓好党建的方法等现实问题，基层党组织和党员干部虽然为群众办了很多好事实事，但在办实事解难题的过程中，更多地把眼光放在"办事"上，重工程、轻民心，忽视了群众的所需所盼，忽视了民心向背问题，缺乏对民心向背规律的把握，疏忽细节管理，没有真正打通服务群众"最后一公里"中的"最后100米"，没有真正把发展绩效转化为政治认同，出现抓住了"中心"却失去了"民心"的窘境，造成部分地区基层党组织薄弱涣散，群众路线流于形式，群众对党员干部认同度下降。

政治生活常态化是党要管党、从严治党的政治要求。党的建设归根结底是民心建设。近年来，修武县始终把抓党建作为最大的政治责任和最大的政绩，围绕民心导向积极探索建立谈心会制度，在县域党建制度创新上进行了有益探索和突破。从2014年以来，修武县委班子面对经济建设和党的建设关系难题，认真贯彻落实习近平总书记提出的"人心向背关系党的生死存亡"，广泛征求民意，集中全县智慧，提出用民心向背统筹经济社会发展和党的建设，把经济建设和党的建设"合二为一"为民心建设，把经济建设和党的建设作为民心向背的"一体两面"，精心算好经济政治"两本账"。在民心导向六项制度的实施过程中，为进一步解决党员干部在工作中遇到的问题，让大家在更加宽松的氛围中加强沟通，减少党员沟通中不敢说、怕说错、需要承担政治责任的疑虑，修武县委研究探索了谈心会制度，通过加强党员干部间的沟通，有效解决工作中遇到的现实和思想上的问题，切实推动政治生活和作风建设的常态化、长效化，真正提升广大群众对党组织和党员干部的认知度、满意度。

三 修武县政治生活常态化制度化的做法与成效

（一）主要做法

严肃党内政治生活，贵在经常、重在认真。修武县在教育实践活动专题民主生活会上，广大党员干部积极开展批评与自我批评，受到了深刻的党性锻炼。在全县各级党组织中建立政治生活常态化（谈心会）制度，就是要通过谈心会这个平台，大胆使用、经常使用批评与自我批评这个武器，使之越用越灵、越用越有效果，切实增强党员干部的角色意识和政治意识，切实绷紧党员干部自律敬畏之弦，实现党内政治生活常态化。

一是边行边改，不断完善制度。专门制定下发《关于进一步健全完善谈心会制度的意见（试行）》，对谈心会召开时间、内容和程序进行细化量化。谈心会每月召开一次，原则上安排在月底进行。谈心会由各级党组织领导班子成员参加，根据工作需要，可以吸收非党领导班子成员列席。会议由党组织书记主持。县委常委要出席所联系乡镇的领导班子谈心会，县人大、政府、政协的县级党员领导干部要出席所联系县直单位的领导班子谈心会。谈心会的主要程序包括重温入党誓词、开展批评与自我批评、近期重点工作"复盘"及难题隐患研究、提出更优行动"金点子"四个方面。领导班子成员重点围绕"具体工作是否体现民心导向"、"重点项目推进是否到位"、"八项规定执行情况"和"具体工作是否敢于担当"等四个方面进行思想剖析，开展严肃认真的批评与自我批评。

二是把握细节，强化制度落实。乡镇党委书记、县直单位主要负责同志是落实好谈心会制度的第一责任人，谈心会上，要带头开展严肃的批评与自我批评，敢于说真话、说实话、说心里话，勇于承担工作中发生失误的领导责任，诚心鼓励大家对自己提批评意见。正确引导其他成员发言和成员之间开展相互批评，并对敷衍应付同志当场指出其问题和危害，确保谈心会开出效果、触及灵魂。谈心会后，县级领导干部要将分包乡镇或分包县直单位领导班子谈心会的效果和发现的问题，及时向县委进行反馈，对于重大难题和隐患，要书面预警报告。谈心会前，乡镇党委书记、县直单位主要负责同志要引导与会人员联系思想实际，认真查找各自在"具体工作是否体现民心导向"、"重点项目推进是否到位"、"八项规定执行情况"和"具体工作是否敢于担当"等四个方面存在的突出问题，牢牢把握会议主题，避免把谈心会开成泛泛而谈的"工作交流会"。谈心会中，要营造严肃认真的气氛，对与会人员自我批评和批评发现的问题与不足进行客观分析，使其心悦诚服，避免把谈心会开成单纯的"思想交流会"或"自我检讨会"。谈心会后，要对突出问题、普遍性问题和难题隐患提出整改措施和解决方案，对症下药，对问题比较多的班子成员要组织谈心，进行重点帮助，并举一反三，避免类似问题再次出现，重蹈覆辙。

三是加强督导，确保深入民心。县委党建办专门成立督导组，通过实地参加谈心会、谈话了解、查阅会议资料等多种形式，了解各单位谈心会制度执行情况，对谈心会制度执行不力、效果不佳的，将严肃追究乡镇党委书记、县直单位主要负责同志和分包县级领导责任，并公开进行点名批评。同时，每次会前都及时下发提醒通知，明确本月谈心会的主题，同时要求各单位在召开谈心会时，主动邀请包乡或分管县领导参加本单位的谈心会，实地参与指导谈心会，传达县委精神，收集重点领域的难题隐患和建议，并在谈心会结束后向县委进行反馈，切实提高谈心会质量。同时，各级党组织根据谈心会上查摆的问题以及提出的"金点子"，建立问题整改台账及"金点子"汇总表，实行台账销号制，并在单位显著位置进行公示，确保"金点子"能够在改进工作、推进落实上起到实效，谈心会发挥实实在在的作用。县委组织部还要定期不定期对各单位谈心会召开情况进行督导检查，对谈心会制度执行不力、落实不够、敷衍了事的，将严肃追究有关责任人责任，并公开进行通报批评。

同时，对谈心会制度的实施提出四项具体要求：一是提高认识。各级党组织、各级领导班子主要负责同志要切实履行第一责任人的职责，正确引导，做好表率，认真组织召开好谈心会。二是加强指导。县级领导干部要积极参与、指导分包乡镇和分管单位的谈心会，确保谈心会取得实效，使每个党员干部每个月都能受到一次深刻的党性锻炼和修身实践。三是营造氛围。要通过在会场悬挂党旗、参会人员佩戴党徽等方式，切实将党建元素融入谈心会之中，营造从严治党的浓厚氛围。四是严格督导。县委组织部将定期不定期对各单位谈心会召开情况进行督导检查，对谈心会制度执行不力、落实不够、敷衍了事的，将严肃追究有关责任人责任，并公开进行通报批评。

（二）初步成效

谈心会制度推行以来，修武县 506 个党支部、14162 名党员有了行动"标尺"，党内组织生活有了"准则"，党员干部作风明显转变，群众反映的突出问题得到有效解决，全县上下初步形成了心往一处想、劲往一处使的干事创业氛围。

一是党内政治生活更加严肃。目前，修武各级党组织已召开谈心会2780 次，每月提醒 1.4 万名党员干部时刻牢记民心向背。在此基础上，认真研究"三会一课"、民主评议党员、党员定性定期分析、主题党日、警示教育等党内生活的具体内容形式，真正使批评和自我批评成为党内生活规范化、经常化、制度化的内容，成为党内的一种氛围、一种文化、一种自觉。

二是党政分工更加合理。党政班子团结协作、各司其职，政府算经济账、算项目账、算成本账，负责具体项目和利民工程的推进实施，着重打通"最后一公里"中的"前 900 米"；县委算政治账、算民心向背、算凝聚民心，注重研究民心向背的规律，加强经济发展背后的民心管理，重点负责打通"最后一公里"中的"最后 100 米"，确保所办的具体实事、项目让群众满意，使爱民实事能够充分转化为群众内心深处对党组织和党员干部的认同和拥护，全县 28 万干部群众紧紧团结在党的周围，为发展凝聚了强大正能量。

三是党员干部担当意识明显增强。受党建硬约束和竞争压力，各乡镇纷纷出台民心向背举措，着力提升群众内心深处对乡镇领导班子的认可和信任，真正把抓好党建作为最大的政绩，真正牢记"民心向背"，践行群众路线的政治氛围在修武不断增强。促使广大群众充分感受到了党员干部对人民的责任与担当，真正明白了各级党组织在为他们全心全意谋福祉、解难题、办实事，党群干群之间的"隔心墙"得以拆除，广大群众对党组织和党员干部的满意度得到了不断提升。

四是为民服务热情更加高涨。全县最大民心工程"景城融合"首批39个具体项目正在全力推进，招商引资、项目建设、旅游发展、社会管理、文化建设等重点工作稳步推进，县社会福利中心、第二中心敬老院改造，燃气管网铺设等10大类50项民生实事加紧实施，群众反映突出的两批171个难题隐患中27条得以解决，各级党组织累计投入帮扶资金596.4万元，解决各类生产生活问题2250余件。随着一项项具体措施和民生实事的落实，修武各级党组织和广大党员干部已逐渐成为28万修武人民最可信赖的贴心人。

四 修武县政治生活常态化制度化的思考与启示

近年来，修武县以全面从严治党为导向，积极探索严肃党内政治生活的方式和方法，经过一系列制度探索逐步实现了党内政治生活的常态化，通过党内政治生活这个平台的锻炼，极大地提高了党员和干部队伍的党性意识和党性修养，深刻领会并牢固树立了政治意识、大局意识、核心意识、看齐意识，广大党员和干部在日常工作中更好地坚持群众路线，切实践行全心全意为人民服务的宗旨。

（一）必须首先加强党员思想政治教育，坚定理想信念

推进全面从严治党，要注重制度建党与思想建党，最重要的是要推动全体党员旗帜鲜明地讲政治，促进党内政治生活常态化、制度化、科学化、规范化。党的发展历史表明，我们党肌体健康的根本保证就是旗帜鲜明讲政治。全体党员讲政治，同时党内政治生活积极健康，党内就风清气正，我们

党的事业就蓬勃发展；党内政治生活不能正常开展，党的建设和党的事业发展就会受到影响。只有党内政治生活常态化、制度化、科学化、规范化，党的组织优势、政治优势和纪律优势才能充分凸显，党的创造力、凝聚力、战斗力才能得到充分发挥。当前，我们正处在党带领全国各族人民为实现"两个一百年"奋斗目标而努力的关键阶段，现在比任何时候更需要全党同志统一意志、统一思想，共同为推进全面建成小康社会而努力。近年来，修武县委注重思想建党，高度重视县委全体党员和干部讲政治，积极全面地贯彻党的基本路线和各项方针政策，坚定政治立场，把好政治方向，牢固树立政治意识、核心意识、大局意识、看齐意识，积极组织党员干部学习领会党中央各项政策，特别是在按照中央推进"两学一做"学习教育常态化、制度化的战略要求活动中，通过加强对党员的思想政治教育，使全县党员干部坚定理想信念，提高党性修养和党员意识，重点解决党内政治生活随意化、庸俗化、平淡化问题和党内生活不认真、不经常、不严肃问题及党员思想不入党的问题。严格按照规范落实民主生活会制度和"三会一课"制度，尤其是领导干部要发挥"关键少数"的作用，以上率下，积极示范，增强党内政治生活的时代性、政治性、战斗性、原则性。

（二）必须坚定不移地走群众路线，时刻保持党同人民群众的血肉联系

群众路线是我们党的生命线，也是我们党的根本工作路线。在世情、国情和党情发生深刻变化的现阶段，我们必须清醒地意识到，动摇根基的最大危险就是脱离群众，一些党员干部不听取群众疾苦、不关心群众冷暖，不了解民情民意、不听从群众呼声、不帮群众办实事办好事，严重违背了我们党的优良传统和根本宗旨。修武县委通过建立由联系和服务群众制度、基层干部暖心制度、解决难题隐患制度、基层工作群众评议制度等组成的"民心导向"六项基础制度，体现了为民、务实、清廉的党员干部基本要求，真正体现了我们党全心全意为人民服务的根本宗旨。修武县委党员干部通过这些制度取得了为民解难、为党分忧的良好效果，用实际行

动服务人民，以扎实的作风赢得民心，切实维护好、实现好、发展好广大人民群众的根本利益。

（三）必须把批评与自我批评作为有力武器

我们党在革命建设和改革实践中形成并保持了批评与自我批评的优良传统，这日渐成为党保持活力和生机的重要法宝。在我们的党内政治生活中，允许所有党员发表不同观点和意见，进行深入的批评和自我批评，并最终达到认识与思想的高度统一，从而形成积极健康的党内政治生活。修武县在谈心会上积极进行批评与自我批评，党组书记带头进行自我批评，其他班子成员再依次进行。之后对其他同志提出不少于一条"辣味十足"的批评意见，并且批评与自我批评内容主要集中在"具体工作是否体现民心导向""重点项目推进是否到位""八项规定执行情况""具体工作是否敢于担当"等党委的工作重心上。批评与自我批评是修武县委保持肌体健康的一大利器，县委坚定不移地推进领导干部带头开展批评与自我批评，勇于直视自身存在的问题，虚心倾听批评意见，逐步形成广大党员干部实事求是勇于互相指出缺点和不足、互帮互助共同进步的生动局面。修武县委坚持实事求是，关注问题与不足，坚持以事实为依据，注重透过现象看清问题本质，从政治、思想、作风、纪律、组织等方面发现并查找问题和原因，达到"照镜子、正衣冠、洗洗澡、治治病"的良好效果。

（四）必须建立严格的制度规范

推进党内政治生活常态化必须要加强制度化建设，这就要求我们不断提升党内政治生活制度建设能力，这是加强党内政治生活建设、提升党内政治生活质量的关键要求。我们党随着所处历史条件的变化，加强创新和学习等党内政治生活制度建设能力，关乎党内政治生活的高效开展，关乎党内政治生活规章制度体系的科学完善，关乎党内政治生活的顺利运行。马克思主义政党所具备的一个鲜明特征和优良传统就是能够随着实际情况的变化不断提升党内政治生活的制度建设水平和能力。在全面从严治党新形势下，修武县委根据自身党内政治生活的实践并借鉴吸收其他地区的成功经验，不断创新，形成了一系列党内政治生活制度成果，这正是对习近平总书记要求的全体党员特别是各级领导干部应该有能力和本领不足的危机感、都应当刻不容缓地增强能力和本领的完美诠释。这体现了修武县委认真反躬自省，查找问题和不足，不断增强自身的创新和学习能力。一方面，表明县委对马克思主义政党执政规律的探索和认识不断深化，对党内政治生活制度建设规律的把握更加科学；另一方面，表明县委具备对党内政治生活发展方向敢于创新的勇气和善于创新的能力。党内政治生活制度建设能力是一场我们必须长期应对的考验，县委所具备的党内政治生活制度建设能力体现了较高的对党内政治生活制度建设规律的认识水平和实践运用能力，在以后的工作中更应当将这一能力传承好、发扬好。

参考文献

1. 《关于新形势下党内政治生活的若干准则·中国共产党党内监督条例》，法律出版社，2016。
2. 《习近平关于严明党的纪律和规矩论述摘编》，中央文献出版社，2016。
3. 《习近平谈治国理政》，外文出版社，2014。
4. 《马克思恩格斯选集》第 4 卷，人民出版社，1995。
5. 何克祥：《党内生活科学化研究》，社会科学文献出版社，2013。
6. 刘利：《严肃认真地开展党内政治生活》，《共产党员》2015 年第 1 期下。
7. 习近平：《在党的群众路线教育实践活动总结大会上的讲话》，《人民日报》2014 年 10 月 9 日。
8. 《习近平在中共中央政治局第三十三次集体学习时强调 严肃党内政治生活 净化党内政治生态 为全面从严治党打下重要政治基础》，《人民日报》2016 年 6 月 30 日。
9. 何毅亭：《党内政治生态也要山清水秀》，《学习时报》2016 年 7 月 14 日。
10. 中共中央组织部研究室、组织局：《党的组织工作问答》，人民出版社，1983。
11. 《习近平关于党风廉政建设和反腐败斗争论述摘编》，中央文献出版社、中国方正出版社，2015。

Abstract

This book is compiled by Henan Academy of Social Sciences. It systematically analyzes the basic situation and trend of economic and social development of Xiuwu during the period of the 12th and 13th Five – Year Plan, especially in 2016 and 2017. It reviews the measures and achievements that Xiuwu has took in its further reform and innovation-driven development from all aspects, and with multi perspectives and deep levels. Furthermore, it provides countermeasures and suggestions for Xiuwu to accelerate its city construction and realize the strategic target of landscape, prosperity, livability, green and happiness.

This general report analyzes the whole situation of economic and social development of Xiuwu during 2016 and 2017 and shows some basic viewpoints as following. Look back at 2016, faced with difficulties that the recovery of the world economy is weaker than expected and the downward pressure on the domestic economy increases, Xiuwu actively adapted the new normal of economy, completely carried out the supply-side structural reform. And its economy worked well, the structural reform achieved successes, cultural and tourism presented brilliance, urban and rural construction accelerated fast, people's living condition continued to improve. Generally speaking, its economy was stable and toward better. Looking into 2017, it is a significant year for Xiuwu to implement the 13th Five – Year Plan, deepen the supply-side structural reform, and completely finish its task of poverty alleviation. The general report provides suggestions for Xiuwu based on analysis of the situation and trend of the key areas and industries of its economic and social development. Xiuwu should emphasize its transformation and quality to achieve new breakthroughs in developing county based on industries, emphasize tourism and health to create a new card for Xiuwu, emphasize the leading role of the new-type urbanization to enhance city quality, emphasize reform and innovation to strengthen the new energy for economic development, emphasize the policy of opening-up and cooperation to integrate into the new pattern of regional development, and emphasize popular sentiments to improve happiness and benefit of the people.

This book contains reports of transformation and development, tourism leading, industry upgrading, integration of landscape and county, guidance of the popular sentiments. It mainly concerns on the practical research of key areas such as reform and innovation, industry upgrading, integration of landscape and county, the people's livelihood and grass-roots party construction, and provides ideas and countermeasures for Xiuwu to improve its transformation development in areas of economy, society, culture and Party building.

At the present stage, it is significant for Xiuwu to seize the opportunity and make plans in high level, taking popular sentiments as the command of Party's construction as well as economic and social development, taking the integration of landscape and county as the support of their comprehensive development, taking the construction of "China's super tourism destination, core area of the Central Plain's health-preservation, and the demonstration county of the Central Plain's industries integration" as cores, and taking the extensive health industries as the guide. Besides, Xiuwu should race to control the commanding point of the advanced manufacturing industry and the high growth service industry and both of their initiatives, completely integrate into constructing Zhengzhou as the international business city, achieve the great-leap-forward development, and strive for the leading role in the transformation development of Jiaozuo city. In the context of comprehensive deepening reform, its practice of transformation is of typical and representative meaning to the development of county economy in Henan province. Therefore, exact analysis and deep research on the current situation and trend of its economic and social development will provide experiences for areas of the same kind in Henan province and even in China to improve their development of transformation.

Keywords: Xiuwu County; Economy and Society; Guidance of the Popular Sentiments; Develop County Based on Industries

Contents

I General Report

Abstract: In 2016, Xiuwu County's economic and social development showed a good momentum, which was "steady overall, and steady for the better". The city's GDP has reached 10.99 billion yuan, with an increase of 9.5%, which is higher than the province's 1.4 percentage points. The structural indicators, quality and efficiency indicators, people's livelihood indicators, environmental and ecological indicators are overall coordinate. And the development of economic and social has continued to strengthen and its strategic position in regional development has improved significantly. In 2017, the city will continue to promote the development strategy of "transformation and upgrading, integration and development", accelerate the construction of strong industrial county with people oriented, and the city's GDP is expected to grow about 8.5%, as well as achieving new breakthroughs, such as strengthening the development support, promoting industry tackling, enhancing urban quality, etc.

Keywords: Economic; Social; People Oriented; Strong Industrial County; Xiuwu County

II   Transformation and Development

B. 2   Thoughts and Countermeasures on the Construction of Industries of Xiuwu County   *Liu Xiaoping* / 028

Abstract: In recent years, Xiuwu County highlighted the construction of industries, continued to enhance the industrial level, speed up the transformation of new and old kinetic energy, industrial comprehensive strength steadily improved. The characteristics of industrial competitive advantage are clear. In the next period, Xiuwu should highlight the "potential center" building in Zhengzhou, be adhere to the traditional industries and emerging industry interaction, service industry and manufacturing integration, stock optimization and incremental upgrade. And it also insists on breakthroughs and long-term transformation, promoting the development of high-end service industry, the development of green clustering industry, the development of modern agriculture chain characteristics to the linkage of the development of integration, as well as to promoting the comprehensive strength of the ranks of the province's "first square".

Keywords: Industrial Convergence; Industrial Upgrading; Xiuwu County

B. 3   To Speed up the Formation of a New Pattern of Development of Xiuwu Open   *Wang Yuanliang* / 040

Abstract: Open development is an inevitable choice for a country or region to participate in globalization, and the only way to achieve prosperity and development. In recent years, Xiuwu open development has made no small achievement, laid a good foundation for further development. "13th Five-Year" period, to strengthen the Xiuwu opening and opening up, adhere to the "bringing in" and "going out" synchronization, actively docking "Belt and Road Initiative" strategy. And adhere to the party's foreign affairs, implement the responsibility, increase policy support and create a good open environment.

Keywords: Open Development; the Belt and Road; Xiuwu County

B. 4　Study on Innovation-driven Development Strategy In the County of Xiuwu　　　　　　　　　　　　*Li Yujing* / 047

Abstract: it is the significant measure for Xiu Wu to implement the innovation-driven development strategy that it be constructed as the "center of the trends", the super travel destination of China, the core area of health preservation in the Central Plains, and the demonstration county of the integration of three industries in the Central Plains. In the process of implementing this strategy, both the success and problem are obvious. And the problems are mainly lie in slow up grading of traditional old industries, less development of strategic emerging industries, lack of capacity for transformation of innovation achievements, and lack of the innovation talents. It is necessary to deeply realize the development bottleneck and take various measures that the breadth and depth of the innovation-driven development strategy will be expanded, and thus being more helpful for the local social and economic development.

Keywords: Innovation-driven; Technological Innovation; County Economy

B. 5　Research on the Construction of Basic Support Capacity in Xiuwu County　　　　　　　　　　　*Yi Xueqin* / 059

Abstract: In recent years, Xiuwu has enhanced the transport service function on the basis of optimizing the road network structure , built a multi-level financial support system by revitalizing the financial resources as the core means , cultivated talent advantage by creating " recruit talent " platform as a breakthrough , strengthened the role of land resources security by developing and protecting land as the key , the basic capacity to support the economic and social development continues to be improved. However , there is also some problems and difficulties that Xiuwu has to face with. In the future , Xiuwu needs to accelerate the transformation of the development concept , to focus on strengthening four key aspects of the basic support capacity , such as transportation , finance , talented person and land , to build a safe , efficient and reasonable basic support system , so that it can provide a solid guarantee to achieve the strategic goal of Xiuwu.

Keywords: Basic Support Capacity; County Economy; Xiuwu County

Ⅲ   Tour Guide

B. 6   Report on the Development of Whole Region Tourism in Xiuwu County   *Wang Zhongya* / 074

Abstract: The whole region tourism brings about vitality for the tourism industry upgrading and transformation in Xiuwu County. As a tourist resource big county , the development situation of the whole region tourism is encouraging. Xiuwu County is working closely with the actual conditions , unified thinking , bold exploration and innovation , and the coordinated development situation is basically formed. In the future , the whole tourism development in Xiuwu County should further change the concept of development , promote integrated development , optimize key elements , raise the scientific and technological content , and form a synergy of development.

Keywords: the Whole Region Tourism; Tourism Industry; Upgrading and Transformation; Xiuwu County

B. 7 Analysis and Prospect of the Development Trend of Health
Industry in Xiuwu County *Yang Mengjie* / 082

Abstract: With the development of economy and society, China's Comprehensive Health Industry has entered the golden age of development. Xiuwu rely on its rich tourism resources and long history, with favorable conditions for development of the Comprehensive Health Industry. In recent years, the Comprehensive Health Industry has a rapid development in Xiuwu. Formulated the overall idea that combined with thetourism industry and the lead of health service industry developed to promote the three major industry development. Pay attention to personnel training, explore the industrial agglomeration to promote the Comprehensive Health Industry in Xiuwu. In the future, Xiuwu must grasp the golden opportunity for development, continue to optimize the environment for the development of the Comprehensive Health Industry, make good use of "Internet plus", learn from the advanced experience, to continue the project construction and constantly improve the Xiuwu's Comprehensive Health Industry chain.

Keywords: the Comprehensive Health Industry; Industry Convergence; Xiuwu County

B. 8 Theanalysis of Present Situation of Yuntai Mountain and
some Suggestions for Upgrading *Yang Zhibo* / 093

Abstract: "Tourism province" is a key part in the strategy of building strong province of Henan culture, as one of the famous five star scenic spots in Henan. Yuntai mountain is facing such existing problems, homogeneous products, the interests of the dispute, tourism curing. In this paper, we put forward relevant countermeasures to improve current situation of Yuntai mountain, such as the implementation of the global traveling mode out of traditional tourism, outstanding cultural resources, building brand landscape, optimizing the spatial layout area attractions, accelerating the transformation and upgrading of Tourism industry.

Keywords: Yuntai Mountain; Scenic Spot Construction; Transformation and Upgrading

B. 9　The Ideas and Countermeasures for the Development of

the Tourism Industry Innovation in Xiuwu County

Lin Fengxia / 104

Abstract: To adapt to the new changes in the tourism market, and the new trend of Internet plus, it is necessary to further develop the tourism industry development ideas, strengthen planning guidance, the establishment of a comprehensive tourism management system, strengthen the construction of infrastructure , innovative tourism development and operation management mode, strengthen talent support . We should vigorously develop new industries and new products such as health tourism, leisure, cultural tourism, industrial tourism and so on. They will cultivate a new momentum for the development of the tourism industry to expand Xiuwu County, promote the tourism industry development space, development speed and enhance the quality and efficiency, and drive the overall level of Xiuwu economic social and culture development.

Keywords: Tourist Industry; Global Tourism; Travel +; Internet plus Travel

IV　Upgrade Industries

B. 10　The Analysis and Prospect of Industrial Situation in

Xiuwu County　　　　　　　　　　　*Zhao Xisan* / 115

Abstract: Since 2016, Xiuwu continues to support industrial development, rational planning of industrial structure, through the transformation of traditional industries and development of new industries to promote the optimization of industrial structure and transformation of new and old energy. The goal of steady growth, adjusting structure and increasing efficiency has been achieved. Support the stable development of economy in Xiuwu. This is mainly due to Innovative measures of industry planning, innovation driven, integration of information and industrialization, investment promotion and optimize the investment environment. In the future, Xiuwu to fully understand the importance of transformation and development, to promote economic development, develop a batch of new industry growth point, explore a better structure, higher quality, better efficiency, advantages and full release of the development. Xiuwu need sustained attention on implementation of transformation and development, constructing new industrial system, cultivate and expand industrial clusters, actively undertake industrial transfer, promotion of advanced manufacturing model and build open cooperation platform.

Keywords: Industrial Development; Industry Transformation; Structure Optimization; Xiuwu County

B. 11　The Analysis of Present Situation and Upgrade Strategy of

　　　Industry Cluster In Xiuwu County　　　*Liu Xiaoping* / 129

Abstract: Xiuwu has rapidly developed industrial agglomeration rea since 2008, promoting rapid development in quantity, scale and industrial structure of industrial clusters by the construction of carries. However, there are some constraints, such as lack of leading enterprises, insufficient driving force for innovation, and lack of function in the market. Countermeasures and suggestions to promote the upgrading of industrial clusters in Xiuwu are key growth advantage characteristics of industrial clusters, the implementation of industrial chain optimization project, to achieve innovation driven development of high-end platform and advanced manufacturing County etc. .

Keywords: Industry Cluster; Regional Economies; Xiuwu County

B. 12   Research on the Present Situation and Upgraded Strategy of

Xiuwu County's Service Industry   *Li Jingyuan* / 137

Abstract: Xiuwu County make full use of the unique advantages of the service industry resources, around the multi-industry integration development of the overall strategy, and through the precision investment, to provide funds and other elements to enhance the strength of the service sector to gradually enhance the strength. At present, Xiuwu County service industry added value continued to accelerate growth, the ability to support the economy gradually increased. It has been initially formed to large tourism, big culture, big health-based "3 + X" service industry characteristics of industrial system. Looking forward to the development trend of Xiuwu service industry, through the rational planning, layout and development of a comprehensive service industry system, creating a distinctive service brand, implementation of service quality improvement project, actively cultivating the development of new service industry, in order to find the service industry economic growth new kinetic energy.

Keywords: Service Industry; Industry Upgrade; Xiuwu County

B. 13   Research on the Agricultural Supply Side Structure of

Xiuwu County   *Li Guoying* / 152

Abstract: The essence of supply side structure reform of agriculture is to close down the outdated production facilities by *Three Optimization*, *One Decrease*, *One Improving and One Innovation* to enhance the Industrial concentration, which can then cultivate effective supply of agricultural products with reasonable structure and promote the international competitiveness. The core concept of reform is to transform conventional agricultural mode, reshape the market-oriented mechanism and contribute to the development of agriculture industry, with its underlying and profound connotation being the increase of agricultural industry efficiency and a wide array of development trends of the agriculture industry including modernization and informationization of the agriculture. The vital measures of achieving the efficient supply range from promoting the internet + technology, building information platform of agricultural products to developing new agricultural modes including agriculture precision farming, electronic commerce and internet finance in the rural area. promote agricultural supply Xiuwu County side structural reforms, special attention should be paid based on the regional resource endowments and geographical advantages, clear regional development orientation and the main direction, adhere to innovation, harmony, green, open, sharing the new concept of development, firmly establish the awareness of the short board, adhere to the problem oriented, focus on cultivating new subject, create new formats, add new energy, expand new channels, to promote modern agricultural transformation and upgrading of agricultural county construction.

Keywords: Supply Side Structure Reform of Agriculture; New Agricultural Mode; "Internet Plus"; Precision Agriculture; Rural Electronic Commerce

B. 14　Development Report of Characteristic Agriculture of
　　　　Xiuwu County　　　　　　　　　　　　　　*Liu Yihang* / 165

Abstract: The characteristic agriculture as an important content of the development of modern agriculture is an important way to promote the structural reform of the agricultural supply side and increase the income of the peasants. It is also the key to realize the regional advantages, improve the competitiveness of agricultural products and promote the development of regional modern agriculture. In recent years, under the impetus of a series of major policies and projects, Xiuwu characteristic agriculture development has achieved remarkable results, but also faced some more prominent contradictions and problems. The current and future period, to promote Xiuwu characteristics of agricultural development, to adhere to the market demand-oriented, efficiency as the center, focus on strengthening the construction of characteristic agricultural industry chain, build specialty agricultural products brand, improve the agricultural market system, accelerate the transformation of agricultural scientific and technological achievements, Improve the degree of agricultural organization and promote the standardization of agricultural production and other aspects of efforts.

Keywords: Characteristic Agriculture; Industrial Development; Regional Layout; Agricultural Competitiveness

V Integration of Landscape City

Abstract: It is of great significance to promote the integration of landscape city to improve the quality of urbanization, and to show the distinctive personality and unique style of the city. In the study, we analyze the status and function of integration of landscape city in promoting regional economic development, and the main practices and achievements in Xiuwu city. Finally, we put forward the path of promoting the integration of landscape city such as promoting the industrial transformation and upgrading, strengthen all kinds of carrier construction, strengthen the infrastructure construction and establishing innovation system.

Keywords: Integration of Landscape City; Regional Economies; Xiuwu County

Abstract: Xiuwu county can better play its superiority to facilitate the new-type urbanization based on the integration development of Zhengzhou and Jiaozuo. The General Idea is consolidating the industrial and employment supports, optimizing the spatial layout of urbanization and comprehensively enhancing the level of urban construction and administration. The paths include expanding the industrial development space, advancing the fusion development of the landscape and City, improving construction of the central urban district, cultivating characteristic towns, building the modern integrated traffic network, promoting opening up and implementing a proactive strategy for employment development.

Keywords: New-type Urbanization; the Integration Development of Zhengzhou and Jiaozuo; Xiuwu County

B. 17 Current Situation and Prospect of Xiuwu County Characteristic Town Construction *Li Jianhua* / 196

Abstract: Recently, from the central to local documents have been introduced to promote the development of Characteristic towns. Characteristic town is becoming an effective platform for the parties to accelerate the construction of new urbanization, but also gradually become an important starting point to break the structure of urban and rural two yuan. In this upsurge, Xiuwu County should seize the policy and market opportunities, speed up the layout of the Characteristic towns, to promote urban and rural high quality development through the construction of characteristic town.

Keywords: Characteristic Town; New Urbanization Construction; Xiuwu County

B. 18 Research on Building Urban and Rural Ecosystem in Xiuwu *Wu Xuxiao* / 205

Abstract: The building of urban and rural ecosystem is the need to improve the comprehensive competitiveness, achieve energy-saving emission reduction targets and accelerate the transformation and upgrading of tourism. Based on the analysis of the connotation and the basic structure of urban and rural ecosystem, the paper discusses the problem in Xiuwu County urban and rural ecosystem building, finds out the origin of force of the construction of urban and rural ecosystem. Finally, countermeasures and suggestions for building of urban and rural ecosystem on the aspects of strengthening the innovation driven capacity system, structuring "Internet plus" ecological monitoring system, Improving the long-term mechanism of urban and rural ecological system construction are proposed.

Keywords: Urban and Rural Ecosystem; Ecological Construction; Xiuwu County

Ⅵ   People Oriented

Abstract: The issue of people's livelihood is the most concerned about, direct and realistic interest issue for the people, and it bears on the harmonious development of society and the well-being of the people. The article systematically summarizes the achievements of the construction of the people's livelihood in Xiuwu in recent years, and analyzes the outstanding problems in the construction of the people's livelihood, such as the people's livelihood existing short board, not a positive social forces to participate in the people's livelihood construction, construction and management of the people's livelihood problem, unbalanced regional development as well as the lack of skilled talents and so on. Furthermore, the countermeasures and suggestions for the development of the people's livelihood in Xiuwu are putting forward, that to solve the problem of the development of people's livelihood to rnobilize the broad participation of social forces, to enhance the efficiency and improve the quality of personnel etc.

Keywords: Development of the People's Livelihood; Regional Development; Xiuwu County

B. 20 A Study on the Current Situation and Problems of

Social Governance in Xiuwu County   *Pan Yanyan* / 230

Abstract: Strengthen and innovate social governance is both the concept of upgrading, but also the real needs. In recent years, Xiuwu County is based on its own reality, deeply advancing the reform of the social management system, and has made remarkable achievements in the innovation of social governance. However, the difficulties in the transformation of government governance, the lack of self-government in urban and rural areas, the lagging of social organizations and the difficulties of social contradictions have become the obstacles in social governance innovation. In the new period, Xiuwu County should take the concept of "good governance" and "co-governance" as the guide, take the construction of "peace and repair" as the starting point, give full play to the government, social organization, citizens and other dominant role of governance, promote the the coordination between the main body, do everything we can to build a new pattern of social governance in pluralistic governance.

Keywords: Social Governance; System Innovation; Xiuwu County

B. 21 The Research of Xiuwu Poverty Governance Issues

Yan Ci / 241

Abstract: Poverty governance issues have been the key points and difficulties in social development, promoting regional poverty problem is to realize the comprehensive well-off society's important gripper and acting point. facing the current rapid development of economy and society in Xiuwu, how to play better and faster anti-poverty battle has always been a major task faced by the Xiuwu. In recent years Xiuwu government from all walks of life are in poor governance issues. Poverty reduction effect is remarkable, comprehensive poverty goal expected reached smoothly. In seeing achievement at the same time, however, we should discover problems and break barriers. The implementation of the rules of the provincial government of Henan province in the implementation of the "war on winning the war against poverty" has been carried out, and the implementation of the comprehensive poverty reduction in Xiuwu is achieved by 2020.

Keywords: Poverty Governance; Shake off Poverty; Xiuwu County

B. 22　Report on Cultural Undertaking Development of

　　　　Xiuwu County in 2016　　　　　　　　　*Tian Dan* / 251

Abstract: Xiuwu County has a long history and rich resources. In the course of long-term development, deep cultural heritage is accumulated. In 2016, Xiuwu take full advantage of opportunities for building a National advanced cultural County, and make great progress in cultural undertakings. For instance, the county's public cultural service system has been improved; three public cultural service facilities network has been basically formed; spectacular cultural activities were held; remarkable achievements have been made in the protection of cultural heritage; orderly progress was made in the reorganization of the cultural market. The overall situation of cultural undertakings is in good condition, at the same time, accompanied by the rapid development of cultural undertakings, there have been some urgent problems to be solved. Such as limited cultural capital investment, insufficient comprehensive effect of cultural tourism, weak influence of new media platform, lack of professional team, low social forces participation, and so on. In order to solve these problems, Xiuwu County should increase capital investment, change the working methods and lay out global tourism. In addition to that, Xiuwu County should innovate means of communication, cultivate professional cultural teams and actively guide social forces to participate in cultural construction. Only in this way can the development of the cultural career of Xiuwu County take to a new level.

Keywords: Cultural Undertakings; Public Culture; Cultural Relics Protection; Cultural Tourism

B. 23　Study on the Development and Utilization of Cultural Resources

　　 in Xiuwu County　　　　　　　　　　　　 *Guo Shuwei* / 267

Abstract: Xiuwu County has unique cultural resources, including landscape resources, historical resources and health resources, which is the material foundation for the development of Xiuwu cultural resources, and the key condition for implementing Xiuwu "big tourism, culture, health" development ideas and building Xiuwu into a strong county culture. The integration of Xiuwu cultural resources, the promotion of its unique cultural advantages, the establishment of cultural brands, the introduction and cultivation of talents following the policy of "big tourism, culture, health", the construction of the special development area and road network between Zhengzhou and Jiaozuo, the participation in building Zhengzhou into an international business hub, are all the key factors that facilitate the development and utilization of cultural resources in Xiuwu County.

Keywords: Cultural Resources; Cultural Brand; Xiuwu County

B. 24　The Practice and Exploration of Xiuwu County's Promoting

　　 the Six System of People Oriented Activities to Strengthen

　　 Grass-roots Party Building　　　　　　　　 *Ma Jianxin* / 277

Abstract: The claim. " Morale is the biggest politics. " proposed by General Secretary Xi Jinping has important and far-reaching guiding significance for strengthening grass-roots party building in the new period. In recent years, Xiuwu County gradually explores and forms the six system of People Oriented Activities , based on consolidating and expanding the party's mass line educational practice and the results of special education of " Three Stricts and Three Steadies. ", focusing on how to achieve strict management of cadres and mobilize the enthusiasm of grass-roots cadres and based on how to solve the county Party the "Gangjumuzhang" problem. Since the implementation of the above system, good results such as "For the Party; For the People of the Difficulties; Raise One's Strength for Cadres; Speed up the Transformation and Industrial Upgrading" have been achieved. The six system of People Oriented Activities is practice and exploration hard to grasp the inherent law of grass-roots party building under the new situation, shows distinctive characteristics of the times and brings a lot of thinking and inspiration to the grass-roots party building work in the new period.

Keywords: People Oriented; Grass-roots Party Building; the Six System; Xiuwu County

B. 25 A Systematic Study on the Normalization of Political Life in Xiuwu County   *Guo Jiaru* / 290

Abstract: In recent years, Xiuwu County Party Committee adhere to the people with the people to the overall economic and social development and party building, strengthen the comprehensive strict rule of the party, fully aware of the political life of normalization and institutionalization of the great value and significance of the study of "political life normalization (Talk about the system) and other mechanisms. Through the edge of the border change, and constantly improve the system, grasp the details, strengthen the system to implement, strengthen supervision, to ensure that the people and so on, has made the party more serious political life, party and government division of labor more reasonable, party members and cadres to play a clear sense of awareness Service enthusiasm is more and more good results. Xiuwu County in the future work still need to strengthen the party members ideological and political education, firm ideals and beliefs, unswervingly follow the mass line, always keep the party flesh and blood ties with the people, criticism and self-criticism as a powerful weapon, System specification.

Keywords: Normalization of Political Life; Ideological and Political Education; Xiuwu County

❖ 皮书起源 ❖

"皮书"起源于十七、十八世纪的英国，主要指官方或社会组织正式发表的重要文件或报告，多以"白皮书"命名。在中国，"皮书"这一概念被社会广泛接受，并被成功运作、发展成为一种全新的出版形态，则源于中国社会科学院社会科学文献出版社。

❖ 皮书定义 ❖

皮书是对中国与世界发展状况和热点问题进行年度监测，以专业的角度、专家的视野和实证研究方法，针对某一领域或区域现状与发展态势展开分析和预测，具备原创性、实证性、专业性、连续性、前沿性、时效性等特点的公开出版物，由一系列权威研究报告组成。

❖ 皮书作者 ❖

皮书系列的作者以中国社会科学院、著名高校、地方社会科学院的研究人员为主，多为国内一流研究机构的权威专家学者，他们的看法和观点代表了学界对中国与世界的现实和未来最高水平的解读与分析。

❖ 皮书荣誉 ❖

皮书系列已成为社会科学文献出版社的著名图书品牌和中国社会科学院的知名学术品牌。2016年，皮书系列正式列入"十三五"国家重点出版规划项目；2012~2016年，重点皮书列入中国社会科学院承担的国家哲学社会科学创新工程项目；2017年，55种院外皮书使用"中国社会科学院创新工程学术出版项目"标识。

中国皮书网

发布皮书研创资讯，传播皮书精彩内容
引领皮书出版潮流，打造皮书服务平台

栏目设置

关于皮书 : 何谓皮书、皮书分类、皮书大事记、皮书荣誉、

皮书出版第一人、皮书编辑部

最新资讯 : 通知公告、新闻动态、媒体聚焦、网站专题、视频直播、下载专区

皮书研创 : 皮书规范、皮书选题、皮书出版、皮书研究、研创团队

皮书评奖评价 : 指标体系、皮书评价、皮书评奖

互动专区 : 皮书说、皮书智库、皮书微博、数据库微博

所获荣誉

2008 年、2011 年，中国皮书网均在全国新闻出版业网站荣誉评选中获得"最具商业价值网站"称号；

2012 年,获得"出版业网站百强"称号。

网库合一

2014 年，中国皮书网与皮书数据库端口合一，实现资源共享。更多详情请登录 www.pishu.cn。

权威报告·热点资讯·特色资源

皮书数据库
ANNUAL REPORT(YEARBOOK)
DATABASE

当代中国与世界发展高端智库平台

所获荣誉

- 2016年，入选"国家'十三五'电子出版物出版规划骨干工程"
- 2015年，荣获"搜索中国正能量 点赞2015""创新中国科技创新奖"
- 2013年，荣获"中国出版政府奖·网络出版物奖"提名奖
- 连续多年荣获中国数字出版博览会"数字出版·优秀品牌"奖

成为会员

通过网址www.pishu.com.cn或使用手机扫描二维码进入皮书数据库网站，进行手机号码验证或邮箱验证即可成为皮书数据库会员（建议通过手机号码快速验证注册）。

会员福利

- 使用手机号码首次注册会员可直接获得100元体验金，不需充值即可购买和查看数据库内容（仅限使用手机号码快速注册）。
- 已注册用户购书后可免费获赠100元皮书数据库充值卡。刮开充值卡涂层获取充值密码，登录并进入"会员中心"—"在线充值"—"充值卡充值"，充值成功后即可购买和查看数据库内容。

社会科学文献出版社 皮书系列
SOCIAL SCIENCES ACADEMIC PRESS (CHINA)

卡号：457352368996
密码：

数据库服务热线：400-008-6695
数据库服务QQ：2475522410
数据库服务邮箱：database@ssap.cn
图书销售热线：010-59367070/7028
图书服务QQ：1265056568
图书服务邮箱：duzhe@ssap.cn

S子库介绍
ub-Database Introduction

中国经济发展数据库

　　涵盖宏观经济、农业经济、工业经济、产业经济、财政金融、交通旅游、商业贸易、劳动经济、企业经济、房地产经济、城市经济、区域经济等领域，为用户实时了解经济运行态势、把握经济发展规律、洞察经济形势、做出经济决策提供参考和依据。

中国社会发展数据库

　　全面整合国内外有关中国社会发展的统计数据、深度分析报告、专家解读和热点资讯构建而成的专业学术数据库。涉及宗教、社会、人口、政治、外交、法律、文化、教育、体育、文学艺术、医药卫生、资源环境等多个领域。

中国行业发展数据库

　　以中国国民经济行业分类为依据，跟踪分析国民经济各行业市场运行状况和政策导向，提供行业发展最前沿的资讯，为用户投资、从业及各种经济决策提供理论基础和实践指导。内容涵盖农业，能源与矿产业，交通运输业，制造业，金融业，房地产业，租赁和商务服务业，科学研究，环境和公共设施管理，居民服务业，教育，卫生和社会保障，文化、体育和娱乐业等100余个行业。

中国区域发展数据库

　　对特定区域内的经济、社会、文化、法治、资源环境等领域的现状与发展情况进行分析和预测。涵盖中部、西部、东北、西北等地区，长三角、珠三角、黄三角、京津冀、环渤海、合肥经济圈、长株潭城市群、关中—天水经济区、海峡经济区等区域经济体和城市圈，北京、上海、浙江、河南、陕西等34个省份及中国台湾地区。

中国文化传媒数据库

　　包括文化事业、文化产业、宗教、群众文化、图书馆事业、博物馆事业、档案事业、语言文字、文学、历史地理、新闻传播、广播电视、出版事业、艺术、电影、娱乐等多个子库。

世界经济与国际关系数据库

　　以皮书系列中涉及世界经济与国际关系的研究成果为基础，全面整合国内外有关世界经济与国际关系的统计数据、深度分析报告、专家解读和热点资讯构建而成的专业学术数据库。包括世界经济、国际政治、世界文化与科技、全球性问题、国际组织与国际法、区域研究等多个子库。

法 律 声 明

　　"皮书系列"（含蓝皮书、绿皮书、黄皮书）之品牌由社会科学文献出版社最早使用并持续至今，现已被中国图书市场所熟知。"皮书系列"的LOGO（）与"经济蓝皮书""社会蓝皮书"均已在中华人民共和国国家工商行政管理总局商标局登记注册。"皮书系列"图书的注册商标专用权及封面设计、版式设计的著作权均为社会科学文献出版社所有。未经社会科学文献出版社书面授权许可，任何使用与"皮书系列"图书注册商标、封面设计、版式设计相同或者近似的文字、图形或其组合的行为均系侵权行为。

　　经作者授权，本书的专有出版权及信息网络传播权为社会科学文献出版社享有。未经社会科学文献出版社书面授权许可，任何就本书内容的复制、发行或以数字形式进行网络传播的行为均系侵权行为。

　　社会科学文献出版社将通过法律途径追究上述侵权行为的法律责任，维护自身合法权益。

　　欢迎社会各界人士对侵犯社会科学文献出版社上述权利的侵权行为进行举报。电话：010-59367121，电子邮箱：fawubu@ssap.cn。

社会科学文献出版社